大学入試シリーズ

224

亜細亜大学

教学社

はしがき

入力した質問に対して，まるで人間が答えているかのような自然な文章で，しかも人間よりもはるかに速いスピードで回答することができるという，自然言語による対話型の AI（人工知能）の登場は，社会に大きな衝撃を与えました。回答の内容の信憑性については依然として課題があると言われるものの，AI 技術の目覚ましい進歩に驚かされ，人間の活動を助けるさまざまな可能性が期待される一方で，悪用される危険性や，将来人間を脅かす存在になるのではないかという危惧を覚える人もいるのではないでしょうか。

大学教育においても，本来は学生本人が作成すべきレポートや論文などが，AI のみに頼って作成されることが懸念されており，AI の使用についての注意点などを発表している大学もあります。たとえば東京大学では，「回答を批判的に確認し，適宜修正することが必要」，「人間自身が勉強や研究を怠ることはできない」といったことが述べられています。

16 ～ 17 世紀のイギリスの哲学者フランシス・ベーコンは，『随筆集』の中で，「悪賢い人は勉強を軽蔑し，単純な人は勉強を称賛し，賢い人は勉強を利用する」と記しています。これは勉強や学問に取り組む姿勢について述べたものですが，このような新たな技術に対しても，侮ったり，反対に盲信したりするのではなく，その利点と欠点を十分に検討し，特性をよく理解した上で賢く利用していくことが必要といえるでしょう。

受験勉強においても，単にテクニックを覚えるのではなく，基礎的な知識を習得することを目指して正攻法で取り組み，大学で教養や専門知識を学ぶための確固とした土台を作り，こうした大きな変革の時代にあっても自分を見失わず，揺るぎない力を身につけてほしいと願っています。

＊　＊　＊

本書刊行に際しまして，入試問題や資料をご提供いただいた大学関係者各位，掲載許可をいただいた著作権者の皆様，各科目の解答や対策の執筆にあたられた先生方に，心より御礼を申し上げます。

編者しるす

そもそも

赤本とは…

受験生のための大学入試の過去問題集！

60年以上の歴史を誇る赤本は，600点を超える刊行点数で全都道府県の370大学以上を網羅しており，過去問の代名詞として受験生の必須アイテムとなっています。

Q. なぜ受験に過去問が必要なの？

A. 大学入試は大学によって問題形式や頻出分野が大きく異なるからです。

マーク式か記述式か，試験時間に対する問題量はどうか，基本問題中心か応用問題中心か，論述問題や計算問題は出るのか——これらの出題形式や頻出分野などの傾向は大学によって違うので，とるべき対策も大学によって違ってきます。

出題傾向をつかみ，その大学にあわせた対策をとるために過去問が必要なのです。

赤本で志望校を研究しよう！

赤本の掲載内容

傾向と対策

これまでの出題内容から，問題の**「傾向」**を分析し，
来年度の入試にむけて具体的な**「対策」**の方法を紹介しています。

問題編・解答編

年度ごとに問題とその解答を掲載しています。

「問題編」ではその年度の試験概要を確認したうえで，実際に出題された過去問に取り組むことができます。

「解答編」には高校・予備校の先生方による解答が載っています。

ページの見方

ページの上部に年度や日程，科目などを示しています。見たいコンテンツを探すときは，この部分に注目してください。

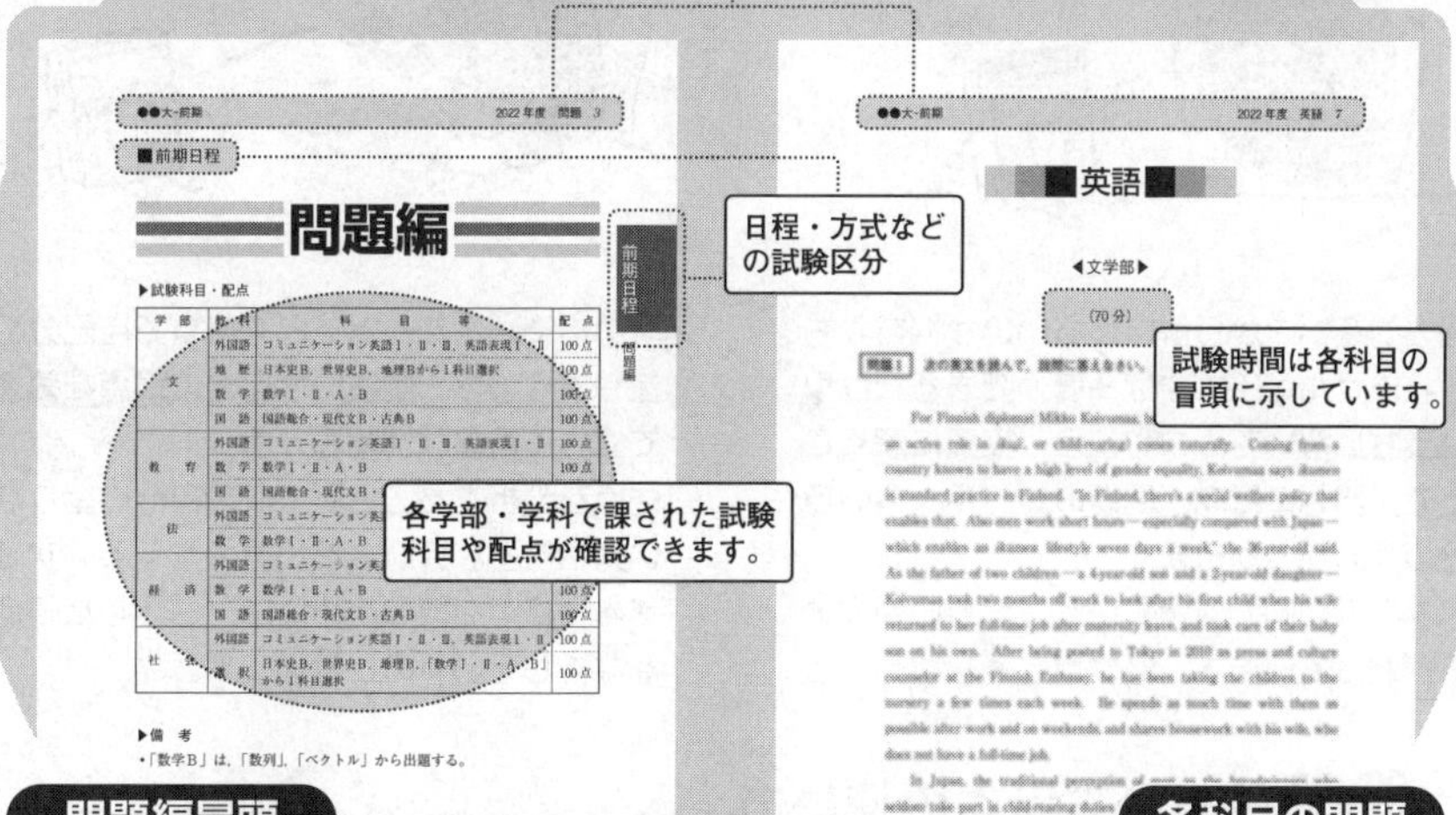

他にも赤本によって，大学の基本情報や，先輩受験生の合格体験記，在学生からのメッセージなどが載っています。

● 掲載内容について ●

著作権上の理由やその他編集上の都合により問題や解答の一部を割愛している場合があります。なお，指定校推薦入試，社会人入試，編入学試験，帰国生入試などの特別入試，英語以外の外国語科目，商業・工業科目は，原則として掲載しておりません。また試験科目は変更される場合がありますので，あらかじめご了承ください。

受験勉強は過去問に始まり，過去問に終わる。

STEP 1

なにはともあれ

まずは解いてみる 》

過去問をいつから解いたらいいか悩むかもしれませんが，まずは一度，**できるだけ早いうちに**解いてみましょう。**実際に解くことで，出題の傾向，問題のレベル，今の自分の実力がつかめます**。
赤本の「傾向と対策」にも，詳しい傾向分析が載っています。必ず目を通しましょう。

STEP 2

じっくり
具体的に

弱点を分析する 》

解いた後は，ノートなどを使って自己分析をしましょう。**間違いは自分の弱点を教えてくれる貴重な情報源です**。
弱点を分析することで，今の自分に足りない力や苦手な分野などが見えてくるはずです。合格点を取るためには，こうした弱点をなくしていくのが近道です。

合格者があかす赤本の使い方

傾向と対策を熟読

（Fさん／国立大合格）

大学の出題傾向を調べることが大事だと思ったので，赤本に載っている「傾向と対策」を熟読しました。解答・解説もすべて目を通し，自分と違う解き方を学びました。

目標点を決める

（Yさん／私立大合格）

赤本によっては合格者最低点が載っているものもあるので，まずその点数を超えられるように目標を決めるのもいいかもしれません。

時間配分を確認

（Kさん／公立大合格）

過去問を本番の試験と同様の時間内に解くことで，どのような時間配分にするか，どの設問から解くかを決めました。

過去問を解いてみて，まずは自分のレベルとのギャップを知りましょう。
それを克服できるように学習計画を立て，苦手分野の対策をします。
そして，また過去問を解いてみる，というサイクルを繰り返すことで効果的に学習ができます。

STEP 3　志望校にあわせて

重点対策をする

分析した結果をもとに，参考書や問題集を活用して**苦手な分野の重点対策**をしていきます。赤本を指針にして，何をどんな方法で強化すればよいかを考え，**具体的な学習計画を立てましょう**。
「傾向と対策」のアドバイスも参考にしてください。

STEP 1▶2▶3…　サイクルが大事！

実践を繰り返す

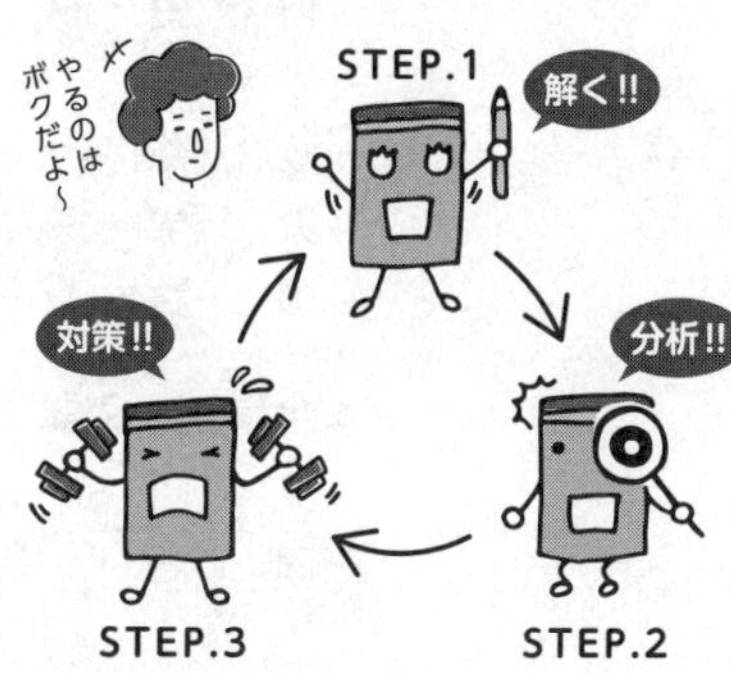

ステップ１～３を繰り返し，足りない知識の補強や，よりよい解き方を研究して，実力アップにつなげましょう。
繰り返し解いて**出題形式に慣れること**や，試験時間に合わせて**実戦演習を行うこと**も大切です。

添削してもらう
（Sさん／国立大合格）

記述式の問題は自分で採点しにくいので，先生に添削してもらうとよいです。人に見てもらうことで自分の弱点に気づきやすくなると思います。

繰り返し解く
（Tさん／国立大合格）

１周目は問題のレベル確認程度に使い，２周目は復習兼頻出事項の見極めとして，３周目はしっかり得点できる状態を目指して使いました。

他学部の過去問も活用
（Kさん／私立大合格）

自分の志望学部の問題はもちろん，同じ大学の他の学部の過去問も解くようにしました。同じ大学であれば，傾向が似ていることが多いので，これはオススメです。

目　次

掲載内容についてのお断り

・本書では以下の日程を掲載しています。
2023 年度：一般入試（学科別）から1日程分および全学統一入試中期
2022 年度：一般入試（学科別）から1日程分および全学統一入試前期

University Guide

大学情報

大学の基本情報

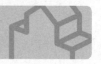

学部・学科の構成

大　学

経営学部
　経営学科
　ホスピタリティ・マネジメント学科
　データサイエンス学科
経済学部
　経済学科
法学部
　法律学科
国際関係学部
　国際関係学科
　多文化コミュニケーション学科
都市創造学部
　都市創造学科

大学所在地

亜細亜大学

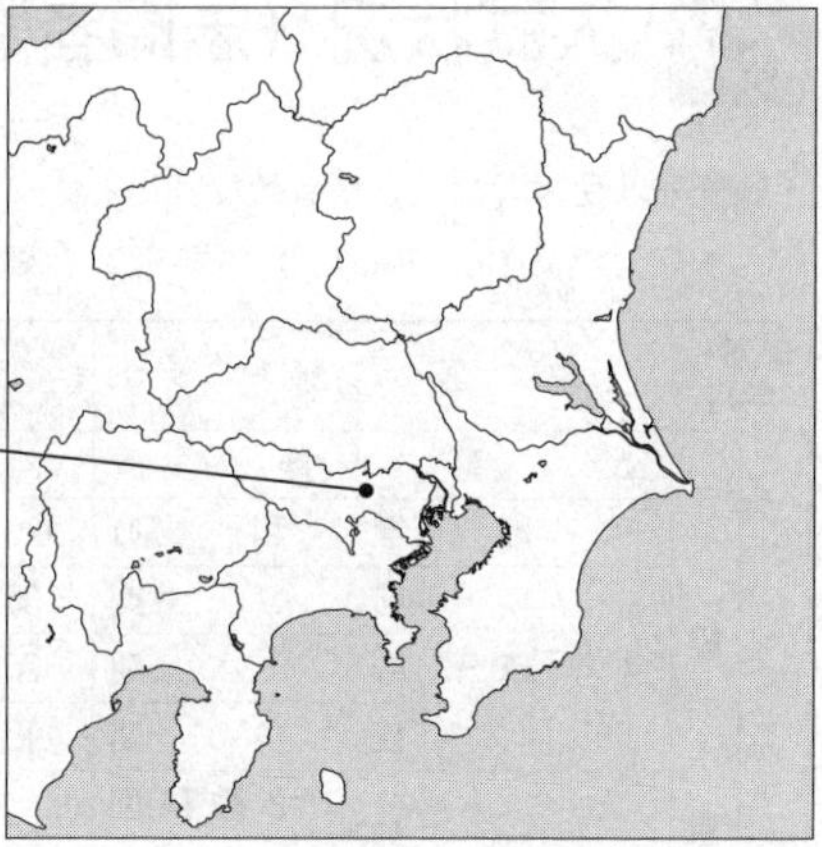

〒 180-8629　東京都武蔵野市境 5-8

2023 年度入試データ

入試状況（志願者数・競争率など）

・競争率は受験者数÷合格者数で算出。

学部・学科		区分			募集人員	志願者数	受験者数	合格者数	競争率
経営	経営	公募推薦			25	50	49	38	1.3
		一般（学科別）			120	704	680	388	1.8
		全学統一	前期		30	277	268	150	1.8
			中期		20	105	61	6	10.2
			後期		10	73	55	5	11.0
		共通テスト利用	前期	2教科型	50	333	332	149	2.2
				3教科型		512	512	187	2.7
			後期	2教科型	10	19	19	2	9.5
				3教科型		8	8	2	4.0
	ホスピタリティ・マネジメント	ホスピタリティAO		1次審査	53	181	179	120	1.5
				2次審査			112	103	1.1
		ホスピタリティ			15	89	83	38	2.2
		一般（学科別）		2教科型	50	101	98	57	1.7
				3教科型		122	120	61	2.0
		全学統一	前期		4	66	63	31	2.0
			中期		3	36	26	9	2.9
			後期		3	8	6	2	3.0
		共通テスト利用	前期	2教科型	14	175	175	37	4.7
				3教科型		169	168	38	4.4
			後期	2教科型	3	8	8	4	2.0
				3教科型		2	2	0	―

（表つづく）

学部・学科		区分			募集人員	志願者数	受験者数	合格者数	競争率
経営	データサイエンス	公募推薦			10	19	19	19	1.0
		一般（学科別）		2教科型	30	68	62	60	1.0
				3教科型		43	40	38	1.1
		全学統一	前期		8	42	41	39	1.1
			中期		5	24	13	8	1.6
		一般(学科別)	DS後期		10	19	14	10	1.4
		共通テスト利用	前期	3教科型(A)	10	49	48	48	1.0
				3教科型(B)		70	69	68	1.0
			後期	3教科型(A)	5	2	2	2	1.0
				3教科型(B)		3	3	3	1.0
経済	経済	公募推薦			20	25	25	21	1.2
		一般（学科別）		2教科型	100	170	162	62	2.6
				3教科型		351	335	129	2.6
		全学統一	前期		25	130	124	48	2.6
			中期		15	114	80	29	2.8
			後期		10	89	64	11	5.8
		共通テスト利用	前期	2教科型	35	189	189	61	3.1
				3教科型		284	283	101	2.8
			後期	2教科型	10	11	11	6	1.8
				3教科型		6	6	4	1.5
法	法律	公募推薦			25	22	21	20	1.1
		一般（学科別）			120	350	340	197	1.7
		全学統一	前期		30	119	116	69	1.7
			中期		15	103	73	50	1.5
			後期		15	72	45	30	1.5
		共通テスト利用	前期	2教科型	60	384	378	200	1.9
				3教科型		468	468	262	1.8
			後期	2教科型	10	11	11	9	1.2
				3教科型		7	7	6	1.2

（表つづく）

学部・学科		区　分			募集人員	志願者数	受験者数	合格者数	競争率
国際関係	国際関係	公募推薦			10	16	16	15	1.1
		一般（学科別）			58	181	174	132	1.3
		全学統一	前期		10	65	65	44	1.5
			中期		5	72	45	33	1.4
			後期		4	35	25	18	1.4
		共通テスト利用	前期	2教科型	24	138	138	73	1.9
				3教科型		130	130	79	1.6
			後期	2教科型	5	9	9	7	1.3
				3教科型		17	17	13	1.3
	多文化コミュニケーション	公募推薦			10	22	22	22	1.0
		一般（学科別）			58	183	174	109	1,6
		全学統一	前期		10	79	77	49	1.6
			中期		5	72	36	23	1.6
			後期		4	39	30	20	1.5
		共通テスト利用	前期	2教科型	24	152	152	102	1.5
				3教科型		183	183	112	1.6
			後期	2教科型	5	5	5	4	1.3
				3教科型		7	7	5	1.4
都市創造	都市創造	公募推薦			25	7	7	7	1.0
		一般（学科別）			45	143	136	128	1.1
		全学統一	前期		10	65	64	59	1.1
			中期		10	80	48	45	1.1
			後期		5	43	24	22	1.1
		共通テスト利用	前期	2教科型	20	45	45	37	1.2
				3教科型		71	71	67	1.1
			後期	2教科型	5	4	4	4	1.0
				3教科型		5	5	5	1.0

合格者最低点

一般入試（学科別）

学部・学科		3教科型	2教科型	後期
経営	経営	147.2		
	ホスピタリティ・マネジメント	153.2	109	
	データサイエンス	104	70	91
経済	経済	168	139	
法	法律	149.2		
国際関係	国際関係	125.1		
	多文化コミュニケーション	142.3		
都市創造	都市創造	102.1		

（備考）

- 配点は下記の通り。
  3教科型：国語・選択科目・英語各100点の合計300点満点。
  2教科型：経営学部データサイエンス学科は英語100点，数学200点の合計300点満点。その他は国語・英語各100点の合計200点満点。
- 3教科型の得点は，中央値補正法により換算した得点である。

全学統一入試

学部・学科		前期	中期	後期
経営	経営	126	144	150
	ホスピタリティ・マネジメント	184	193	210
	データサイエンス	100	105	
経済	経済	136	126	141
法	法律	128	109	100
国際関係	国際関係	121	119	113
	多文化コミュニケーション	120	115	103
都市創造	都市創造	91	74	75

（備考）

- 配点は下記の通り。
  経営学部ホスピタリティ・マネジメント学科：国語100点，英語200点（100点×2）の合計300点満点。
  その他の学部・学科：国語・英語各100点の合計200点満点。
- 経営学部データサイエンス学科は「全学統一入試（後期）」の試験は実施なし。

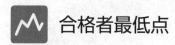

募集要項の入手方法

入学試験要項は「あじばこ」からダウンロードしてください。出願についても「あじばこ」から行います。詳細は大学ホームページで確認してください。

問い合わせ先

〒180-8629　東京都武蔵野市境 5-8
亜細亜大学　入試部 アドミッションセンター
TEL　0422-36-3273
FAX　0422-36-1890
E-mail　nyushi@asia-u.ac.jp
URL　https://www.asia-u.ac.jp/

Trend & Steps

傾向と対策

傾向と対策を読む前に

科目ごとに問題の「傾向」を分析し，具体的にどのような「対策」をすればよいか紹介しています。まずは出題内容をまとめた分析表を見て，試験の概要を把握しましょう。

■注意

「傾向と対策」で示している，出題科目・出題範囲・試験時間等については，2023 年度までに実施された入試の内容に基づいています。2024 年度入試の選抜方法については，各大学が発表する学生募集要項を必ずご確認ください。

また，新型コロナウイルスの感染拡大の状況によっては，募集期間や選抜方法が変更される可能性もあります。各大学のホームページで最新の情報をご確認ください。

■掲載日程・方式・学部について

本書掲載の一般入試（学科別）の学部・学科は以下の通り。

〔2023 年度〕

2 月 3 日：経営（ホスピタリティ・マネジメント，データサイエンス）・法学部

〔2022 年度〕

2 月 3 日：経営（ホスピタリティ・マネジメント）・法・都市創造学部

2 月 4 日：経営（経営）・国際関係（国際関係）学部

■来年度の変更点

2024 年度の一般入試（学科別）では，経営学部データサイエンス学科を除き 2 教科型が廃止される予定（本書編集時点）。

分析表の記号について

☆印：全問マークシート方式採用であることを表す。

英　語

年　度			番号	項　目	内　容
☆2023	一般（学科別）	2月3日	〔1〕	文法・語彙	空所補充
			〔2〕	文法・語彙	同意表現
			〔3〕	文法・語彙	同意表現
			〔4〕	会　話　文	空所補充
			〔5〕	読　　解	空所補充
			〔6〕	読　　解	内容真偽
	全学統一	中期	〔1〕	文法・語彙	空所補充
			〔2〕	文法・語彙	同意表現
			〔3〕	会　話　文	空所補充
			〔4〕	読　　解	内容真偽，空所補充
			〔5〕	読　　解	内容説明，内容真偽
☆2022	一般（学科別）	2月4日	〔1〕	文法・語彙	空所補充
			〔2〕	文法・語彙	空所補充
			〔3〕	会　話　文	空所補充
			〔4〕	会　話　文	空所補充
			〔5〕	読　　解	内容説明
			〔6〕	読　　解	空所補充
	全学統一	前期	〔1〕	文法・語彙	空所補充
			〔2〕	文法・語彙	同意表現
			〔3〕	文法・語彙	同意表現
			〔4〕	会　話　文	空所補充
			〔5〕	読　　解	空所補充
			〔6〕	読　　解	内容説明

傾向　大問数が多く，時間配分に注意が必要

1　出題形式は？

例年，全問マークシート方式である。大問数は5題もしくは6題で，文法・語彙2，3題，会話文1，2題，読解2題の出題である。解答個数は40個程度，試験時間は60分。

2　出題内容はどうか？

文法・語彙問題は，文法問題は基本的なものが多いが，語彙問題では

かなり難しい単語も出題されている。イディオムも，英語特有の表現で難しいものがある。その他，日程によっては同意表現を選ぶものが例年，大問で出題されている。

会話文問題は，問いかけに対する応答文を選ぶものと，場面が想定された短い会話文や比較的長い会話文の空所を補充するものがある。比較的長い会話文の場合は易しいものが多いが，短い会話文や問いかけの応答文を選択するものは英語の会話表現に関する知識がなければ解答できない問題もある。会話の場面と人物の設定を正確に把握することが要求される。

読解問題は，空所補充と，数段落ごとにおかれた設問に答える形式。選択肢の文が長いものも多く，速く解答を導き出さなければ時間が足りなくなる可能性があるので注意したい。

なお，それぞれの学部に関わりのある英単語や内容が一部に含まれる傾向がある。

3　難易度は？

文法・語彙問題，会話文問題，読解問題のいずれも，内容そのものは概ね高校英語の標準的なレベルである。しかし，会話文や語彙の知識問題にはかなり難しいものもあり，受験生の実力が試される。また，問題数も多い。すべて選択式であるとはいえ試験時間60分で解くにはかなりの訓練が必要であろう。

対　策

1　文法・語彙問題

文法問題は，問題数は多いが基本的なものがほとんどなので，ここでしっかり得点しておきたい。『大学入試 すぐわかる英文法』（教学社）など，基本から標準レベルの文法書1冊を習得すれば十分に対応できる。

語彙問題にはかなり難しいものも含まれている。英語特有の表現や同意表現を探す問題においても，なじみのある単語が意外な意味をもつ場合も考えられる。これらのような難問に真っ向から取り組む力をつけることも決して無意味ではないが，優先すべきは基本的なイディオムなどをしっかり覚えることである。合格点を目指すにあたり，1つでも多くの単語や熟語を暗記するという意識はもちつつも，高校英語の基礎をしっかりマスターするための地道な努力をすることこそ重要である。同時に過去問を利用して，難問に時間をかけすぎることなく，解ける問題を確実に解いて点を取る練習をしておこう。『英文法ファイナル問題集標準編』（桐原書店）などを使って，多様な出題形式にも慣れておきたい。

2　会話文問題

場面が想定された長い会話文については比較的易しいものが多い。疑問文に対しては「聞かれたとおりに答える」ことが鉄則なので，まず疑問詞の種類，時制，肯定か否定かなどを確認してから選択肢を見ていけばよい。また，そのときの会話の中心的話題に関連する語句を含む選択肢を選んでいけばよいので，会話の流れと中心的話題の移り変わりに注意しながら読んでいこう。

短い会話文や問いかけの応答文を選択するものは，会話特有の表現を知らないと解けない知識問題もある。買い物，レストランでのやりとりなど，場面ごとに特有の表現をマスターしておきたい。

3　読解問題

出題される英文は，新聞記事など時事問題をテーマにしたものも多い。また，最新のテクノロジーに関する内容も多く見受けられる。英語だけでなく，広く一般的な知識を身につけるように普段から心がけたい。一般的な受験用単語集に載っていないような単語が登場しても，そのテーマについての知識があれば推測できる確率は高くなる。

日本史

▶一般入試（学科別）

年度		番号	内容		形式
☆ 2023	2月3日	〔1〕	土地制度の歴史		選択
		〔2〕	古代・中世の文化	＜視覚資料＞	選択
		〔3〕	江戸～明治初期の貨幣		選択
		〔4〕	戦後復興から高度成長へ	＜グラフ＞	選択
☆ 2022	2月3日	〔1〕	地方統治機構の歴史的変遷		選択
		〔2〕	古代～中世初頭の仏教文化		選択
		〔3〕	中世の惣村と都市	＜地図・視覚資料＞	選択
		〔4〕	立憲国家への歩み	＜史料＞	選択

傾向　基本事項が中心の出題　文章の空所補充が約半数を占める

1　出題形式は？

大問数は4題，解答個数は32個で全問マークシート方式となっている。大問ごとにリード文が与えられ，下線部に関連した語句や正文・誤文を選択する問題などもみられるが，約半数が文中などの空所補充問題である。試験時間は60分。

2　出題内容はどうか？

時代別にみると，大問4題が概ね古代・中近世・近代およびテーマ史という構成で，〔1〕では，2022年度は「地方統治機構」，2023年度は「土地制度」をテーマに原始・古代から近現代まで各時代から幅広く出題されている。

分野別では，政治・外交・社会経済・文化の各分野から出題されている。2022年度は政治分野，2023年度は社会経済史の比重が大きかった。〔1〕で扱うテーマによって出題分野の配分は変化するものと思われる。苦手分野をつくらずに十分な対策をとっておこう。

史料問題は2023年度は出題されなかったが，2022年度は設問文や選択肢の文の内容に照らして史料の読解力を問う出題がみられた。また，表や地図，視覚資料を用いた出題もみられる。

3　難易度は？

教科書に掲載されている基本的歴史事項を問う問題がほとんどである。正文・誤文の選択肢のなかには詳細な知識を必要とするものがあるが，消去法も用いて選択肢の正誤を冷静に判断するとよい。史料問題については，教科書学習で得た知識をふまえて史料を丁寧に読み取れば正解にたどりつくことができる。語句の選択問題を手早く解答し，正文・誤文の選択問題や史料読解などに十分な時間を確保したい。

対　策

1　教科書を徹底的に読み込もう

教科書にある基本的な内容を問う問題が中心であるため，教科書を丹念に読み込み，その内容を正確に理解することが最も大切である。その際，本文だけでなく，脚注や史料，地図，写真などにも目を通しておこう。また，教科書の重要語句には注意する必要があるが，個別に記憶するのではなく，歴史事象の原因やその影響，前後の因果関係なども考えながら時代情勢をしっかりと把握し，天皇・将軍・執権・首相など政治史の中心となる人物を軸に整理していきたい。

2　過去問をしっかり研究し，問題演習で理解度を確認しよう

本シリーズを用いて過去問をしっかり研究し，傾向をつかんでおこう。その上で，出題の大半を占める語句選択問題の対策として『新 よくでる一問一答 日本史』（山川出版社）のような一問一答式の問題集，また，正文・誤文選択問題の対策としては『日本史Ｂ正誤問題集』（山川出版社）などを活用して出題形式に慣れるとともに，内容理解の到達度を確認しながら教科書を読み進めるとよい。

3　史料問題・テーマ史問題の対策もしておこう

史料の内容読解を要する問題もみられるため，教科書学習と並行して史料集なども利用し，原文を丁寧に読んで史料に慣れておきたい。史料文中の語句の意味とともに，歴史的な意義や時代背景を確認しながら理解を深めよう。また，複数の時代にまたがるテーマ史も出題されていることから，たとえば日中外交史，貨幣史，仏教史，教育史など，特定の

テーマを立てて原始・古代から現代までの流れを整理しておきたい。余裕があればテーマ別の問題集を利用して問題慣れしておくとよいだろう。

世界史

▶一般入試（学科別）

年　度		番号	内　容	形　式
☆ *2023*	2月3日	〔1〕	古代～現代における武器と戦争の歴史	選択・正誤
		〔2〕	15～18世紀におけるヨーロッパの海外進出　＜史料・地図＞	選択・配列
		〔3〕	大モンゴル国・明・清代の中国	選択・正誤
		〔4〕	冷戦の開始と終結　＜グラフ＞	選択・正誤・配列
☆ *2022*	2月3日	〔1〕	イスラーム教の成立と広がり	選択・正誤
		〔2〕	儒学・東南アジアの宗教　＜地図＞	選択・正誤
		〔3〕	18～20世紀のアメリカ	選択・正誤・配列
		〔4〕	19世紀のヨーロッパ　＜地図＞	選択・正誤

傾向　教科書の内容中心　地図問題も出題

1　出題形式は？

大問4題，解答個数40個，全問マークシート方式の出題形式である。正文・誤文選択，語句選択，配列法，２つの文の正誤を判定する正誤法で構成されている。また，史料・グラフ・地図も出題されており，設問形式は多様である。試験時間は60分。

2　出題内容はどうか？

地域別では，欧米地域では，西ヨーロッパとアメリカ合衆国を中心に出題されている。アジア地域では中国史を中心に東南アジアや西アジアなどからの出題が目立ち，南アジアからの小問も出題されている。

時代別では，古代から現代まで幅広く出題されている。2022・2023年度は第二次世界大戦後からの出題もみられた。

分野別では，政治・外交史を中心に，経済・社会・文化史なども問われている。

3　難易度は？

教科書レベルの問題が中心である。正文・誤文の選択肢にやや詳細な知識が必要なものも含まれるが，正解そのものは判断しやすい。配列法は比較的近い年代の事項を判断するものであるが，流れがわかっていれば対応できる。解答個数に対して試験時間は十分あるので，落ち着いて取り組もう。

対策

1 教科書中心の学習

出題のほとんどが教科書の知識で対応できる問題である。教科書学習では，重要語句とその前後の文章のつながりに注目しながら読む習慣をつけるようにしたい。また，教科書の本文だけでなく，脚注や図表・地図・写真も必ず確認し，その解説も精読しておくこと。

2 年表・地図の活用

配列法が出題されていることや，年代が正解の決め手となる問題があることから，最低限，重要な年代（教科書の本文に記されているもの）は覚えておくこと。ただし，詳しい年代は覚えていなくても，史実の流れや因果関係を理解していれば答えられる問題も多い。年表などを利用して流れを把握しておきたい。また，地図問題も出題されているので，教科書の本文中に出てくる都市や戦いのあった場所などは必ず地図で確認しておこう。

3 用語集の活用

教科書学習を進めるなかで，理解しにくい用語などがあれば，『世界史用語集』（山川出版社）や『必携世界史用語』（実教出版）などの用語集を利用しよう。用語集は歴史事項の理解を深めるだけでなく，自分が使っている教科書に記載されていない事項も確認できるので，知識を補強することができる。

4 現代史の学習

現代史は学習が手薄になりがちなため，きちんと学習した人とそうでない人の差が出る。第二次世界大戦後に関しては「中国」「ソ連」や「アジア・アフリカ諸国の独立」「東西冷戦」「パレスチナ問題」など，国・地域史やテーマ史としてまとめ直す学習をするとよい。

政治・経済

▶一般入試（学科別）

年　度		番号	内　　容	形　式
☆ 2023	2月3日	〔1〕	基本的人権の規定	選　択
		〔2〕	財政	選　択
		〔3〕	ロシアのウクライナ侵攻	選　択
		〔4〕	物価	選択・配列・計算
☆ 2022	2月3日	〔1〕	アメリカと日本の政治制度	選択・計算
		〔2〕	プラザ合意後の日本経済	選　択
		〔3〕	オリンピックの歴史と国際政治	選　択
		〔4〕	エネルギーと環境問題	選　択

傾 向　標準的だが工夫された出題　時事の理解や計算も求められる

1　出題形式は？

大問4題の出題。解答個数は34個で，全問マークシート方式。主に選択法であるが，配列問題や計算問題も出題されている。試験時間は60分。

2　出題内容はどうか？

政治分野1，2題，経済分野2，3題の出題である。

政治分野では，司法権，アメリカの政治体制，国際政治などが出題されている。

経済分野では，市場経済や財政，地球環境問題，南北問題，消費者問題，中小企業問題，プラザ合意後の日本経済などから出題されている。

両分野ともに，基本的な用語の深い理解を問う問題が多く，2022年度はドント方式の計算問題，2023年度は実質金利の計算問題も出題されている。

3　難易度は？

大半は教科書・資料集レベルの，よく工夫された問題である。一部に詳細な知識や時事的内容を問う出題・選択肢もあるが，それらも消去法を駆使することで正解を導ける場合が多い。語句・用語・国名などを選択する基本問題で確実に得点したい。2022・2023年度に計算を求める出題があったことを念頭に置き，見直す時間がとれるようペース配分に注意したい。

対　策

1　基本事項を徹底的に

大半が基本的内容の出題なので，まず教科書の精読からはじめる必要がある。その際，資料集を使ってデータや最近の動向を押さえておくこと。教科書にある年表なども前後関係をしっかり理解しておく必要がある。また，用語と内容の正しい組み合わせを問う問題も何問か出題されている。このような基本・標準事項の知識を問う出題には，教科書の通読と並行して，『用語集 政治・経済』（清水書院）などの用語集を活用して，基本用語と時事問題をチェックしていくとよいだろう。さらに，グラフ問題対策として，『新政治・経済資料』（実教出版）などの資料集や『日本国勢図会』・『世界国勢図会』（ともに矢野恒太記念会）にも目を通しておこう。

2　新聞・ニュースで時事問題に関心を

時事的な出来事を切り口として問題が作成されることも多い。2022年度はFIT（固定価格買取制度），2023年度は2021年度の財政状況，ロシアのウクライナ侵攻を問う出題があった。こういった問題の対策としては，新聞を毎日読み続ける，またはテレビニュースを毎日見続けることを習慣とし，政治・経済に興味をもつことが大切である。そのための参考書としては『ニュース検定公式テキスト』（毎日新聞出版）がおすすめである。

3　問題演習

過去のセンター試験などでよくみられた正文・誤文選択問題の出題，あるいは同様の選択肢が多く見受けられる。『共通テスト過去問研究 政治・経済』（教学社）を通じて，問題形式に慣れながら知識を増やしていくのも効果的であろう。

数　学

▶一般入試（学科別）

年　度			番号	項　目	内　容
☆ 2023	2月3日	2教科型	〔1〕	小問5問	⑴解と係数の関係　⑵三角方程式　⑶複素数　⑷累乗根の計算　⑸対数の計算
			〔2〕	場合の数，確率	不良品を含む製品を2種類の検査装置で検査するときの確率
			〔3〕	微・積分法	2つの3次関数のグラフの交点，接線，積分法の応用（面積）
			〔4〕	数列	数列の漸化式
			〔5〕	ベクトル	空間ベクトルの内積，原点から平面に下ろした垂線の交点の座標
		3教科型	〔1〕	小問4問	⑴式の値　⑵絶対値記号を含む1次不等式　⑶三角方程式　⑷正弦・余弦定理
			〔2〕	2次関数	文字係数を含む2次関数の最大・最小，グラフと x 軸との関係
			〔3〕	場合の数，確率	同じ文字を含む7個の文字の並べ方と条件を満たす並べ方の確率
			〔4〕	データの分析	平均値，移動平均，与えられたデータから読み取れる事柄
☆ 2022	2月3日	3教科型	〔1〕	小問4問	⑴式の値　⑵2次方程式の解　⑶三角比　⑷余弦定理と三角形の面積
			〔2〕	2次関数	放物線の頂点の座標，x 軸から切り取る線分の長さ，平行移動，2次不等式
			〔3〕	場合の数，確率	数字が書かれたカードを取り出すときの確率と場合の数
			〔4〕	データの分析	中央値，データの範囲，平均値，標準偏差，相関関係

（注）　2教科型は経営学部データサイエンス学科のみ2023年度より実施。

傾　向　偏りなく広範囲から出題　基本的問題が中心

1　出題形式は？

全問マークシート方式で，大問数は2教科型は5題，3教科型は4題となっている。2教科型の〔1〕は小問5問からなる小問集合，3教科型の〔1〕は小問4問からなる小問集合であり，その他の大問は各出題分野について，それぞれ3～6問の小問からなる。試験時間は2教科型は90分，3教科型は60分。

2 出題内容はどうか？

出題範囲は2教科型が「数学Ⅰ・Ⅱ・A・B（数列，ベクトル）」，3教科型が「数学Ⅰ・A」となっている。

〔1〕の小問集合では，その他の大問で出題のない分野が出題されている。また，〔1〕以外の大問においても，広範囲な内容についての理解を確認するような問題が出題されており，できるだけ偏りなく出題しようとする意図が見受けられる。

3 難易度は？

基本的レベルの問題が中心である。教科書や傍用問題集を中心とした学習で十分に対応できる。ただし，出題が広範囲にわたっていることから，苦手分野をつくらず，どの分野についても基本事項を中心に確実な力を身につけておくことが大切である。2022・2023年度では出題されなかった因数分解，整数の性質などについても，満遍なく学習しておく必要があるだろう。また，試験時間は，焦るほど厳しくはないが余裕があるわけでもない。問題を着実に解いていく力が要求される。

対策

1 基礎学力の充実

教科書で基本事項・定義・定理・公式・法則をしっかりと理解すること。そのために，例題や練習などを丁寧に考え，解くことが大切である。難解な入試問題を解いたり，高度なテクニックを身につけるような学習は必要ない。あくまで，教科書の例題や傍用問題集の基本・標準問題を解いて，しっかりとした基礎学力を身につけておけば十分対応可能である。

2 全項目偏りなく

小問集合を含めると，出題範囲の各分野からバランスよく出題されている。弱点となる項目をつくらないように，全項目偏りなく学習しておくこと。

3 定型的・典型的な問題演習を

基本的内容を問う問題が多く，定型的・典型的な出題が大半である。問題集などを通し，定型的・典型的な問題演習を繰り返し行いたい。

4　計算力の向上

マークシート方式の出題であるから，計算ミスは致命的である。常日頃から正確に，要領よく計算ができるよう十分な練習をしておくとよいだろう。基本的レベルの問題はケアレスミスが合否を分けることもある。普段から面倒な計算を嫌がらずに最後まできちんとやる習慣を身につけておくこと。

国　語

年度			番号	種類	類別	内容	出典
☆ 2023	一般（学科別）	2月3日	〔1〕	現代文	評論	空所補充，文整序，欠文挿入箇所，内容説明，内容真偽	「アカデミーの理念とこれからの展望」隠岐さや香
			〔2〕	国語常識	小説	書き取り，空所補充，慣用表現	「緋文字」ナサニエル・ホーソーン
	全学統一	中期	〔1〕	現代文	評論	空所補充，文整序，欠文挿入箇所，内容説明，内容真偽	「鳥居耀蔵」松岡英夫
			〔2〕	国語常識	評論	書き取り，空所補充，四字熟語，慣用表現	「現代思想入門」千葉雅也
☆ 2022	一般（学科別）	2月3日	〔1〕	現代文	評論	空所補充，文整序，欠文挿入箇所，内容説明，内容真偽	「大学は何処へ」吉見俊哉
			〔2〕	国語常識	評論	読み，書き取り，空所補充，ことわざ，故事成語	「暴君」スティーブン・グリーンブラット
	全学統一	前期	〔1〕	現代文	評論	書き取り，空所補充，語意，内容説明，内容真偽	「『かわいい』論」四方田犬彦
			〔2〕	国語常識	評論	書き取り，空所補充，四字熟語，慣用表現，故事成語	「リベラルとは何か」田中拓道

傾向　長文読解がポイント　漢字の書き取り，国語常識は得点源に

1　出題形式は？

全問マークシート方式である。現代文１題と国語常識１題（短文の読解を含む）の計２題の出題で，試験時間は60分。

2　出題内容はどうか？

現代文の大問では，評論が出題されている。内容は多岐にわたるが，読みやすい文章が多い。設問は空所補充，語意，欠文挿入箇所，文整序，内容説明，内容真偽などで，的確で丁寧な読みが必要となる。

もう１つの大問は，例年，独立して国語常識が出題されており，空所補充形式で漢字の書き取りや慣用表現，故事成語・ことわざ，四字熟語

などが出されている。また，一定の量のある文章に10カ所設けられた空所を補充させる問題が出されている。標準的な語彙力を求める設問が中心だが，中には受験生が普段あまり目にしないものもあり，それなりの準備をしておくことが必要となる。また，文章の空所に語句を補充させる設問では，読解力も求められる。

3　難易度は？

全体として標準レベルであるが，〔1〕の現代文は内容真偽や空所補充などの選択肢にやや紛らわしいものがみられる。本文は長く設問数も多い。現代文の問題に注力できるよう，国語常識を20分程度で手早く仕上げる時間配分が望ましい。国語常識の大問の中でも，わかる設問から解答するなどの工夫が時間内に解き終えるカギとなる。

対　策

1　現代文

出題傾向からして，評論中心の学習が肝要である。指示語の内容や文・段落相互の関係などに十分注意を払い，要旨を正確に把握する力を養っておこう。解説が詳しいマークシート方式の問題集を選び，解答の根拠を本文の中に発見する学習を徹底しておくべきである。本文の長さや設問形式など，全学部・学科に共通して傾向が比較的はっきりしているので，できるだけ多くの過去問に当たっておくべきである。

2　国語常識

参考書や問題集，国語便覧などを活用し，漢字の書き取りと読み，慣用表現，故事成語・ことわざ，四字熟語などの知識を身につけておきたい。並行して，過去問で学習を深めるのもよい。ここで養った国語常識は，独立した大問への対策のみならず，現代文読解の際にも大いに役立つはずである。とにかく繰り返し学習すること。

3　日常的に文章にふれよう

選書・新書類からの出題が多い。その文章レベル（漢字・語句・表現など）の読解力を身につけることが，合格を目指すうえでの一つの目標と言ってよいであろう。とりわけ新書類にはあらゆる分野を対象とする評論・随筆がある。興味を覚えるテーマの本からはじめて，読書を習慣化しよう。新聞でも，報道記事だけではなくコラムや寄稿文を継続して読むことが，国語知識や読解力の向上につながる。

2023年度

問題と解答

■一般入試（学科別）：2 月 3 日実施分

問題編

▶試験科目・配点

【3 教科型】

教　科	科　　　目	配　点
外国語	コミュニケーション英語Ⅰ・Ⅱ・Ⅲ，英語表現Ⅰ・Ⅱ	100 点
選　択	日本史B，世界史B，政治・経済，数学Ⅰ・Aから１科目選択 ※経営学部データサイエンス学科は数学Ⅰ・A必須	100 点
国　語	国語総合（古文・漢文を除く）	100 点

【2 教科型】（経営学部ホスピタリティ・マネジメント学科，経済学部経済学科）

教　科	科　　　目	配　点
外国語	コミュニケーション英語Ⅰ・Ⅱ・Ⅲ，英語表現Ⅰ・Ⅱ	100 点
国　語	国語総合（古文・漢文を除く）	100 点

【2 教科型】（経営学部データサイエンス学科）

教　科	科　　　目	配　点
外国語	コミュニケーション英語Ⅰ・Ⅱ・Ⅲ，英語表現Ⅰ・Ⅱ	100 点
数　学	数学Ⅰ・Ⅱ・A・B（数列，ベクトル）	200 点

▶備　考

- ３教科型において，科目間の問題難易差における不公平をなくすため，「中央値補正法」により，３教科全ての得点調整を行う。

英語

(60分)

I．次の1～11の（　　　）に入る最も適当なものを①～④から1つずつ選び、マークしなさい。

1．Wearing a mask helps to (　　　) the spread of the disease.

① sacrifice　② prevent　③ enlarge　④ request

2．The entrance ceremony takes (　　　) in April every year.

① toll　② back　③ offer　④ place

3．The president chose candidates (　　　) on their looks rather than their political experience.

① based　② accompanied

③ taken　④ caught

4．The soccer player has (　　　) to his team for ten years.

① succeeded　② won

③ contributed　④ injured

5．Experience may (　　　) more than theory in a highly complex situation.

① matter　② import　③ tread　④ taste

6. Michael could (　　　) find words to thank the foundation when offered a scholarship.

① hardly　② heavily　③ deeply　④ greatly

7. We will send the magazine you ordered when payment is (　　　).

① confined　② connected

③ confronted　④ confirmed

8. We have recently made significant (　　　) in Information Technology.

① notice　② ability　③ virtue　④ progress

9. This fast-food restaurant chain has opened a new store to (　　　) customers in the area.

① grow　② serve　③ join　④ trade

10. The company donated part of its (　　　) to an educational institution.

① crises　② confrontation

③ profits　④ destinations

11. If people who smoke are (　　　) of their cigarettes, they get nervous.

① deprived　② held　③ stopped　④ taken

Ⅱ．次の１～10の下線部の意味に最も近いものを①～④から１つずつ選び、マークしなさい。

1．Jim takes after his father.

① looks like　② puts after　③ has like　④ looks after

2．Cathy frequently traveled abroad.

① rarely　② sometimes　③ freely　④ often

3．The children have been pleased lately.

① timely　② recently　③ likely　④ slowly

4．Farmers need sufficient water to grow crops.

① short　② enough　③ large　④ ordinary

5．James was able to find his way around town by referring to a map.

① looking　② robbing　③ returning　④ consulting

6．Finally, the two countries have reached an agreement about their territories.

① As for　② At length

③ Before long　④ So long

7．The baseball team won the championship. We are all impressed with the team's efforts on behalf of the university.

① compared with　② approving

③ beforehand　④ representing

8. This question has nothing to do with today's topic.

① isn't similar to　　② isn't related to

③ isn't superior to　　④ isn't inferior to

9. You can sign up for a week or a whole month. It's up to you.

① You decide　　② You are named

③ You can climb up　　④ You can do it

10. Mike was one of my former colleagues. I came across him at the station last month.

① crossed him by　　② told him by accident

③ met him by chance　　④ asked him suddenly

Ⅲ. 次の各組の英文がほぼ同じ意味になるように（　　　）に入る最も適当なものを①～④から１つずつ選び、マークしなさい。

1. I appreciate your kindness.
I am (　　　) for your kindness.

① grateful　② helpful　③ wonderful　④ careful

2. I can't call him because I don't know his phone number.
If I (　　　) his phone number, I could call him.

① know　　② knew

③ have known　　④ had known

3. Whenever he saw this photo, he thought of his hometown.
This photo always (　　　) him of his hometown.

① remembered　② considered

③ reminded　④ regarded

4．The Nile is the longest river in the world.
(　　　) river in the world is longer than the Nile.

① No other　② Any other　③ More than　④ Other than

5．Because I had already watched the news on TV, I knew about the accident.
(　　　) already watched the news on TV, I knew about the accident.

① Had　② Having been

③ Being　④ Having

Ⅳ. 次の1～5の対話の（　　　　）に入る最も適当なものを①～④から1つずつ選び、マークしなさい。

1．Bob : You're up bright and early this morning.

Susan : I didn't sleep a wink. I was awake all night thinking about the new business.

Bob : Running your own business takes a lot of work. (　　　)

① How much did it cost?

② Are you prepared to work like a dog?

③ Nice to meet you.

④ I don't enjoy sitting for a long time.

2.　Tim :　Thank you for making time for me today, Carol.

Carol :　Don't mention it, Tim.　What's up?

Tim :　Before I ask you for some advice, my wife baked these cookies from scratch.　Please take one.

Carol :　Mmm, these are (　　　　　).

Tim :　Now, can I ask you my question?

Carol :　Sure!

① in touch

② as a matter of fact

③ up in the air

④ out of this world

3.　Mike :　Our vacation cost a lot this summer.

Jane :　(　　　　　) How come?

Mike :　Because we stayed at an expensive hotel in Europe.

① Does it?

② Did it?

③ Where have you been?

④ What is your favorite vacation?

4.　Liza :　Hi, Mike.　How are you?

Mike :　Oh, hi, Liza.　I'm fine, thanks.

Liza :　Mike, do you go hiking?

Mike :　Sometimes.　Why?

Liza :　I'm going hiking this afternoon.　Would you like to come?

Mike : (　　　　) I have 20 e-mails to write by five o'clock.

① Of course.

② Maybe some other time.

③ Yes, I would.

④ Sounds drastic.

5. Mother : How was your day at school, Nicole?

Nicole : It was great, Mom. I gave a presentation on Joe Biden in social studies class. Afterwards, (　　　　).

Mother : What did she say?

Nicole : She said my presentation was well organized and smooth.

① my teacher came up with the solution

② my teacher used to be interested in politics

③ my teacher didn't like my topic

④ my teacher paid me a compliment

V. 次の英文を読み、(A)～(F)に入る最も適当なものを①～④から1つずつ選び、マークしなさい。

Chimpanzees design and use tools. That is well known. But is it possible that they also use medicines to treat their own and others' injuries? A new report suggests they do.

Since 2005, researchers have been studying a community of 45 chimpanzees in the Loango National Park in Gabon, on the west coast of Africa. For 15 months, from November 2019 to February 2021, the (A) saw 76 open wounds on 22 different chimpanzees. In 19 instances, they watched a *chimp perform the wound's self-treatment using an insect as a *salve. In a few cases, one chimp appeared to treat another. The scientists recently published their (B) in the journal *Current Biology*.

The (C) was similar each time. First, the chimps caught a flying insect; then, they *immobilized it by squeezing it between their lips. Next, they placed the insect on the wound, moving it around with their fingers. Finally, they took the insect out, using their mouths or fingers. Often, they put the insect in the wound and took it out several times.

One chimp, an adult male named Freddy was a particularly enthusiastic user of insect medicine, treating himself numerous times for (D) to his head, arms, lower back, etc. Then, one day, the researchers watched him treat himself twice for the same arm wound. The researchers don't know how Freddy got these injuries, but some of them probably involved fighting with other males.

Simone Pika leads an animal *cognition lab at the University of Osnabrück in Germany and is an author of the study. She said, "We don't know of any other (E) in mammals. This may be a learned behavior that exists only in this group. We don't know if our chimps are special in this regard."

Aaron Sandel, an anthropologist at the University of Texas, Austin, found the work valuable but at the same time expressed some doubts. "They don't offer an alternative explanation for the behavior, and they make no connection to what insect it might be," he said. "The jump to a potential (F) function? That's a stretch at this point."

【Abridged and adapted from the following article. "Chimps Catch Insects to Put on Wounds. Is It Folk Medicine?" from the February 7th, 2022 issue of *The New York Times*.】

*chimp = chimpanzee　　salve「膏薬《こうやく》」

immobilized < immobilize「(〜を) 動けなくする」　cognition「知覚」

(A) ① chimpanzees　② insects
③ researchers　④ years

(B) ① innovations　② properties
③ promotions　④ observations

(C) ① security　② procedure　③ maturity　④ promise

(D) ① injuries　② bodies　③ crowns　④ hairs

(E) ① protests　② instances　③ times　④ prejudices

(F) ① active　② broad　③ partial　④ medical

VI. 次の一連の英文【A】～【D】を読み、各々の内容と一致するものを①～④から1つずつ選び、マークしなさい。

【A】 The United States completed the linking of the continent in 1869. How it was done is my subject. The cast of characters is immense. The workforce—primarily Chinese on *the Central Pacific and Irish on *the Union Pacific, but with people from everywhere on both lines—at its peak approached the size of the Civil War armies, with as many as fifteen thousand on each line. Their leaders were the big men of the century. First of all, Abraham Lincoln, who was the driving force. Then Ulysses S. Grant and William T. Sherman. These were the men who acted decisively at critical moments to bind the United States together east and west. One of these men was president, a second was soon to be president, and the third turned down the presidency.

Supporting them were Grenville Dodge, a Union general who was the chief engineer of the Union Pacific and could be called America's greatest railroad-builder; Jack and Dan Casement, who were also generals during the war and then the heads of construction for the line; and many engineers and foremen, all veterans, who made it happen. It could not have been done without the Civil War veterans.

*the Central Pacific 「セントラル・パシフィック鉄道」
the Union Pacific 「ユニオン・パシフィック鉄道」

① The Union Pacific employed only Chinese.
② The number of workers in both the Central Pacific and the Union Pacific totaled fifteen thousand at its peak.

③ William T. Sherman became a U.S. president.

④ Civil War veterans played a crucial role in building railroads.

【B】 The *surveyor who, above all the rest, earned everyone's gratitude was Theodore Judah. To start with, the Central Pacific was his idea. In his extensive explorations of *the Sierra Nevada, he found the mountain pass. Together with his wife, Anne, he persuaded the politicians—first in California, then in Washington—that it could be done, and demanded their support. Though there were many men involved, it was Judah above all others who saw that the line could be built but only with the government aid, since only the government had the resources to pay for it.

Government aid, which began with Lincoln, took many forms. Without it, the line could not have been built, and quite possibly would not have been started. With it, there were tremendous struggles, of which the key elements were these questions: could more money be made by building it fast, or building it right? Was the profit in the construction, or in the running of the railroad? This led to great tension.

*surveyor 「測量技師」　the Sierra Nevada 「シエラネバダ山脈」

① Theodore Judah was a surveyor who explored the Central Pacific.

② Theodore Judah was a politician living in California.

③ The success of railroad building depended on government aid.

④ People never questioned about how they would build lines.

【C】 There were problems with *Native Americans for the Union Pacific; they had not been asked or consented or paid for the use of what they regarded as their lands. For the Central Pacific, there was the problem of digging tunnels through mountains made of rocks. That these tunnels were attempted, then dug, was a mark of the American *audacity and *hubris. Urgency was the noticeable emotion because the government set it up as a race. The company that built more would get more. This was typically American and democratic. Had there been a referendum on the question "Do you want it built fast, or built well?" over 90 percent of the American people would have voted to build it fast.

Time, along with work, is a major theme in the building of the railroad. Before the locomotive, time hardly mattered. With the coming of the railroad, time became so important that popular phrases include "Time was," or "Time is wasting," or "Time's up," or "The train is leaving the station." What is called "standard time" came about because of railroads. Before that, localities set their own time. Because the railroads published schedules, the country was divided into four time zones. And it was the railroads that served as the symbol of the nineteenth-century revolution in technology. The locomotive was the greatest thing of the age. With it, man conquered space and time.

*Native Americans 「アメリカ先住民」　audacity 「大胆さ」
hubris 「慢心」

① Native Americans got along with the Central Pacific.
② Americans disregarded Native Americans when building railroads.
③ As a result of the referendum, it became clear that over 90 percent of the Americans wanted to build railroads fast.
④ Publishing railroad schedules resulted in the invention of the locomotive.

【D】 It could not have been done without workers. Whether they came from Ireland or China or Germany or England or Central America or Africa or elsewhere, they were all Americans. Their chief characteristic was how hard they worked. Work in the mid-nineteenth century was different from work at the beginning of the twenty-first century. Then, nearly everything was done by muscle power. The railroad crossing the continent was the last great building project done mostly by hand. The dirt for filling a *dip in the ground was brought in by *handcart. Black powder was used to blast for tunnels, but only after drills and large and heavy hammers had made an *indentation deep enough to pack the powder.

Yet it was done, generally without complaint, by free men who wanted to be there. That included the thousands of Chinese working for the Central Pacific. Contrary to myth, they were not brought over by boat to work for the railroad. Most of them were already in California. They were glad to get the work. Although they were physically small, their teamwork was so good that they could accomplish *feats we just stand astonished at today.

The Irish and others who built the Union Pacific were also there by choice. They were young unmarried veterans, who had no strong reason to return home after the Civil War. They eagerly seized the opportunity to participate in the extraordinary task.

*dip 「くぼみ」 handcart 「手押し車」 indentation 「へこみ」
feats 「偉業」

① Muscle power is indispensable for workers in the twenty-first century.

② Black powder was used to fill in a dip in the ground.

③ Chinese workers were at a disadvantage in necessary teamwork because they were physically small.

④ People who constructed the Union Pacific worked without being forced.

【Abridged and adapted from the “Introduction” of the following source. Stephen E. Ambrose, *Nothing Like It in the World: The Men Who Built the Transcontinental Railroad, 1863-1869* (Simon & Schuster, 2005), 17-22.】

日本史

（60 分）

第 1 問　次の文章を読んで，下の問い（問 1 ～11）に答えなさい。

7 世紀中ごろの日本では乙巳の変により新政権が発足し，孝徳天皇のもとで改新の詔が発せられた。詔では豪族の所有する土地である［ A ］や部曲を廃止して国家による土地と人民の統一的支配の方針が打ち出された。

律令体制の確立にともない，人民は戸ごとに戸籍に登録され，また戸主の申告に基づいて毎年［ B ］が作成された。国家は人民を管理下に置き，班田収授(1)を実施して人民に最低限の生活を保障し，彼らを国家による徴兵と徴税の対象とした。

しかし，戸籍の作成や班田は作業が煩雑で規定どおりには進まず，実施が遅れがちになった。人口が増加して田地不足が深刻化し，疫病や飢饉も重なって既存の田地の荒廃もすすんだ。このため政府は開墾を奨励し，さらには公地制の原則をみずから変更する土地政策へと転換した(2)。それは大規模な土地私有の出発点となった。

11世紀になると，所領の寄進を通じて開発領主・領家・本家がそれぞれ所領に対する権利を分け持つ仕組みが生まれ，立券荘号の手続きにより国衙の支配から独立した所領である荘園が各地に設立されることとなった。そして院政時代には，天皇家が所有する代表的な荘園群が成立し，鳥羽上皇がその娘に譲った荘園群は［ C ］と呼ばれた。一国の編成は，こうした荘園と，郡・郷・保などの国衙領（公領）からなる体制へと変化していった。

鎌倉幕府が成立すると，将軍は主従関係をむすんだ御家人に父祖伝来の所領を保証し，敵方の没収地を新恩として給与した。御家人はときに守護として，とくに東国では国衙の行政事務を吸収し，また地頭として所領からの収益を得た。

［ D ］の後，鎌倉幕府は敵対した上皇方の所領三千余ヵ所を没収し，新たな地頭を補任して，朝廷に対する優位を確立した。地頭は幕府の優勢を背景に荘園侵略を進め，領家側と地頭側で荘園・公領の支配権を折半して紛争を解決するなどして，在地支配を強めていった。

室町時代を経て戦国の世に入ると，戦国大名は自領の村々から土地台帳を差し出させ，土地の実態を調査・把握する検地をおこなった。天下統一をすすめる豊臣秀吉は，さらに統一基準を設け全国的規模で検地を実施した(3)。この太閤検地により，土地は石高で把握されることになった。秀吉に従う大名の知行地は石高に基づき安堵され，負担すべき軍役の数量も石高に応じて定まることとなった。そして荘園公領制は終焉を迎え，土地に対する複雑な権利関係は清算されることとなった。

徳川将軍と大名の関係も石高制を基準とした。大名は石高に基づき領地を給与され領内の年貢収納権を持ち，石高にみあった規模の軍・家臣団を擁することになった。独自の軍・家臣団を持つ大名は幕府に対し自立的であったが，幕府の厳格な統制法令による規制をうけ，違反した場合は所領の削減や没収などの処罰を受けた。一方，幕府・諸藩が支配する村々では，田畑・屋敷地を所持する［　E　］が，正式な構成員として村政に参加し，年貢や諸役を負担した。

明治新政府は発足後まもない1869年には版籍奉還を推進し，1871年には［　F　］を断行した。こうした改革により諸大名ら封建領主の土地領有権は最終的に否定された。新政府はさらに土地の自由な利用と処分を認め，地券の交付を通じて個人の土地に対する排他的な所有権を確立させた。

その後，1880年代前半に断行されたデフレ政策により小作地率が上昇し，地主的土地所有が進行して，この傾向は1890年代に入ってもつづいた。日露戦争後の経済不況期には政府も対応を迫られ，［　G　］内閣により地方改良運動が推進された。

第二次世界大戦後，農村の困窮は日本の対外侵略の動機となったとして，農村の格差を是正すべく農地改革が断行された(4)。こうして，旧来の地主的土地所有は解体に向かった。

問1　空欄［　A　］に入る語句として正しいものを，次の①～④のうちから一つ選びなさい。［　1　］

①　田荘　　②　屯倉　　③　子代　　④　食封

問2　空欄［　B　］に入る語句として正しいものを，次の①～④のうちから一つ選びなさい。［　2　］

①　郷帳　　②　大田文　　③　国絵図　　④　計帳

問3　下線部(1)に関して，班田収授と人民について述べた文として正しいものを，次の①～④のうちから一つ選びなさい。［　3　］

①　班田収授とは，人民に口分田を班給する制度である。

②　口分田は21歳から60歳までの成人男子（正丁）を対象に班給された。

③　賤民の男子には口分田が支給されなかった。

④　口分田などを支給したあと余った田地は有力農民の名主に請作させた。

問4　下線部(2)に関して，政府の開墾政策とその後の展開について述べた文として**誤っているもの**を，次の①〜④のうちから一つ選びなさい。［4］

①　田地不足に対応するために政府は百万町歩開墾計画をたてた。
②　墾田の私有を期限つきで認める三世一身法を定めた。
③　墾田の私有期限を撤廃する墾田永年私財法を定めた。
④　貴族や寺社の土地開発により，各地に不輸租田からなる荘園が成立した。

問5　空欄［C］に入る語句として正しいものを，次の①〜④のうちから一つ選びなさい。［5］

①　殿下渡領　②　八条院領　③　長講堂領　④　平家没官領

問6　空欄［D］に入る語句として正しいものを，次の①〜④のうちから一つ選びなさい。［6］

①　治承･寿永の乱　②　承久の乱　③　元弘の変　④　応仁の乱

問7　下線部(3)に関して，その内容について述べた文として**誤っているもの**を，次の①〜④のうちから一つ選びなさい。［7］

①　長さ六尺三寸を一間，一間四方の面積を一歩とした。
②　三百歩を一段とし，量をはかる基準として京枡を採用した。
③　土地の価値を貨幣の単位であらわし，石高として表示した。
④　村ごとに検地帳を作成し，一筆ごとの石高と耕作者を確定した。

問8　空欄［E］に入る語句として正しいものを，次の①〜④のうちから一つ選びなさい。［8］

①　水呑百姓　②　本百姓　③　無高百姓　④　被官百姓

問9　空欄［F］に入る語句として正しいものを，次の①〜④のうちから一つ選びなさい。［9］

①　神仏分離　②　文明開化　③　分地制限　④　廃藩置県

問10　空欄 [G] に入る語句として正しいものを，次の①～④のうちから一つ選びなさい。 [10]

① 第 4 次伊藤博文　　② 第 1 次桂太郎

③ 第 2 次西園寺公望　　④ 第 2 次桂太郎

問11　下線部(4)の結果に関して述べた文として**誤っているもの**を，次の①～④のうちから一つ選びなさい。 [11]

① 不在地主のもつ全小作地は小作人に売り渡された。

② 在村地主のもつ小作地は，5 町歩を超える分が小作人に売り渡された。

③ 農家の 9 割以上が自作農・自小作農となった。

④ 山林地主は改革の対象にはならなかった。

第 2 問　次の文章を読んで，下の問い（問 1 ～ 7）に答えなさい。

平安時代になると，文章経国の思想が広まり，朝廷は勅撰の漢詩文集を編纂して漢文学の発展をあと押しした。仏教では空海により密教が本格的に導入されて朝廷や貴族の支持を集めた。空海は最澄とともに 9 世紀初頭の遣唐使に随行して渡唐したが，最澄との交流は帰国後もしばらくつづき，空海は最澄あての書簡で唐風書体の『 [A] 』を残した。

平安時代の中ごろには，和様の貴族文化が開花し，とくに(1)和歌をはじめ仮名文字を用いた文学が隆盛した。

絵画では，平安時代中期より絵と詞書を交互に配して物語を説く(2)絵巻物が制作され，鎌倉時代以降とくに盛んとなり，寺社の縁起や高僧の絵伝，また武士の合戦などの絵巻物が数多く制作された。

絵巻物の流行に並行して，鎌倉時代には写実性豊かな絵画や彫刻が生み出された。大和絵の手法で写実性を強調した肖像画が描かれ，禅宗が興隆すると，師僧が弟子たちに与えるための頂相と呼ばれる師僧の肖像画も描かれた。永平寺を開いた [B] の頂相はその一例である。彫刻では，(3)運慶，快慶，運慶の子康勝ら奈良仏師により天平彫刻の伝統を生かした写実的な彫刻が制作された。

臨済宗は(4)武家政権に保護され，五山制度がととのうなどして，室町時代には国教的な性格を持つようになった。また禅問答を主題として京都 [C] の画僧・如拙は水墨画の『瓢鮎図』を描いた。

問1　空欄 A に入る語句として正しいものを，次の①～④のうちから一つ選びなさい。 12

①　閑吟集　　②　性霊集　　③　風信帖　　④　離洛帖

問2　下線部(1)について述べた文として**誤っているもの**を，次の①～④のうちから一つ選びなさい。 13

①　紀貫之らにより初めての勅撰和歌集が編さんされた。

②　物語文学の傑作として『源氏物語』が書かれた。

③　日記では『蜻蛉日記』，随筆では『枕草子』が書かれた。

④　和風書道が隆盛し橘逸勢は三蹟に数えられた。

問3　下線部(2)の諸作品に関する説明として正しいものを，次の①～④のうちから一つ選びなさい。 14

①　『源氏物語絵巻』は吹抜屋台の構図や引目鉤鼻による人物表現が特徴的である。

②　『一遍上人絵伝』は法華宗の開祖一遍上人の諸国遍歴の様子を描いている。

③　『蒙古襲来絵巻』は吉見二郎・男衾三郎兄弟がモンゴル軍に挑む様子を描く。

④　『北野天神縁起絵巻』は安和の変で源高明が失脚する顛末を紹介している。

問4　右の図に示された，空欄 B にあたる人物として正しいものを，次の①～④のうちから一つ選びなさい。 15

①　栄西　　②　明恵

③　道元　　④　隠元

問5　下線部(3)に述べられる諸人物の**作品ではないもの**を，次の①～④のうちから一つ選びなさい。 16

①　東大寺南大門金剛力士像　　②　平等院鳳凰堂阿弥陀如来像

③　六波羅蜜寺空也上人像　　④　興福寺無著・世親像

問6　下線部(4)に関して述べた文として**誤っているもの**を，次の①～④のうちから一つ選びなさい。 17

①　臨済僧の蘭溪道隆に足利尊氏・直義兄弟が帰依し，幕府の保護下に置いた。

②　足利義満の時代に南宋の官寺の制にならった五山の制を完成させた。

③　五山の僧は漢詩文に長じ朱子学を研究し，荘園経営に関わる者もいた。

④　五山の僧は幕府の外交に関わり，外交使節となったり外交文書の作成に携わったりした。

問7　空欄［C］に入る寺院名として正しいものを，次の①～④のうちから一つ選びなさい。［18］

①　天龍寺　　②　相国寺　　③　南禅寺　　④　建仁寺

第3問　次の文章を読んで，下の問い（**問1～7**）に答えなさい。

徳川家康は慶長年間に同じ規格と品質を持つ金貨・銀貨を大量につくらせた。寛永期になると，江戸幕府は各地の銭座で寛永通宝を鋳造し，全国に供給した。17世紀の中ごろまでには，(1)金・銀・銭の三貨が全国に行き渡り，商品流通の発展に大きく寄与した。三貨間の交換はその時々の相場によって変動した。そこで［A］が交換業務にあたった。

5代将軍徳川綱吉の治世である元禄年間になると，幕府は財政難に陥り，(2)財政悪化を食い止めるための政策が実施された。しかしその政策は貨幣流通量を増大させて物価の高騰を招き，幕府の財政支出をかえって増大させるとともに，武士や庶民の生活を圧迫した。このため，6代将軍徳川家宣のもとで将軍侍講として正徳の政治を推進した朱子学者［B］の時代には，あらたに正徳金銀が発行された。8代将軍徳川吉宗は当初享保金銀を発行して前代の貨幣政策を維持したが，のちに元文金銀を発行して経済活動の活発化を促した。

10代将軍徳川家治に側用人および老中として仕えた田沼意次は，金貨と銀貨の二元的な貨幣制度が経済発展を阻む要因になることを懸念し，あらたに南鐐二朱銀を発行して，この銀貨［C］で小判一枚と同額として通用させ，金貨・銀貨を金貨のもとに統合して市場の統一をはかろうとした。

幕末期に入ると(3)開国にともなう経済的変動の影響下で尊王攘夷運動が激化し，幕藩体制は衰退に向かった。明治新政府は新貨条例を発して江戸時代の貨幣制度を廃止し，貨幣単位を円・［D］の10進法へと改め，1円を金1.5グラムとして近代的な貨幣制度を導入することとなった。

問1　下線部(1)に関して，三貨について述べた文として**誤っているもの**を，次の①～④のうちから一つ選びなさい。［19］

①　三貨はそれぞれ独立した価値を持ち，当初は共通の貨幣単位を持たなかった。

② 銭貨は各地域ごとの少額の取引に，金貨と銀貨は高額の取引に用いられた。

③ 銀貨は江戸などの東国，金貨は大坂などの西国で取引の中心とされた。

④ 全国的に通用する三貨に対し，諸藩では藩札を発行し領内に通用させた。

問2　空欄 [A] に入る語句として正しいものを，次の①～④のうちから一つ選びなさい。 [20]

① 土倉　② 蔵元　③ 両替商　④ 札差

問3　下線部(2)に関して，財政悪化の原因と対応策に関する説明として**誤っているものを**，次の①～④のうちから一つ選びなさい。 [21]

① 金銀の産出量が激減し，明暦の大火からの復興費用がかさんだ。

② 勘定所の役人や代官らを監察する勘定吟味役を置いた。

③ 田中丘隅の建議により慶長金銀より品位を下げた元禄金銀を発行した。

④ 新旧の貨幣を同じ価値で通用させ，両者の差を出目として増収をはかった。

問4　空欄 [B] に入る人物名として正しいものを，次の①～④のうちから一つ選びなさい。 [22]

① 松平定信　② 林羅山　③ 林鵞峰　④ 新井白石

問5　空欄 [C] に入る語句として正しいものを，次の①～④のうちから一つ選びなさい。 [23]

① 2枚　② 4枚　③ 8枚　④ 16枚

問6　下線部(3)に関して述べた文として**誤っているものを**，次の①～④のうちから一つ選びなさい。 [24]

① 開国により生糸が大量に輸出され，当初は輸出超過となった。

② 金銀比価が海外と日本で異なり，大量の金が流出した。

③ 安価な綿織物が輸入され，国内の綿業・綿織物業に打撃を与えた。

④ 幕府が発行した万延小判は物価が暴落する原因となった。

問7　空欄 [D] に入る語句として正しいものを，次の①～④のうちから一つ選びなさい。 [25]

① 分・朱　② 銭・匣　③ 貫・匁　④ 貫・文

第4問　次の文章を読んで，下の問い（問1〜7）に答えなさい。

1945年10月，幣原喜重郎首相は連合国軍最高司令官のマッカーサーを訪れ，マッカーサーは日本の民主化に向けた五大改革指令を口頭で指示した。日本政府はその実施に向けて動き出した。

五大改革指令の一つは経済の民主化であった。それは農地改革・財閥解体・労働改革を骨子とした。財閥解体においては，まず財閥の資産を凍結し，財閥の心臓部である［ A ］を解体させ，財閥家族らを追放した。［ A ］整理委員会は本社や家族が所有する株式を公開処分した。一方，労働改革においては労働者の権利確立のために労働三権を保障する法整備がなされ，1947年には週48時間労働制などを定め労働者を保護する［ B ］が制定された。

また(1)第1次吉田茂内閣は，戦争で傷んだ日本経済の復活を期し，経済復興の起点となる政策を考案し実施した。しかし，インフレが収束せず，政府やアメリカの援助への依存から脱却できない日本経済を立て直すため，第2次吉田茂内閣のもとで(2)日本経済の自立化がめざされた。その結果，日本は著しい不況に陥ったが，まもなく(3)朝鮮戦争が勃発し，その後1960年代初頭にかけて，好景気の波が何度か訪れることとなった。

安保闘争が収束し1960年に岸信介内閣が退陣すると，池田勇人内閣が発足した。池田内閣は「［ C ］」をスローガンに経済政策の推進を国民に訴えて成長ムードを加速させた。この時代は(4)エネルギー資源の利用において転換が進んだ時代でもあった。

問1　空欄［ A ］に入る語句として正しいものを，次の①〜④のうちから一つ選びなさい。［ 26 ］

①　同族会社　　②　独占企業　　③　銀行　　④　持株会社

問2　空欄［ B ］に入る語句として正しいものを，次の①〜④のうちから一つ選びなさい。［ 27 ］

①　労働基準法　　②　労働組合法

③　工場法　　④　労働関係調整法

問3　下線部(1)に関して述べた文として正しいものを，次の①〜④のうちから一つ選びなさい。［ 28 ］

①　金融緊急措置令を発し，預金封鎖・新円切り換えを断行した。

②　経済安定本部を設け，傾斜生産方式を採用し，実施した。

③　石油化学工業部門に重点的に資金と資材，労働力を集中しようとした。

④　復興金融金庫を設立して台湾など旧植民地の経済復興のための融資をおこなった。

問4　下線部(2)をめざした改革について述べた文として**誤っているもの**を，次の①～④のうちから一つ選びなさい。 29

①　ＧＨＱの指令により，吉田内閣は経済安定九原則の実施を迫られた。

②　ドッジが来日し，赤字も許容した積極予算の実施を政府に求めた。

③　１ドル＝360円の単一為替レートが採用され，日本は世界の通貨体制に合流した。

④　シャウプ勧告により，直接税中心の税制が採用された。

問5　下線部(3)の時期の好景気として**適当でないもの**を，次の①～④のうちから一つ選びなさい。 30

①　いざなぎ景気　②　岩戸景気　③　特需景気　④　神武景気

問6　空欄 C に入る語句として正しいものを，次の①～④のうちから一つ選びなさい。 31

①　民間活力の導入　②　増税なき財政再建

③　所得倍増　④　構造改革

問7　下線部(4)に関連して，次の表は戦後日本のエネルギー需給の推移を示したものである。表の（A），（B），（C），（D）には，「天然ガス」，「石油」，「原子力」，「石炭」のいずれかが入り，（E）は「水力」となる。1960年代から70年代にかけて，（A）の需給率が（B）を上まわるようになった。1973年には第一次石油危機となり，以降は（C）や（D）の需給率が高まることになった。また表にはないが，2011年の東日本大震災を機に，（D）の比重は大きく低下した。

（C）にあてはまるエネルギーとして正しいものを，下の①～④のうちから一つ選びなさい。 32

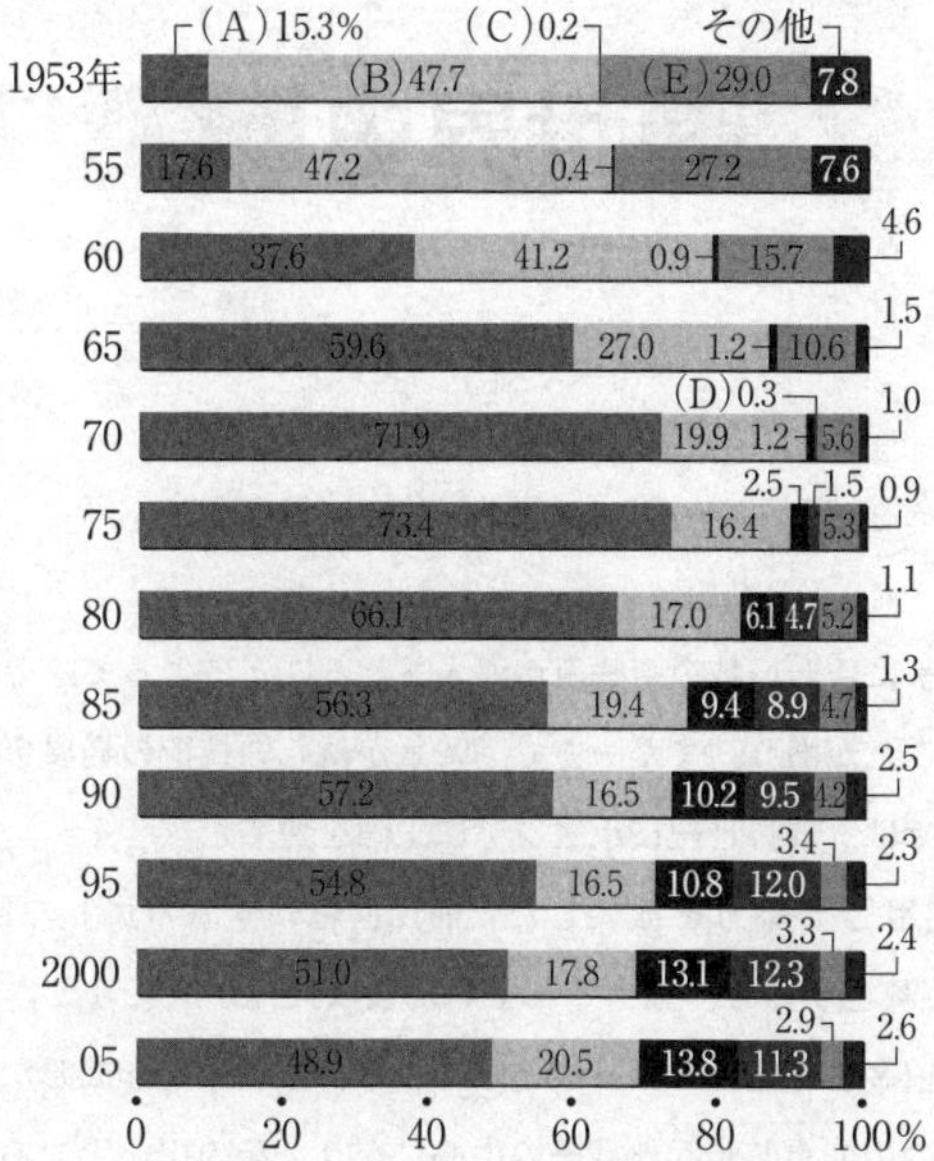

(『総合エネルギー統計』)

① 天然ガス　　② 石油　　③ 原子力　　④ 石炭

世界史

(60分)

第1問 次の文章を読み，下の問い（問1～10）に答えなさい。

世界史上で，戦争に新しい技術や戦術が導入されることによって，その時代の国際秩序や社会が変化することがあり，また一方で，戦争が新しい技術の発展を促すこともあった。

古代オリエントでは，前17世紀に小アジアに王国を建てた（ 1 ）が，初めて鉄製の武器を本格的に使用して勢力を拡大した。前12世紀に「海の民」の侵入などによって（ 1 ）の王国が滅亡すると，独占されていた製鉄技術が広まり，古代オリエントは鉄器時代を迎えた。前8世紀頃からポリスと呼ばれる都市国家を形成した古代ギリシアでは，ポリス同士の抗争の中で重装歩兵が戦争の中心になり，その担い手である平民層が政治的発言力を強めて，(2)アテネなどのポリスでは民主政が発展していった。中世ヨーロッパでは，当初戦争の主力は騎士であったが，中国で発明された火薬がイスラーム世界を経由してヨーロッパに伝わり，14世紀から15世紀に火砲が実用化されると，軍の主力は鉄砲を携えた歩兵に移り，(3)封建領主としての地位を動揺させていた騎士は没落した。日本で織田信長の鉄砲隊が武田軍を破ったように，世界の他の地域でも，火砲はそれをいち早く導入した勢力の拡大に貢献しており，西アジアでは，オスマン帝国が1514年にチャルディラーンの戦いで火砲を装備した（ 4 ）軍団の活躍でサファヴィー朝の騎馬軍を破っている。

近代の産業革命による機械技術の導入は，戦争のあり方にも大きな変化をもたらし，また世界に先駆けて新技術を開発した欧米諸国の優位を決定づけた。(5)1840年に始まるアヘン戦争において，清のジャンク船とイギリスの(6)蒸気船が対峙する構図は，それを象徴するものであった。同じヨーロッパ諸国の間にも技術的格差が生じ，1853年に始まるクリミア戦争で，兵器の性能や補給物資の輸送手段で英仏におくれをとったロシアは，戦争に敗北した後に自国の近代化に取り組み，アレクサンドル2世によって（ 7 ）が発布された。19世紀から20世紀の科学技術の進歩は戦争にも反映され，20世紀初めに初飛行に成功した航空機は，1914年に始まる(8)第一次世界大戦ではすでに兵器として利用されていた。第一次世界大戦はさながら新兵器の試験場となり，その犠牲者も格段に増加した。(9)大戦後に軍縮の動きがあったものの，再び世界大戦が勃発すると，核兵器が開発され，実際に使用されるに至った。第二次世界大戦後，核廃絶の努力(10)がなされる一方で，冷戦が終結してもなお各地で紛争が起こり，核兵器使用の恐れもなくなっていない。

問1　空欄（　1　）に入れる語句として正しいものを，次の①～④のうちから一つ選びなさい。[1]

①　カッシート　　②　ヒッタイト　　③　ミタンニ　　④　アッシリア

問2　下線部(2)に関連して，アテネの民主政について述べた文として正しいものを，次の①～④のうちから一つ選びなさい。[2]

①　リュクルゴスは，慣習法を成文化した。

②　ソロンは，非合法な手段で独裁権を握る僭主となった。

③　クレイステネスは，デーモスを基盤とする新たな部族制を編成した。

④　ペリクレスは，男女平等に参加できる民会を最高議決機関とした。

問3　下線部(3)に関連して，中世西ヨーロッパの封建制について述べた文として正しいものを，次の①～④のうちから一つ選びなさい。[3]

①　古代ローマの従士制と古ゲルマンの恩貸地制度を起源とする。

②　主君は家臣に封土（領地）を与え，家臣は主君に軍事的奉仕の義務を負う。

③　主君と家臣の多くは血縁関係で結ばれ，宗法と呼ばれる規範で秩序が守られた。

④　教会は土地をもつことを禁じられ，封建領主にはなれなかった。

問4　空欄（　4　）に入れる語句として正しいものを，次の①～④のうちから一つ選びなさい。[4]

①　ミッレト　　②　シパーヒー　　③　カーリミー　　④　イェニチェリ

問5　下線部(5)について述べた文として**誤っているもの**を，次の①～④のうちから一つ選びなさい。[5]

①　林則徐がイギリス船のアヘンを没収，廃棄したことを機に始まった。

②　ナポレオン３世時代のフランスも，イギリスと共同で出兵した。

③　清は敗北し，南京条約でイギリスに香港を割譲した。

④　アヘン戦争以前に，イギリス東インド会社は中国貿易の独占権を失っていた。

問6　下線部(6)に関連して，1807年に蒸気船の実用化に成功した人物として正しいものを，次の①～④のうちから一つ選びなさい。 6

① フルトン　② スティーヴンソン
③ ダービー　④ ホイットニー

問7　空欄（ 7 ）に入れるものとして正しいものを，次の①～④のうちから一つ選びなさい。 7

① 人身保護法　② 十月宣言　③ 奴隷解放宣言　④ 農奴解放令

問8　下線部(8)について述べた文として正しいものを，次の①～④のうちから一つ選びなさい。 8

① ドイツ軍のポーランド侵攻を機に始まった。
② イタリアは，ドイツ・オーストリア側で参戦した。
③ アメリカ合衆国は，中立を守って最後まで参戦しなかった。
④ 第一次世界大戦中に，ロシア革命が起こった。

問9　下線部(9)に関連して，1921年に始まり，軍縮問題も話し合われたワシントン会議について述べた文として**誤っているもの**を，次の①～④のうちから一つ選びなさい。
9

① アメリカ合衆国・イギリス・日本・フランス・イタリアの主力艦の保有トン数と保有比率を決定した。
② 四カ国条約で，太平洋地域の現状維持が決定された。
③ 四カ国条約で，日英同盟が解消された。
④ 九カ国条約で，日本の山東省における権益が認められた。

問10　下線部(10)に関連して，核廃絶と核軍縮について述べた文A・Bの正誤の組合せとして正しいものを，次の①～④のうちから一つ選びなさい。 10

A　パグウォッシュ会議で，科学者が核兵器の脅威を訴えた。
B　キューバ危機をうけて，米ソ間で中距離核戦力（ＩＮＦ）全廃条約が調印された。

① A―正　B―正　② A―正　B―誤
③ A―誤　B―正　④ A―誤　B―誤

第2問　次の文章を読み，下の問い（**問1～10**）に答えなさい。

15世紀の大航海時代(1)の到来を機に世界の一体化が進む一方で，ヨーロッパでは同世紀末に始まるイタリア戦争を機に，明確な国境と独立した主権をもつ近代的な主権国家(2)が形成されていき，当初は主権が国王に集中した絶対王政を実現する国もあった。

ヨーロッパ諸国の中で，いち早く強力な国家を形成したのはスペインであった。16世紀のスペインはアメリカ大陸などに広大な植民地を形成し，同世紀後半の（　3　）の時代にはポルトガルも併合して全盛期を迎え，「太陽の沈まぬ国」と呼ばれた。しかしカトリック政策の強行などによってオランダが独立戦争を起こし(4)，海上覇権をめぐるイギリスとの争いにも敗れて，スペインはしだいに衰退に向かった。同じ時期に，イギリスはカトリック離脱の動き(5)と並行して王権を強化していった。しかし17世紀には，（　6　）の国王と議会が対立して革命に至り，同世紀後半には議会主権が確立された。フランスでは，同じ時期にブルボン朝のもとで王権が強化され，ルイ14世(7)が典型的な絶対王政を展開した。18世紀になると，遅れて絶対王政を実現した諸国の中には，当時流行した啓蒙思想(8)の影響を受けながら君主主導で上からの近代化を進める啓蒙専制君主が登場したところもあった。プロイセンのフリードリヒ２世，オーストリアのヨーゼフ２世，ロシアのエカチェリーナ２世はその典型であった。

この間に，スペイン・ポルトガルに続いてオランダ，イギリス，フランスが積極的に海外に進出し(9)，植民地獲得競争を繰り広げた。なかでもイギリスとフランスは，ヨーロッパでの紛争と並行してインドと北アメリカ大陸で第２次百年戦争とも呼ばれる抗争を続け，最終的に七年戦争とフレンチ＝インディアン戦争の講和条約であるパリ条約によって（　10　）した。

問１　下線部(1)に関連して，大航海時代のヨーロッパへの影響について述べた文として正しいものを，次の①～④のうちから一つ選びなさい。［ 11 ］

①　貿易の中心が大西洋から地中海に移った。

②　アメリカ大陸からの大量の銀の流入によって物価が下落した。

③　エルベ川以東で農場領主制（グーツヘルシャフト）が発達した。

④　アメリカ大陸原産である茶を飲む習慣が流行した。

問２　下線部(2)に関連して，以下の史料は三十年戦争を終結させたウェストファリア条約（1648年）の条文の一部である。この史料から読み取れる事柄として正しいものを，下の①～④のうちから一つ選びなさい。［ 12 ］

史料

> 第8条第1項
> 〈前略〉［神聖］ローマ帝国のすべての選帝侯，諸侯，等族は，彼らの古き諸権利，諸優先権，諸自由，諸特権および領邦高権の自由な行使につき，教会および世俗の事柄において，また支配権限や国王大権やそれらの占有において，誰からも，いつ何時でも，いかなる口実によっても実際に妨害されえないこと，またそれが許されないことを，この条約により確定し，承認する。

歴史学研究会編『世界史史料 5』

① この条約によって，各領邦に主権が認められ，神聖ローマ帝国は有名無実化した。

② この条約によって，各領邦は弱体化し，神聖ローマ帝国の中央集権化が進んだ。

③ この条約によって，神聖ローマ皇帝選挙の手続きが定められ，皇帝選出権を持つ選帝侯が選ばれた。

④ この条約によって，諸侯は初めてカトリックとルター派のいずれも採用できるようになった。

問3 空欄（ 3 ）に入れる人物名として正しいものを，次の①～④のうちから一つ選びなさい。 13

① イサベル　② カルロス1世
③ ジョアン2世　④ フェリペ2世

問4 下線部(4)に関連して，オランダ独立戦争について述べた文として**誤っているもの**を，次の①～④のうちから一つ選びなさい。 14

① 独立戦争の当初，オラニエ公ウィレムが指導した。
② 独立戦争の途中で，北部7州が脱落してスペインの支配下にとどまった。
③ ホラント州を中心に，ユトレヒト同盟が結成された。
④ ウェストファリア条約で，オランダの独立が国際的に承認された。

問5 下線部(5)に関連して，イギリスのカトリック離脱について述べた文A～Cが年代の古い順に正しく配列されているものを，次の①～④のうちから一つ選びなさい。

15

A　エリザベス1世が，統一法で祈禱《きとう》や礼拝の統一をはかった。

B　ヘンリ8世が，国王至上法（首長法）でイギリス国王を教会の首長と定めた。

C　メアリ1世が，カトリック政策を強行して反対派を弾圧した。

①　A→C→B　②　B→A→C

③　B→C→A　④　C→A→B

問6　空欄（　6　）に入れる語句として正しいものを，次の①～④のうちから一つ選びなさい。 16

①　テューダー朝　②　プランタジネット朝

③　ハノーヴァー朝　④　ステュアート朝

問7　下線部(7)について述べた文として正しいものを，次の①～④のうちから一つ選びなさい。 17

①　宰相のリシュリューが補佐した。

②　三部会と対立した。

③　財務総監にコルベールを任命した。

④　オーストリア継承戦争を起こした。

問8　下線部(8)に関連して，『哲学書簡（イギリス便り）』などを著し，フリードリヒ2世やエカチェリーナ2世にも影響を与えたフランスの啓蒙思想家の名として正しいものを，次の①～④のうちから一つ選びなさい。 18

①　ヴォルテール　②　モンテスキュー

③　ルソー　④　ディドロ

問9　下線部(9)に関連して，次の地図中のa～eは，アジアにおけるヨーロッパ各国の拠点で，同じ記号は同じ国の拠点を示している。そのうちイギリスとオランダの拠点を示したものの組合せとして正しいものを，下の①～④のうちから一つ選びなさい。

19

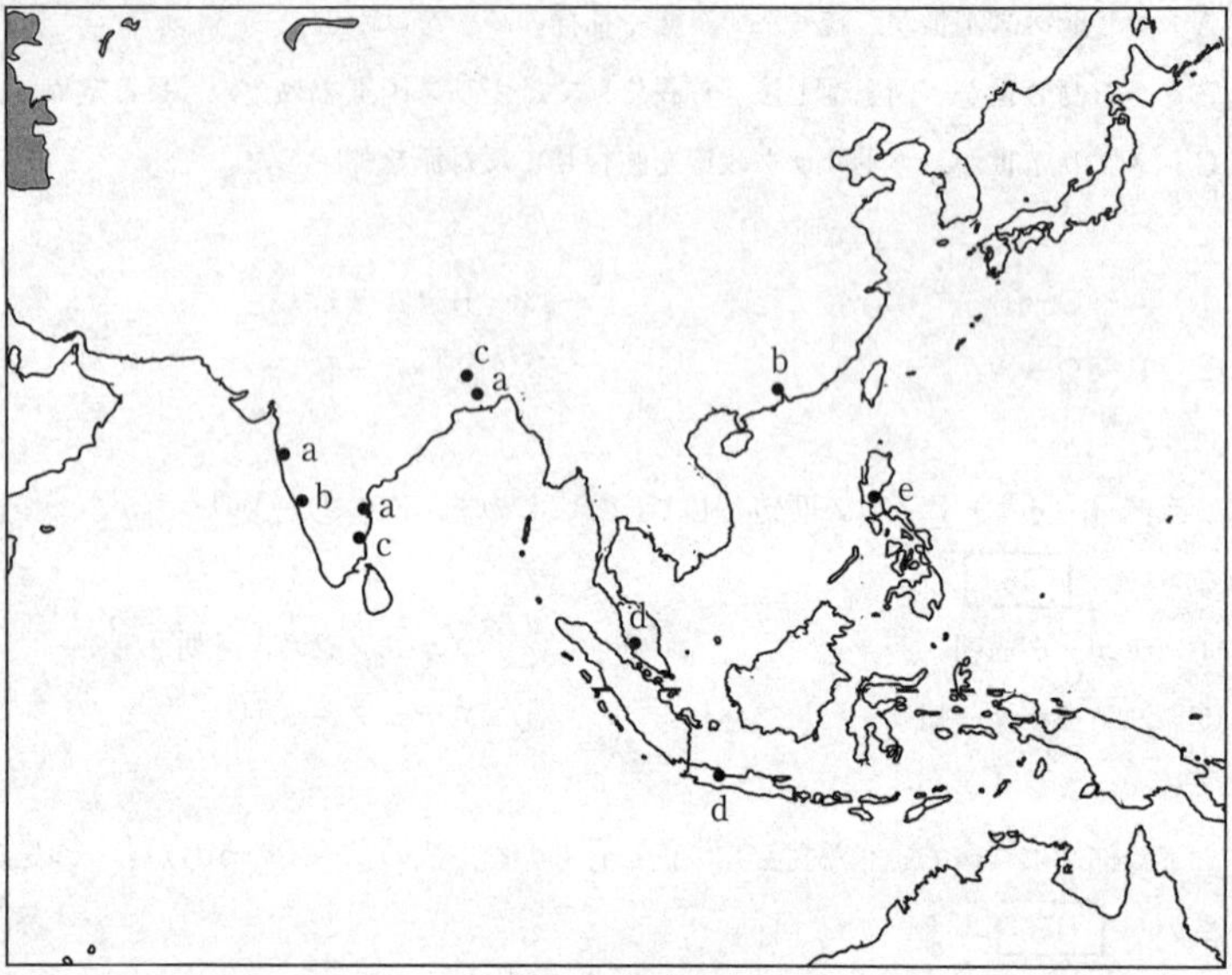

①　イギリス―a　　オランダ―d

②　イギリス―a　　オランダ―e

③　イギリス―b　　オランダ―d

④　イギリス―c　　オランダ―b

問10　空欄（　10　）に入れる語句として正しいものを，次の①～④のうちから一つ選びなさい。 20

①　イギリスが北米植民地の独立を承認

②　イギリスの優位が確立

③　英仏両国が勢力圏を相互に承認

④　フランスの優位が確立

第3問　次の文章を読み，下の問い（**問1～10**）に答えなさい。

モンゴル高原のトルコ系・モンゴル系の諸部族を統一したテムジンは，1206年にハンの位につきチンギス＝ハンとして大モンゴル国を形成した。そしてステップ＝ロードやシルク＝ロードのオアシス地帯に(1)大遠征をおこなった。チンギス＝ハンの子や孫の時代のモンゴルの勢力は，中国東北地方からイラン・イラク・ロシアにおよんだ。モンゴルは交易による利益を重視したため，その広大な領域内の交通路の整備や安全の確保につとめ，（　2　）と呼ばれる駅伝制を施行した。第5代のフビライは，都を大都と定め，国名を中国風に元と改めた。フビライは南宋を滅ぼすとともに，周辺各地に遠征軍を送った。侵攻を受けた側の頑強な抵抗のため，多くはその目的を達せられなかったが，(3)各地域に与えた影響は大きかった。

14世紀は地球規模の寒冷期となり，洋の東西を問わず飢饉や反乱が相次いだ。元末も例外ではなく，その混乱の中で頭角をあらわして明を建国し，（　4　）で皇帝の座についたのが朱元璋であった。明はモンゴル勢力を北方に追い，漢民族による支配を復活させて国内の諸制度を整備した。対外的には，朱子学で強調される華夷の別の思想に基づき(5)朝貢貿易のみを認め，私貿易を許さなかった。これにより周辺諸国からの朝貢が盛んになり明中心の国際秩序が成立した。しかし東シナ海や南シナ海ではこのような貿易制度に不満を持つ人々による海賊行為が横行し，また，北方ではオイラトの（　6　）が明の皇帝を捕虜としたり，タタールが北京を包囲したりするなど，明はモンゴルによる強い圧迫を受けた。このような状況を北虜南倭と呼ぶ。

国内の政治的混乱から自滅した明にかわって，中国を支配したのは(7)清であった。清は現在の中国東北部から沿海州に至る地域に居住していたツングース系女真（のち満洲）人を，ヌルハチがまとめて建国した国である。明の滅亡後降伏した漢人の武将の協力により北京を占領した清は，統治の制度はほぼ明のものを引き継いだが，軍制面などでは(8)独自の制度も施行された。

元代のモンテ＝コルヴィノ大都大司教以来，中国ではすでにカトリックが布教されていたが，明代後期から東アジアでのキリスト教の布教が盛んになり，それはヨーロッパの自然科学の知識の紹介とともにおこなわれた。これは中国の士大夫層に受け入れられたが，その先頭に立った(9)イエズス会とその布教方法を是としない他のキリスト教会派の間での論争から，清でのキリスト教布教は（　10　）のとき全面禁止となる。その後キリスト教布教が自由になるのは19世紀のアロー戦争後のことである。

問1　下線部(1)に関連して，チンギス＝ハンの大遠征について述べた文として**誤っている**

ものを，次の①～④のうちから一つ選びなさい。 21

① ナイマンを倒した。

② ホラズム＝シャー朝を征服した。

③ 西夏を征服した。

④ 金を滅ぼした。

問2 空欄（ 2 ）に入れる語句として正しいものを，次の①～④のうちから一つ選びなさい。 22

① クリルタイ ② ザミンダーリー

③ ジャムチ ④ パスパ

問3 下線部(3)に関連して，フビライの遠征が各地域に与えた影響について述べた文として正しいものを，次の①～④のうちから一つ選びなさい。 23

① ベトナムでは陳朝が滅んだ。

② ビルマのパガン朝は元軍を撃退した。

③ ジャワではマジャパヒト王国が成立した。

④ 日本では室町幕府が元軍を退けた。

問4 空欄（ 4 ）に入れる語句として正しいものを，次の①～④のうちから一つ選びなさい。 24

① 南京 ② 北京 ③ 上海 ④ 杭州

問5 下線部(5)に関連して，朝貢貿易をおこなった国について述べた文として**誤っている**ものを，次の①～④のうちから一つ選びなさい。 25

① 朝鮮では訓民正音（ハングル）が制定された。

② 日本は徳川家康が日本国王に冊封された。

③ ベトナムの黎朝は明軍を排除して独立し，朝貢関係を結んだ。

④ 琉球は国際交易の重要な中継地となった。

問6 空欄（ 6 ）に入れる人物名として正しいものを，次の①～④のうちから一つ選びなさい。 26

① エセン ② オゴタイ

③ アルタン ④ モンケ

問7　下線部(7)について述べた文として**誤っているもの**を，次の①～④のうちから一つ選びなさい。 27

① 当初，国号を金（後金，アイシン）と称した。

② 満洲文字を制作した。

③ ホンタイジはジュンガルを版図に加えた。

④ 康熙帝は台湾の鄭氏を降した。

問8　下線部(8)に関連して，清の制度について述べた文A・Bの正誤の組合せとして正しいものを，次の①～④のうちから一つ選びなさい。 28

A　軍事・行政組織として八旗を設けた。

B　チベットの独立を防ぐため軍機処を置いた。

① A―正　B―正　　② A―正　B―誤

③ A―誤　B―正　　④ A―誤　B―誤

問9　下線部(9)の活動について述べた文として正しいものを，次の①～④のうちから一つ選びなさい。 29

① フランシスコ＝ザビエルは明の万暦帝と謁見して布教の許可を得た。

② マテオ＝リッチはニュートンの『プリンキピア』を徐光啓と共訳し『幾何原本』として刊行した。

③ カスティリオーネは円明園の設計に携わった。

④ イエズス会と他派との布教方法に関する論争を東方問題という。

問10　空欄（　10　）に入れる人物名として正しいものを，次の①～④のうちから一つ選びなさい。 30

① 雍正帝　② 乾隆帝　③ 咸豊帝　④ 光緒帝

第4問　次の文章を読み，下の問い（問1～10）に答えなさい。

1947年，アメリカ合衆国がトルーマン＝ドクトリン(1)やマーシャル＝プランを発表すると，ソ連はコミンフォルムを結成して対抗したので，米ソの冷戦の構図が明確になった。1949年にはドイツがアメリカ陣営のドイツ連邦共和国（西ドイツ）(2)とソ連陣営のドイツ民主共和国（東ドイツ）に分断され，冷戦の最前線となった。翌年には朝鮮戦争が勃発し，1953年には休戦したものの，いまだに終戦には至っていない(3)。しかし，朝鮮戦争が休戦した同じ年にソ連のスターリンが没すると，フルシチョフが1956年にスターリンを批判して平和共存を訴え(4)，1959年には訪米するなど，「雪解け」と呼ばれる一時的な緊張緩和の時代を迎えた。

1961年に東ドイツがベルリンの壁を建築し，翌1962年にはキューバ危機が発生し，再び緊張が高まったが，ソ連の譲歩でキューバ危機は回避され，直通通信（ホットライン）協定が成立して米ソ首脳間の直通電話回線が引かれた。

その後，1960年代後半に，アメリカ合衆国はベトナム戦争で内外の批判を浴び(5)，ソ連は「プラハの春」と呼ばれた民主化を求める市民運動への武力弾圧で世界の批判を受け，その影響力を弱めた。一方，ヨーロッパではフランス(6)のド＝ゴール大統領が西ドイツとの協力を強化し，1967年には両国がリードするEC（ヨーロッパ共同体）(7)を発足させた。

1970年代に入ると，アメリカ合衆国のニクソン大統領が訪中して米中関係の改善を図り，ベトナム戦争を終わらせるなど，緊張緩和の機運が高まる一方で，1973年には石油危機(8)が到来して世界経済が苦境に陥った。こうした事態への対策を協議するために1975年に第1回（　9　）が開催された。

1979年にソ連がアフガニスタンに侵攻すると米ソ関係は再び悪化し，米ソ新冷戦時代の到来と言われたが，1985年にはソ連にゴルバチョフ政権が成立し，ペレストロイカに取り組んでソ連の改革を目指す一方，新思考外交を展開して緊張緩和への転換を図った。ソ連の支配下にあった東欧諸国では民主化の運動が拡大し(10)，1989年11月には冷戦の象徴であったベルリンの壁も開放された。こうして同年12月にアメリカ合衆国のブッシュ（父）大統領とゴルバチョフがマルタ会談で「冷戦の終結」を宣言し，1990年に東西ドイツが統一，1991年にはソ連が消滅するという目まぐるしい展開を迎えることになった。

問1　下線部(1)に関連して，これは2つの国の共産化を阻止するとしたが，2つの国として正しいものを，次の①～④のうちから一つ選びなさい。 31

①　チェコスロヴァキア・ルーマニア　　②　ギリシア・トルコ

③　ハンガリー・ブルガリア　　④　ポーランド・フィンランド

問2　下線部(2)について述べた文として**誤っているもの**を，次の①〜④のうちから一つ選びなさい。 32

① 首都はボンに置かれていた。

② アデナウアー首相は，再軍備に踏み切った。

③ ブラント首相は，東方外交を展開した。

④ コール首相は，国際連合への加盟を実現した。

問3　下線部(3)に関連して，1950〜53年のアジア・太平洋の情勢について述べた文として正しいものを，次の①〜④のうちから一つ選びなさい。 33

① 日米安全保障条約が成立した。

② フィリピンで親米のマルコス政権が成立した。

③ カンボジアで親中のポル＝ポト政権が成立した。

④ 東南アジア諸国連合（ASEAN）が成立して経済協力を進めた。

問4　下線部(4)に関連して，1956年の出来事について述べた文として正しいものを，次の①〜④のうちから一つ選びなさい。 34

① ティトー政権下のユーゴスラヴィアが，コミンフォルムを除名された。

② ポーランドで反ソ運動が発生し民衆と軍・警察が衝突したが，自主解決された。

③ チェコスロヴァキアで反ソ運動が発生し，ドプチェク政権が成立した。

④ 第3次中東戦争が勃発し，米ソ間も緊迫した。

問5　下線部(5)に関連して，当時のアメリカ合衆国について述べた文A・Bの正誤の組合せとして正しいものを，次の①〜④のうちから一つ選びなさい。 35

A　フォードによる自動車の大量生産が始まった。

B　ロック音楽が若者を中心に流行していた。

① A―正　B―正　　② A―正　B―誤

③ A―誤　B―正　　④ A―誤　B―誤

問6　下線部(6)に関連して，1960年代に活躍していたフランスの実存主義哲学者として正しいものを，次の①〜④のうちから一つ選びなさい。 36

① モーパッサン　　② サルトル

③ ロマン＝ロラン　　④ ゾラ

問7　下線部(7)の成立に至る3つの出来事を，時代の古い順に配列したものとして正しいものを，次の①～④のうちから一つ選びなさい。 37

A　ヨーロッパ石炭鉄鋼共同体（ECSC）の成立

B　シューマン＝プランの発表

C　ヨーロッパ経済共同体（EEC）の成立

①　A→B→C　　②　B→A→C

③　C→A→B　　④　C→B→A

問8　下線部(8)に関連して，原油価格のグラフの説明A・Bの正誤の組合せとして正しいものを，次の①～④のうちから一つ選びなさい。 38

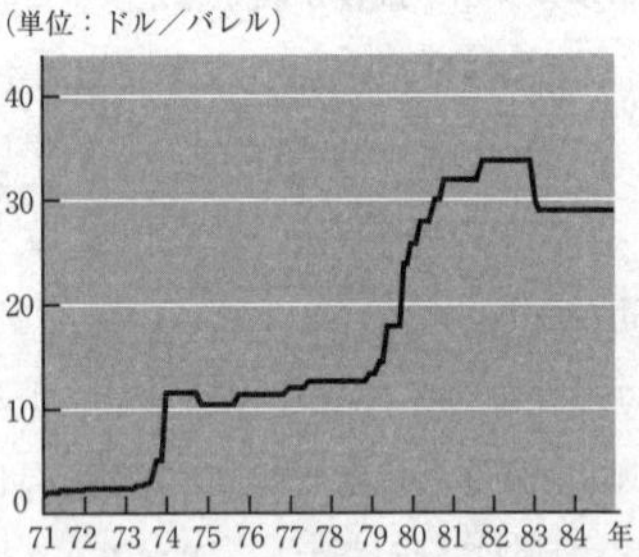

A　1974年に価格が急上昇した原因は，エジプトによるスエズ運河の国有化である。

B　1979年に価格が急上昇したきっかけとなったのは，パフレヴィー朝を倒したイラン革命である。

①　A―正　B―正　　②　A―正　B―誤

③　A―誤　B―正　　④　A―誤　B―誤

問9　空欄（　9　）に入れる語句として正しいものを，次の①～④のうちから一つ選びなさい。 39

①　非同盟諸国首脳会議　　②　国連貿易開発会議

③　先進国首脳会議　　④　ジュネーヴ四巨頭会談

問10　下線部(10)について述べた文として**誤っているもの**を，次の①～④のうちから一つ選

びなさい。 40

① 東ドイツではホネカー書記長が退陣した。

② チェコスロヴァキアではコソヴォ自治州が独立した。

③ ルーマニアではチャウシェスク大統領が処刑された。

④ ポーランドでは自主管理労組「連帯」が自由化を指導した。

政治・経済

(60分)

第1問　次の文章を読み，下の問い（**問1～問9**）に答えなさい。

日本国憲法は，人間が人間らしく尊厳をもって生きるために必要な基本的人権を保障し，それが永久不可侵の権利であると規定（第11，97条）した。形式的には大日本帝国憲法（明治憲法）の改正手続きによって制定されたが，実質的には国民主権・基本的人権の保障・恒久平和主義を基本原理とする全く新しい憲法であり，国民が主権者として制定した民定憲法である。

なかでも基本的人権の規定は種類も豊富で，自由権的な人権は，ⓐ精神の自由，ⓑ人身の自由，ⓒ経済の自由で構成されている。

また自由権と並んで近代人権宣言の基本原理でもあった平等権も規定している。第14条の法の下の平等をはじめ，第24条の家族生活における平等，第26条の教育の機会均等および第44条の選挙権・被選挙権の平等などである。

さらに自由権や平等権に加え，[1]的基本権ともいわれるⓓ社会権をも保障している。社会権は社会的弱者を保護し，実質的な平等を実現するための規定である。ⓔ第25条の生存権に始まり，勤労の権利などが規定されている。

上記の国民の権利に対しては，公共の福祉による制約が規定されている。たとえば，日本国憲法第12条では，国民は基本的人権を「[A]してはならないのであって，常に公共の福祉のためにこれを利用する責任を負ふ。」と規定している。また，第13条では，「生命，自由及び[B]に対する国民の権利については，公共の福祉に反しない限り，立法その他の国政の上で，最大の尊重を必要とする。」と規定している。また，特に[2]の自由（第22，29条）には，公共の福祉による制約が明文化されている。

他に基本的人権を確保するための権利としてⓕ参政権，ⓖ請求権などが規定されている。

問1　文中の[1]と[2]に入れる語句として最も適当なものを，各群の①～④のうちからそれぞれ一つずつ選びなさい。

[1]　①　18世紀　　②　19世紀

③　20世紀　　④　21世紀

[2]　①　精神　　②　人身
③　経済　　④　表現

問2　文中の [A] と [B] に入る語句の組合せとして最も適当なものを，次の①～④のうちから一つ選びなさい。[3]

①　A　侵害　　B　財産　　②　A　侵害　　B　幸福追求
③　A　濫用　　B　幸福追求　　④　A　濫用　　B　財産

問3　下線部ⓐの精神の自由の例として**適当でないもの**を，次の①～④のうちから一つ選びなさい。[4]

①　大学の自治　　②　報道の自由
③　職業選択の自由　　④　通信の秘密

問4　下線部ⓑの人身の自由に関する記述として最も適当なものを，次の①～④のうちから一つ選びなさい。[5]

①　自己に不利益な供述や自白の強要をしてはならないし，そうして得られた自白の証拠能力を認めない。
②　一時的に警察署の留置場に留置されることを抑留というが，この段階ではまだ弁護人を依頼することは認められない。
③　犯罪捜査目的であれば，本人の同意なく所持品などの検査を行う権限が警察官に与えられている。
④　刑事裁判で検察官が被告人の有罪を立証できない場合には，裁判官みずからが尋問を行って判決を下すことができる。

問5　下線部ⓒの経済の自由に関する記述として**適当でないもの**を，次の①～④のうちから一つ選びなさい。[6]

①　私有財産を公共のために用いる場合であれば，その補償をする必要はない。
②　営業の自由は職業選択の自由によって保障される。
③　薬事法による薬局の開設距離制限は，憲法第22条に違反するとした判決があった。
④　森林法にある共有林分割制限規定は，憲法第29条に違反するとした判決があった。

問6　下線部ⓓの社会権を認める考えを最初に採用した文書として最も適当なものを，次の①～④のうちから一つ選びなさい。 7

①　バージニア権利章典　②　アメリカ合衆国憲法

③　フランス人権宣言　④　ワイマール憲法

問7　下線部ⓔに関連して，憲法第25条第1項の規定として最も適当なものを，次の①～④のうちから一つ選びなさい。 8

①　生存権は，人間が生まれながらに有する権利である。

②　国民は，社会生活を営むのに不可欠である権利を有する。

③　あらゆる国民は，健康で社会的な標準の生活を営む権利を有する。

④　すべて国民は，健康で文化的な最低限度の生活を営む権利を有する。

問8　下線部ⓕの参政権に関連して，選挙権をめぐる最高裁判所判決に関する記述として，最も適当なものを，次の①～④のうちから一つ選びなさい。 9

①　国政選挙における選挙権は，権利の性質上，日本国民のみに保障される。

②　身体障がい者に在宅での投票を認める在宅投票制度の廃止は憲法違反である。

③　外国人に対して，法律によって地方議会選挙での選挙権を付与することは，憲法上禁じられている。

④　海外在住の日本国民に対しては，手続き上，衆参両院の比例区における選挙権のみが認められている。

問9　下線部ⓖの請求権の例として**適当でないもの**を，次の①～④のうちから一つ選びなさい。 10

①　裁判を受ける権利　②　教育を受ける権利

③　刑事補償請求権　④　国家賠償請求権

第2問　次の文章を読み，下の問い（**問1～問7**）に答えなさい。

現代の国家において，財政は極めて重要な役割を担っている。

財政とは，政府，すなわち国や地方公共団体などが行う経済活動をいう。日本では，財政活動は1年単位で作成され，最も基本的な国の予算がⓐ一般会計予算である。2021年度の主な歳入項目は租税・印紙収入，公債金などである。また，主な歳出項目は割合の大きい順に［ A ］，［ B ］，［ C ］となっている。

財政には累進課税制度や社会保障制度を組み入れておくと財政が自動的に景気を調整する機能を持っている。この機能を［ 11 ］という。

さらに景気の局面に応じて財政支出を伸縮させて，景気の振幅を小さくすることも行っている。不況の時には公共投資などの財政支出を拡大し，減税などを行い有効需要の創出を図る。景気過熱の時には財政支出を縮小し，増税などを行い有効需要の抑制を図る。これをⓑ裁量的財政政策という。

第二次世界大戦後，連合国軍の対日占領政策下で財政改革が行われた。1947年に施行された日本国憲法において，財政の基本原則として財政民主主義が定められた。また同年施行の財政法では均衡財政主義という原則も定めた。また，1949年には直接税中心の税制をうたう［ 12 ］勧告も出された。

戦後しばらくは，財政法の規定に従って健全財政を維持した。しかし，1965年の経済不況で，戦後はじめてⓒ国債を発行した。その後も公共事業費の増加に対処するために，その資金調達として建設国債の発行が行われた。また，1975年にはⓓ財政法の規定に反する特例国債（赤字国債）の発行も開始された。この国債は1990年代の一時期，発行されないこともあったが，1994年から発行が再開され，今日まで継続している。2021年度末で，国債残高は［ D ］兆円を超え，ＧＤＰ比約［ E ］％となっている。

問1　文中の［ 11 ］と［ 12 ］に入れる語句として最も適当なものを，各群の①～④のうちからそれぞれ一つずつ選びなさい。

［ 11 ］
① プライスリーダー
② ビルトインスタビライザー
③ スケールメリット
④ ポリシーミックス

［ 12 ］
① マーシャル　　② マッカーサー
③ ドッジ　　④ シャウプ

問2　文中の［A］～［C］に入る語句の組合せとして最も適当なものを，次の①～⑥のうちから一つ選びなさい。［13］

①	A　国債費	B　社会保障関係費	C　地方交付税交付金
②	A　地方交付税交付金	B　社会保障関係費	C　国債費
③	A　社会保障関係費	B　国債費	C　地方交付税交付金
④	A　社会保障関係費	B　地方交付税交付金	C　国債費
⑤	A　国債費	B　地方交付税交付金	C　社会保障関係費
⑥	A　地方交付税交付金	B　国債費	C　社会保障関係費

問3　文中の［D］と［E］に入る数字の組合せとして最も適当なものを，次の①～④のうちから一つ選びなさい。［14］

①　D　900　　E　180　　②　D　900　　E　250

③　D　1500　　E　180　　④　D　1500　　E　250

問4　下線部ⓐの予算に関する記述として最も適当なものを，次の①～④のうちから一つ選びなさい。［15］

①　2021年度予算において，関税収入が税収全体のほぼ5分の1を占めている。

②　2021年度予算において，所得税が税収全体の約3分の1を占めている。

③　日本の予算の新年度は1月からはじまる。

④　一般会計予算の規模は特別会計予算より大きい。

問5　下線部ⓑの裁量的財政政策を表す語句として最も適当なものを，次の①～④のうちから一つ選びなさい。［16］

①　ポリシーミックス　　②　フィスカルポリシー

③　レッセフェール　　④　スペンディングポリシー

問6　下線部ⓒの国債に関する記述として最も適当なものを，次の①～④のうちから一つ選びなさい。［17］

①　日本の国債は，海外の投資家がその大部分を購入し，保有している。

②　2021年度末の日本の赤字国債残高は，同年度末の建設国債残高よりも多い。

③　政府が大量に国債を発行することによって民間に大量の資金が流入することをクラウディングアウトという。

④　歳入における国債依存度が前年度に比べて低下すれば，その年度末の国債残高は

必ず減少する。

問7　下線部ⓓの財政法の規定には，日本銀行の引き受けによる国債発行を原則的に禁止する市中消化の原則が記されているが，その理由として最も適当なものを，次の①〜④のうちから一つ選びなさい。 18

① 日本銀行券の増発によるインフレーションを防止するため。

② 日本銀行の金利政策が国債の金利に影響されるのを防止するため。

③ 膨大な発行経費により日本銀行の経営を圧迫するのを防止するため。

④ 国債依存度の計算が正確にできなくなるのを防止するため。

第3問 次の対話文を読み，下の問い（**問1**〜**問7**）に答えなさい。

生徒：先生，ⓐウクライナが大変なことになっていますね。

先生：そうだね。ＮＡＴＯの東方拡大こそが問題だ，と何度も怒りを込めて訴えていたプーチン氏の積年の恨みが出たという意味では，今回の軍事行動は極めて危険性が高い。最悪の事態である核兵器使用までにおわせている。

生徒：プーチン氏の狙いは何なのでしょう。

先生：プーチン氏の目的はⓑＮＡＴＯの東方への拡大の防止だが，プーチン氏の真の相手はウクライナではなく，アメリカなんだ。アメリカ軍やＮＡＴＯ軍の勢力が自国に近づくのを恐れているんだ。

生徒：ＮＡＴＯとは，東西冷戦下でアメリカとヨーロッパ等の西側の国々とでつくった集団防衛体制ですよね。

先生：そうです。アメリカを中心とする軍事同盟として，ソ連を中心とする東側陣営のワルシャワ条約機構と対峙し，東西の対立は深刻化していったんだ。

生徒：あ，でもデタントということばを聞いたことがあります。

先生：それは，1962年の 19 危機を乗り越えたことをきっかけとして，デタントすなわち，緊張緩和が進み，1963年には A ，68年には B ，70年代に入ると C などが締結されたんだ。

生徒：でも，ソ連の 20 侵攻で一時は関係は悪化したこともあったと聞きました。

先生：そうだね。でも1985年ソ連のゴルバチョフ政権の誕生で，1989年12月米ソ首脳が地中海のマルタで会談し，冷戦の終結を宣言した。その後，ソ連の崩壊により，冷戦は名実ともに終結したように思われた。

生徒：ところが冷戦終結後，ヨーロッパの旧東側諸国がＮＡＴＯに次々と加盟し，その規模を拡大していったのですよね。

先生：そう，それに対して批判をしていたのがロシアのプーチン氏だ。

生徒：ロシアのウクライナ侵攻に対して国際連合はどう対応したのですか。

先生：ⓒ国連安保理の対ロシア非難決議はロシアの拒否権発動で否決されてしまい，拒否権が発動されたときの国連の機能不全が露わになったね。

生徒：国際連合はⓓ集団的自衛権の行使を認めていましたよね。日本も集団的自衛権の行使を認めたと聞きましたが。

先生：そうだね。日本政府は憲法第９条との関係から集団的自衛権は行使できないとの立場を長くとっていたが，2014年に安倍内閣が閣議決定によってこれを認めた。集団的自衛権の行使に関してはⓔ憲法改正が必要ではないか，との批判もあるね。今後の日本周辺での有事のことも踏まえ，議論していくべきだね。

生徒：いろいろ勉強になりました。ありがとうございました。

問１　文中の [19] と [20] に入れるのに最も適当なものを，各群の①～④のうちからそれぞれ一つずつ選びなさい。

[19]　①　キューバ　　②　ハンガリー　　③　スエズ　　④　ポーランド

[20]　①　チェチェン　　②　アフガニスタン　　③　チェコスロバキア　　④　クウェート

問２　文中の [A] ～ [C] に入る語句の組合せとして最も適当なものを，次の①～⑥のうちから一つ選びなさい。 [21]

①　A　核拡散防止条約　　B　戦略兵器制限条約　　C　部分的核実験禁止条約

②　A　核拡散防止条約　　B　部分的核実験禁止条約　　C　戦略兵器制限条約

③　A　戦略兵器制限条約　　B　核拡散防止条約　　C　部分的核実験禁止条約

④　A　戦略兵器制限条約　　B　部分的核実験禁止条約　　C　核拡散防止条約

⑤　A　部分的核実験禁止条約　　B　核拡散防止条約　　C　戦略兵器制限条約

⑥　A　部分的核実験禁止条約　　B　戦略兵器制限条約

　C　核拡散防止条約

問３　下線部ⓐのウクライナに関する記述として最も適当なものを，次の①～④のうちから一つ選びなさい。 22

①　ウクライナにはさまざまな紛争があるため，国際連合に加盟していない。

②　ウクライナはソ連邦成立時の構成国であった。

③　ウクライナはソ連邦崩壊の後に成立した旧ソ連の共和国で構成された独立国家共同体（ＣＩＳ）には参加しなかった。

④　ロシアから独立を宣言したクリミアをウクライナが併合したことからロシアとウクライナの間で対立が生じた。

問４　下線部ⓑのＮＡＴＯに**加盟していない**国として最も適当なものを，次の①～④のうちから一つ選びなさい。 23

①　ベラルーシ　　②　トルコ　　③　ノルウェー　　④　カナダ

問５　下線部ⓒの国連安全保障理事会に関する記述として**適当でないもの**を，次の①～④のうちから一つ選びなさい。 24

①　安全保障理事会の非常任理事国になると，安保理で拒否権を行使することができる。

②　安全保障理事会の決定は，加盟国に対し拘束力がある。

③　安全保障理事会において実質事項（非手続事項）の決議が成立するには，すべての常任理事国を含む９理事国以上の賛成が必要である。

④　安全保障理事会が機能麻痺に陥った場合，総会は軍事的措置を含めた必要な措置を加盟国に要請できる。

問６　下線部ⓓの集団的自衛権に関する記述として最も適当なものを，次の①～④のうちから一つ選びなさい。 25

①　集団的自衛権は，1928年のパリ不戦条約で違法とされたことがある。

②　集団的自衛権を行使する場合は，各国は個別的自衛権を放棄しなければならない。

③　集団的自衛権は集団安全保障と同じ意味である。

④　集団的自衛権は国際連合憲章第51条に定められている権利である。

問7　下線部ⓔの憲法改正に関連して，国民投票法に関する記述として最も適当なものを，次の①～④のうちから一つ選びなさい。 [26]

① 有権者の過半数の賛成によって，国民の承認が成立する。

② 内閣も憲法改正案の提出をすることができると明記されている。

③ 18歳以上の日本国民に投票権を与えている。

④ 国民投票法の制定に伴い2007年に憲法調査会が設置された。

第4問　次の文章を読み，下の問い（問1～問8）に答えなさい。

今日，コロナ禍からの世界経済の回復に伴う原油の需要増や一部産油国の生産停滞などによる原油価格高騰を受け，国内の石油製品価格が上昇しており，各業界，国民生活全体に影響が出ている。

そもそも物価が上がるとはどういうことなのだろうか。

現在のわれわれが使うお金，すなわち貨幣は，貨幣そのものに価値があるわけではない。かつてのお金は，金や銀でできていたり，金や銀と交換できる紙幣すなわち [A] 紙幣であった。しかし，現在のお金，たとえば「1万円札」は，金や銀とは交換できず，物質的には紙で， [B] 紙幣である。それでも「1万円札」が「1万円」として通用するのは，人々の“信頼”があるからである。また，現代社会ではⓐ現金通貨よりも預金通貨の方が圧倒的に多くなっている。

「お金」の価値と，「モノやサービスの価格」（物価）は，表裏一体の関係で，物価が持続的に上昇する現象をⓑインフレーション，持続的に下落する現象をデフレーションという。見方を変えれば，「物価が下がっていること（デフレ）は，お金の価値（モノやサービスを買う力＝購買力）が上がっていること」，「物価が上がっていること（インフレ）は，お金の価値が下がっていること」である。物価は一般的には指数であらわされる。基準年の物価水準を100として，各年の物価変動を測定したものである。物価指数には，ⓒ企業物価指数とⓓ消費者物価指数などがある。

インフレーションを原因によって分類すれば，超過需要が原因である [C] ・プル・インフレーションと生産コスト上昇による [D] ・プッシュ・インフレーションなどに分けられる。またインフレーションと景気後退が同時に起こる現象である [27] が生じることもある。

またインフレは金利とも関係が深い。物価上昇を考慮していない表面上の金利を名目金利というが，物価上昇を考慮しインフレ率を差し引いて計算するⓔ実質金利が重要である。

貨幣経済の下で生活するわれわれは，お金すなわち貨幣なしで生活することは難しい。よって物価や貨幣のことを考えることは重要なことなのである。

問1　文中の［27］に入れる語句として最も適当なものを，次の①～④うちから一つ選びなさい。［27］

①　デノミネーション　　②　シュリンクフレーション

③　スタグネーション　　④　スタグフレーション

問2　文中の［A］と［B］に入る語句の組合せとして最も適当なものを，次の①～⑥のうちから一つ選びなさい。［28］

①　A　交換　B　不換　　②　A　不換　B　交換

③　A　兌換　B　交換　　④　A　交換　B　兌換

⑤　A　兌換　B　不換　　⑥　A　不換　B　兌換

問3　文中の［C］と［D］に入る語句の組合せとして最も適当なものを，次の①～⑥のうちから一つ選びなさい。［29］

①　C　コスト　D　サプライ　　②　C　サプライ　D　コスト

③　C　コスト　D　デマンド　　④　C　デマンド　D　コスト

⑤　C　デマンド　D　サプライ　　⑥　C　サプライ　D　デマンド

問4　下線部ⓐの現金通貨，預金通貨に関する記述として最も適当なものを，次の①～④のうちから一つ選びなさい。［30］

①　当座預金は預金通貨の一つであり，小切手を振り出すなどして支払いに使うことができる。

②　現金通貨は政府が発行する硬貨の発行高を示す指標で，日本銀行が発行する日本銀行券は含まない。

③　通貨の総量を示す指標はマネーストックからマネーサプライに名称変更された。

④　通貨の総量を示す指標は金融庁が公表している。

問5　下線部ⓑのインフレーションはその進行度合いによって分類することができるが，インフレの進行が遅い順に左から並べたものとして最も適当なものを，次の①～⑥のうちから一つ選びなさい。［31］

①　ギャロッピングインフレ　→　クリーピングインフレ　→　ハイパーインフレ

② ギャロッピングインフレ → ハイパーインフレ → クリーピングインフレ

③ クリーピングインフレ → ギャロッピングインフレ → ハイパーインフレ

④ クリーピングインフレ → ハイパーインフレ → ギャロッピングインフレ

⑤ ハイパーインフレ → ギャロッピングインフレ → クリーピングインフレ

⑥ ハイパーインフレ → クリーピングインフレ → ギャロッピングインフレ

問6　下線部ⓒの企業物価指数を調査・発表する部署として最も適当なものを，次の①～④のうちから一つ選びなさい。 32

① 日本銀行　② 内閣府　③ 財務省　④ 総務省

問7　下線部ⓓの消費者物価指数に関する記述として最も適当なものを，次の①～④のうちから一つ選びなさい。 33

① 消費者物価指数は，生産者の出荷もしくは卸売段階における財の価格に焦点をあてた物価指数である。

② 石油危機の影響を受けた1974年は戦後初めてマイナス成長を記録したため，消費者物価指数も低下した。

③ バブル崩壊後の日本経済は景気も低迷し，2000年まで消費者物価指数もマイナスが続いた。

④ リーマンショックの影響を受けた2009年度には，消費者物価指数が対前年度比でマイナスとなった。

問8　下線部ⓔの実質金利に関連して，名目金利が10％で，物価上昇率が対前年度比５％であるとき，この年度の実質金利として最も適当なものを，次の①～④のうちから一つ選びなさい。 34

① ５％　② 7.5％　③ 12.5％　④ 15％

数学

〈数学 解答上の注意〉

(1) 分数形で解答する場合、分数の符号は分子につけ、分母につけてはいけません。
例えば、$\dfrac{\boxed{10}\boxed{11}}{\boxed{12}}$ に $-\dfrac{4}{5}$ と答えたいときは、$\dfrac{-4}{5}$ として答えなさい。また、既約分数（それ以上約分できない分数）で答えなさい。

(2) 根号を含む形で解答する場合は、根号の中に現れる自然数が最小となる形で答えなさい。

(3) 問題の文中の二重四角で表記された $\boxed{\boxed{30}}$ などには、選択肢から一つを選んで答えなさい。

(4) 同一の問題文中に $\boxed{40}$、$\boxed{\boxed{50}}$ などが２度以上現れる場合、原則として２度目以降は $\boxed{40}$、$\boxed{\boxed{50}}$ のように細字で表記しています。

◀数学Ⅰ・Ⅱ・A・B▶

（90 分）

1

(1)　２次方程式 $x^2-2x+3=0$ の２つの解を α, β とすると，解と係数の関係より $\alpha+\beta=\boxed{1}$，$\alpha\beta=\boxed{2}$ である。このとき $\alpha+1$, $\beta+1$ を２つの解とする２次方程式で２次の項の係数が１であるものは $x^2-\boxed{3}\,x+\boxed{4}=0$ である。

(2)　$\cos 2\theta$ と $\cos\theta$ の間には $\cos 2\theta=\boxed{5}\cos^2\theta-\boxed{6}$ の関係がある。これより，$\cos 2\theta=2\cos\theta$ が成り立つとき $\cos\theta=\dfrac{\boxed{7}-\sqrt{\boxed{8}}}{\boxed{9}}$ である。

(3)　２乗すると $z^2=i$ となる複素数は $z=\pm\dfrac{\sqrt{\boxed{10}}}{\boxed{11}}\left(\boxed{12}+\boxed{13}\,i\right)$ である。

(4)　$x>0$, $y>0$ のとき，$\sqrt{x\sqrt[3]{x\sqrt[4]{y\sqrt[5]{y}}}}$ を x^py^q の形に表すと $p=\dfrac{\boxed{14}}{\boxed{15}}$，$q=\dfrac{\boxed{16}}{\boxed{17}\boxed{18}}$ である。

(5)　$a=\log_{10}2$, $b=\log_{10}3$ とすると，$\log_{10}2+\log_{10}5=\log_{10}(2\times5)=$ [19] より，

$\log_{10}5=$ [19] $-a$ である。このとき，$\log_{25}27=\dfrac{\boxed{20}\,b}{\boxed{21}-\boxed{22}\,a}$ である。

2　ある工場で製造する製品は90%が良品，10%が不良品である。検査装置Aは良品の95%を良品，5%を不良品と判定し，不良品の80%を不良品，20%を良品と判定する。

(1)　この工場で製造する製品の中で，不良品でありかつ検査装置Aに不良品と判定される割合は [23] %である。

(2)　この工場で製造する製品の中で，検査装置Aに不良品と判定される割合は [24][25].[26] %である。

(3)　検査装置Aに不良品と判定される製品の中で，不良品の割合は [27][28] %である。

(4)　この工場で製造する製品の中で，良品か不良品かを検査装置Aが正しく判定する割合は [29][30].[31] %である。

以下では，もう1種類の検査装置Bを考える。検査装置Bは良品の96%を良品，4%を不良品と判定し，不良品の61%を不良品，39%を良品と判定する。

(5)　この工場で製造する製品の中で，良品か不良品かを検査装置Bが正しく判定する割合は [32][33].[34] %である。

(6)　この工場で製造する製品の中の良品の割合が [35][36] %より大きくなると，検査装置Aより検査装置Bの方が良品か不良品かを正しく判定する割合が大きくなる。

3　2つの関数 $y=f(x)=x(x^2-1)$ と $y=g(x)=x|x^2-1|$ を考える。

(1)　関数 $y=f(x)$ のグラフと x 軸は3点 $\mathrm{P}(p,\ 0)$，$\mathrm{Q}(q,\ 0)$，$\mathrm{R}(r,\ 0)$ で交わる。このとき，$p<q<r$ とすると $p=-\boxed{37}$，$q=\boxed{38}$，$r=\boxed{39}$ である。

(2)　x の範囲と，$y=f(x)$，$y=g(x)$ の値の正負について下表の空欄を埋めよ。

	$x<p$	$p<x<q$	$q<x<r$	$r<x$
$y=f(x)$	負	正	負	正
$y=g(x)$	$\boxed{40}$	$\boxed{41}$	$\boxed{42}$	$\boxed{43}$

$\boxed{40}$ 〜 $\boxed{43}$ の解答群(同じものを繰り返し選んでよい)

⓪ 正　① 負　② 定まらない

(3)　点Pを通り，$q<x<r$ の範囲で $y=f(x)$ のグラフと接する直線の方程式は

$$y=\frac{\boxed{44}\boxed{45}}{\boxed{46}}x-\frac{\boxed{47}}{\boxed{48}}$$ である。

(4)　$y=f(x)$ のグラフと(3)の直線によって囲まれる領域の面積は $\dfrac{\boxed{49}\boxed{50}}{\boxed{51}\boxed{52}}$ である。

(5)　点Pを通り，$q<x<r$ の範囲で $y=g(x)$ のグラフと接する直線の方程式は

$y=\dfrac{\boxed{53}}{\boxed{54}}x+\dfrac{\boxed{55}}{\boxed{56}}$ である。また，この直線が $x>r$ の範囲で $y=g(x)$ のグラフと交わる交点の x 座標は $\dfrac{\boxed{57}+\sqrt{\boxed{58}}}{\boxed{59}}$ である。

(6)　$y=g(x)$ のグラフと(5)の直線によって囲まれる2つの領域の面積の合計は

$$\frac{\boxed{60}\boxed{61}+\boxed{62}\boxed{63}\sqrt{\boxed{64}}}{\boxed{65}\boxed{66}}$$ である。

4 数列 $\{a_n\}$ は，初項が $a_1=2$ であり，第2項以降は漸化式 $a_{n+1}=3a_n+8n+2$ で与えられる。以下でこの数列の一般項 a_n を求める。

(1) $a_2=\boxed{67}\boxed{68}$，$a_3=\boxed{69}\boxed{70}$ である。

(2) 階差数列 $b_n=a_{n+1}-a_n$ は，初項が $b_1=a_2-a_1=\boxed{71}\boxed{72}$ であり，第2項以降は漸化式 $b_{n+1}=\boxed{73}\,b_n+\boxed{74}$ を満たす。

(3) $\alpha=\boxed{73}\,\alpha+\boxed{74}$ を満たす α の値は $\alpha=-\boxed{75}$ である。

(4) 数列 $c_n=b_n-\alpha$ は，初項 $c_1=\boxed{76}\boxed{77}$，公比 $\boxed{78}$ の等比数列である。これより，数列 $\{b_n\}$ の一般項は $b_n=\boxed{76}\boxed{77}\cdot\boxed{78}^{\,n-1}-\boxed{75}$ である。

(5) 数列 $\{a_n\}$ の一般項は階差数列の一般項 b_n より

$$a_n=a_1+\sum_{k=1}^{n-1}b_k=\boxed{79}^{\,n+1}-\boxed{80}\,n-\boxed{81}$$

で与えられる。

5　空間に3点 $\mathrm{A}=(1,0,0)$，$\mathrm{B}=(0,2,0)$，$\mathrm{C}=(0,0,4)$ をとる。3点A，B，Cを通る平面をSとし，原点をOとする。

(1)　平面S上の点Hで $\overrightarrow{\mathrm{OH}}$ が平面Sと直交するものを考える。$\overrightarrow{\mathrm{OH}}$ は3点A，B，Cを通る平面Sと直交するので $\overrightarrow{\mathrm{OH}}\cdot\overrightarrow{\mathrm{AB}}=\overrightarrow{\mathrm{OH}}\cdot\overrightarrow{\mathrm{AC}}=\boxed{82}$ である。

(2)　Hは平面S上の点なので，実数 α，β を用いて $\overrightarrow{\mathrm{AH}}=\alpha\overrightarrow{\mathrm{AB}}+\beta\overrightarrow{\mathrm{AC}}$ と表すことができる。このとき $\overrightarrow{\mathrm{OH}}=\overrightarrow{\mathrm{OA}}+\overrightarrow{\mathrm{AH}}=\overrightarrow{\mathrm{OA}}+\alpha\overrightarrow{\mathrm{AB}}+\beta\overrightarrow{\mathrm{AC}}$ と $\overrightarrow{\mathrm{AB}}$，$\overrightarrow{\mathrm{AC}}$ の内積を α，β の式として表すと

$$\overrightarrow{\mathrm{OH}}\cdot\overrightarrow{\mathrm{AB}}=\boxed{83}\,\alpha+\beta-\boxed{84}$$

$$\overrightarrow{\mathrm{OH}}\cdot\overrightarrow{\mathrm{AC}}=\alpha+\boxed{85}\boxed{86}\,\beta-\boxed{87}$$

である。

(3)　(1)と(2)より $\alpha=\dfrac{\boxed{88}}{\boxed{89}\boxed{90}}$，$\beta=\dfrac{\boxed{91}}{\boxed{92}\boxed{93}}$ であり，これより点Hの z 座標は

$z=\dfrac{\boxed{94}}{\boxed{95}\boxed{96}}$ である。

◀数学Ⅰ・A▶

(60分)

1

(1)　$x = 3 + 2\sqrt{2}$，$y = 3 - 2\sqrt{2}$ のとき，

$$\frac{1}{x} + \frac{1}{y} = \boxed{\ 1\ }，\quad \frac{1}{\sqrt{x}} + \frac{1}{\sqrt{y}} = \boxed{\ 2\ }\sqrt{\boxed{\ 3\ }}$$

である。

(2)　不等式 $|3x - 5| > x + 1$ の解は

$$x < \boxed{\ 4\ }，\quad \boxed{\ 5\ } < x$$

である。

(3)　$0° \leqq \theta \leqq 180°$ とする。$9\sin^2\theta - 6\cos\theta - 1 = 0$ のとき，

$$\cos\theta = \frac{\boxed{\ 6\ }}{\boxed{\ 7\ }}，\quad \tan\theta = \frac{\sqrt{\boxed{\ 8\ }}}{\boxed{\ 9\ }}$$

である。

(4)　△ABC において，$AB = 3\sqrt{2}$，$BC = 4$，$\angle ABC = 45°$ とする。辺 CA の長さと，外接円の半径 R の値は

$$CA = \sqrt{\boxed{\ 10\ }\boxed{\ 11\ }}，\quad R = \sqrt{\boxed{\ 12\ }}$$

である。

2　a を実数の定数とする。2 次関数

$$f(x) = x^2 - 2ax - a + 2$$

について，$y = f(x)$ のグラフを G とする。

(1)　G が x 軸と異なる 2 点で交わる a の値の範囲は

$$a < \boxed{13}\boxed{14},\quad \boxed{15} < a$$

である。また，その 2 点が x 軸の $x < 0$ と $0 < x$ の部分にあるとき，a の値の範囲は

$$a > \boxed{16}$$

である。

(2)　$a > 0$ とする。G が x 軸から長さ $3\sqrt{3}$ の線分を切り取るとき，a の値は

$$a = \frac{\boxed{17}}{\boxed{18}}$$

である。

(3)　区間 $-2 \leqq x \leqq 2$ で $f(x)$ の最大値が 21 以上になる a の値の範囲は

$$a \leqq \boxed{19}\boxed{20},\quad \boxed{21} \leqq a$$

である。また，区間 $-2 \leqq x \leqq 2$ で $f(x)$ の最小値が -9 以下になる a の値の範囲は

$$a \leqq \boxed{22}\boxed{23},\quad \boxed{24} \leqq a$$

である。

3 7個の文字A, G, K, S, U, U, Uを考える。

(1) 7個の文字を1列に並べるとき，文字列は全部で $\boxed{25}\boxed{26}\boxed{27}$ 通りあり，そのうち

Aから始まる文字列は $\boxed{28}\boxed{29}\boxed{30}$ 通り，

Uから始まる文字列は $\boxed{31}\boxed{32}\boxed{33}$ 通り

ある。

(2) 7個の文字から3個の文字を取り出すとき，

少なくとも1個のUを取り出す確率は $\dfrac{\boxed{34}\boxed{35}}{\boxed{36}\boxed{37}}$

である。

(3) 7個の文字を1列に並べるとき，

3個のUが連続して並ぶ確率は $\dfrac{\boxed{38}}{\boxed{39}}$

であり，

どの2個のUも連続して並ばない確率は $\dfrac{\boxed{40}}{\boxed{41}}$

である。

4　図1はある地域のみかんの収穫量と栽培面積の年ごとの変化を，2010年から2019年の10年間にわたって示したものである。ただし，収穫量の単位は千t（トン），栽培面積の単位はha（ヘクタール）である。

図1

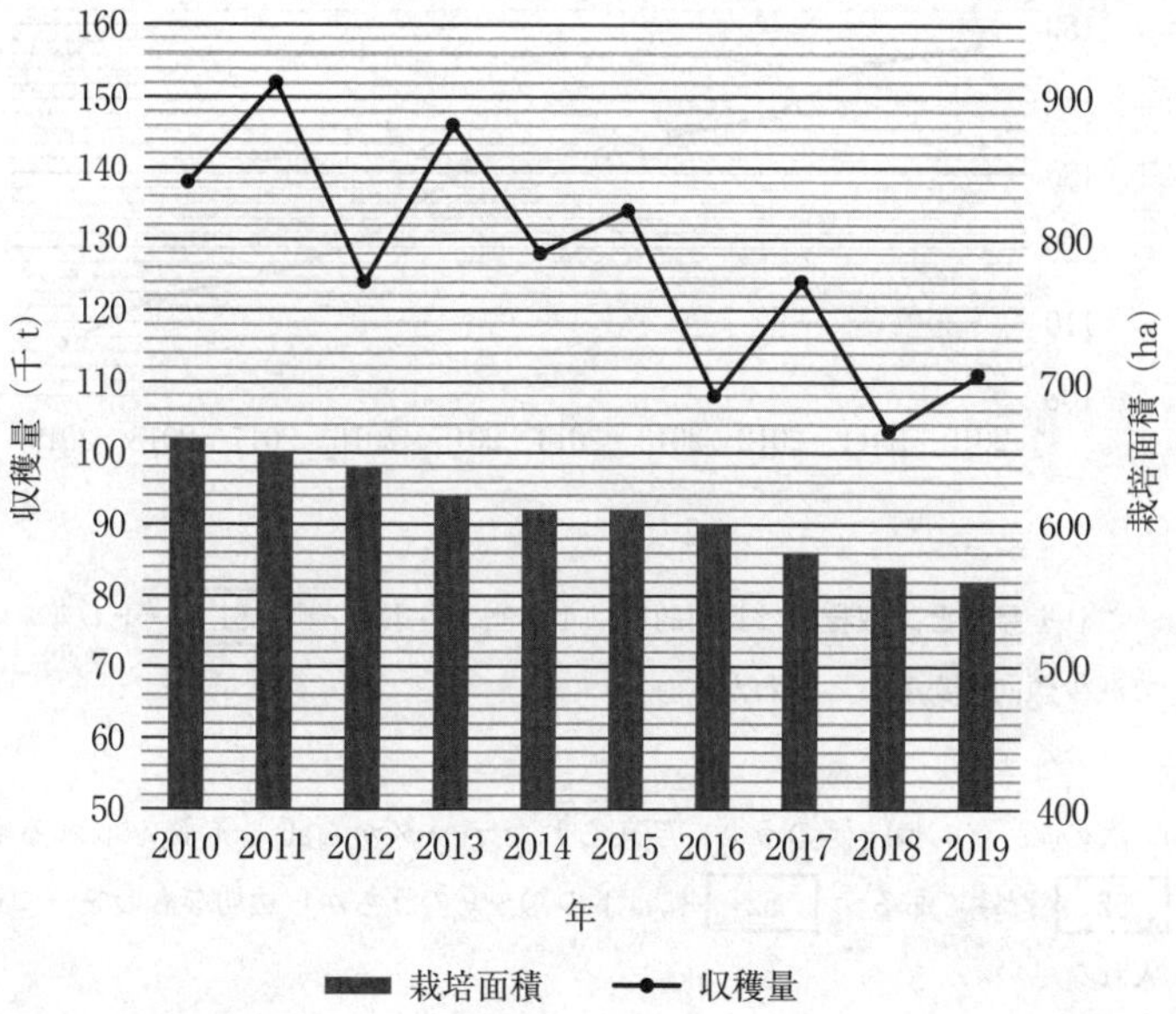

(1)　2016年の栽培面積1ha当たりの収穫量はおよそ [42] (t/ha) である。

[42] には下の⓪～③のうちから最も適するものを選んで入れなさい。

⓪　0.18　　①　180　　②　5.6　　③　0.56

(2)　後半5年間（2015～2019）の収穫量の平均値は [43][44][45]（千t）であり，前半5年間（2010～2014）の平均値より [46][47]（千t）少ない。ただし，小数点以下は四捨五入して答えなさい。

(3)　収穫量は年ごとの変動が大きく長期的な傾向がつかみにくい。そこで，直近2年間の移動平均（その年の収穫量と前の年の収穫量の平均値）を求めて調べることにした。

図1には示されていないが，2009年の収穫量は156（千t）なので，2010年の移動平均は147（千t）である。図1のデータを用いて2014年の移動平均を求めると，

48 49 50 (千 t) となる。他の年の値も計算して折れ線グラフで表すと，図 2 のようになる。(ただし，2014 年の値は図 2 には示していない。)

図 2

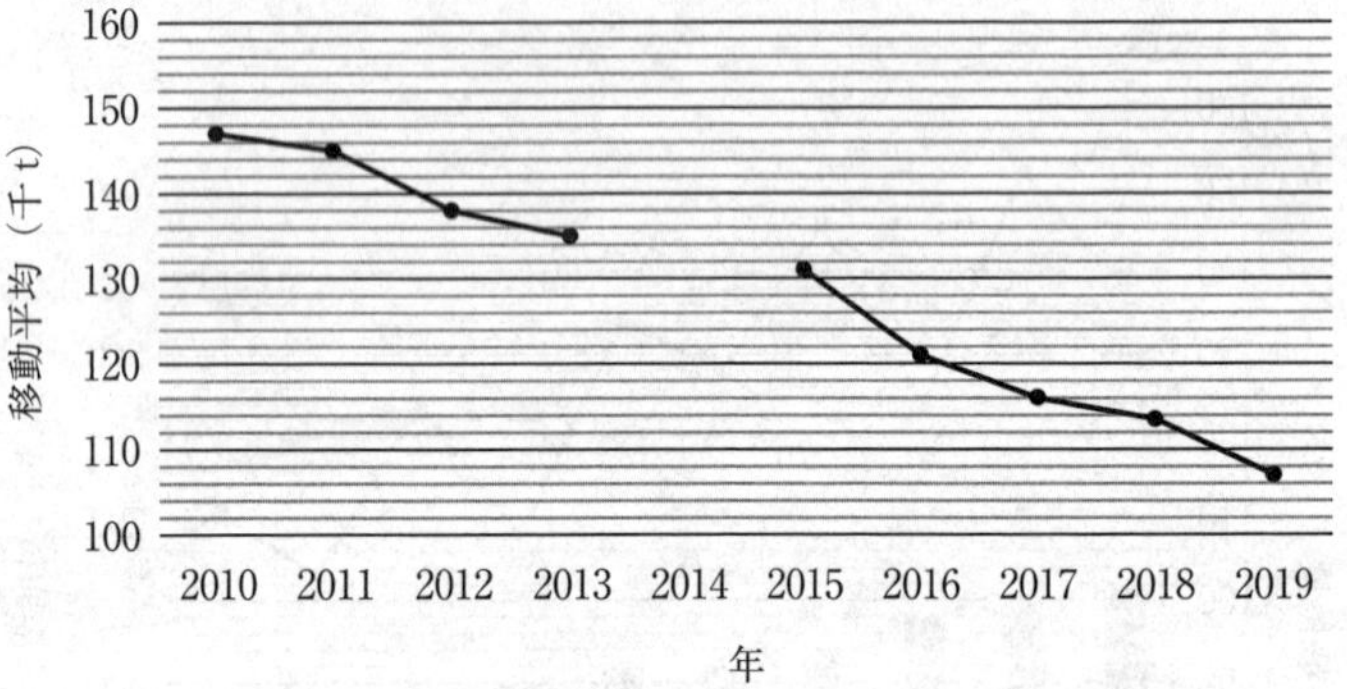

これを見ると，収穫量は長期的には 1 年当たりおよそ 51 (千 t/年) の割合で減少傾向にあることがわかる。

(4) 次の(ア)，(イ)，(ウ)，(エ)のうち，与えられたデータから正しく読み取れるものは 52 だけである。 52 には下の⓪～⑨のうちから適切なものを一つ選んで入れなさい。

(ア) 収穫量は 1 年ごとに増減を繰り返す周期的変化を示している。

(イ) 栽培面積は 1 年当たりほぼ 10 (ha/年) の割合で減少している。

(ウ) 収穫量の長期的減少傾向は栽培面積の減少でほぼ説明可能である。

(エ) 収穫量の長期的減少傾向は栽培面積の減少だけでは説明できず，地球温暖化の影響が見て取れる。

⓪ (ア)　　① (イ)　　② (ウ)　　③ (エ)

④ (ア)と(イ)　　⑤ (ア)と(ウ)　　⑥ (ア)と(エ)　　⑦ (イ)と(ウ)

⑧ (イ)と(エ)　　⑨ (ウ)と(エ)

1 首　2 肩　3 唇　4 耳　5 鼻
6 面　7 口　8 舌　9 眉　10 爪
11 眼　12 手　13 歯　14 骨　15 髪

・刑事たちは血【　イ　】になって犯人を探し回った。

・社長の息子の【　ロ　】持ちならない言動に怒りを覚えた。

・借りていたお金は【　ハ　】をそろえてお返しします。

・【　ニ　】車に乗せられて、大変な仕事を引き受けてしまった。

・【　ホ　】に火をともすようなつましい生活。

・【　ヘ　】に衣《きぬ》着せず、相手を批判する。

・仲間たちに見送られ、後ろ【　ト　】を引かれる思いだった。

・新しい芸術だと誉めそやされているが、じつは過去の傑作を換【　チ　】奪胎して作った作品だ。

・簡単に金もうけができると彼は言うが、彼の話はいつも【　リ　】に唾をつけて聞く必要がある。

・【　ヌ　】は禍の根。

赤ん坊までが異常を呑み込んだと見えて、ひきつけるように苦しがっていた。ヘスター・プリンが終日負わされていた［ i ］の苦悶《くもん》を、この小さな身体が［ j ］に示しているということだ。

（ナサニエル・ホーソーン著／小川高義《おがわたかよし》訳『緋文字』による。ただし出題に際して一部表記を変更し、省略した箇所がある。また、本文の中には、現代においてはやや注意を要する表現が用いられているが、原作が発表された一八五〇年という時代性を鑑み、表現は変えなかった。）

1　混乱	2　異形《いぎょう》	3　真似	4　うっかり	5　結晶
6　徘徊《はいかい》	7　霜柱	8　精神	9　何より	10　如実《にょじつ》
11　帳《とばり》	12　類《たぐい》	13　自生	14　会得	15　豪儀

問㈢　次に上げる文の空欄に当てはまる最適の語（体の一部）を、後の1～15の中からそれぞれ一つずつ選び、番号をマークせよ。（なお、同じ番号を重複して用いないこと。）

j　二人の運動選手は実力が【　　】仲していた。

1 白　2 伯　3 拍　4 泊　5 迫

問㈡　次の文章（小説『緋文字』）中の空欄に最もよく当てはまる語を、それぞれ後の1〜15の中から一つずつ選び、番号をマークせよ。（なお、同じ番号を重複して用いないこと。）

牢獄へ戻ったヘスターは神経が高ぶっていたようで、[a]目を離すわけにはいかなかった。いつ自害におよぶか、子供におかしな[b]をしでかすか、あぶなくて仕方がない。夜の[c]が下りる頃には、もはや叱ろうが脅そうが落ち着かせることは無理だとわかって、牢番のブラケットという男は、こうなったら医者を連れてくるのがよいと考え、その医者の話をした。キリスト教世界のあらゆる医術に通じているばかりか、森に[d]する薬草の[e]についてもインディアンの知識を残らず[f]したという。いまのヘスターは、正直に言って、とても素人《しろうと》の手に負えない。ヘスター自身もそうだが、[g]子供が大事だから、医者に頼るしかないのだ。赤子は母親の胸に吸いついて生きるというのに、その母体が[h]を来《きた》していて、不安やら絶望やらに揺れている。はたして

1 腐朽　2 普及　3 不急　4 不朽　5 不休

d 彼は人一倍、自己【　】示欲にかられるタイプだ。

1 顕　2 件　3 見　4 兼　5 権

e 彼女は、常に【　】、心坦懐に物事をおこなう。

1 巨　2 挙　3 居　4 許　5 虚

f 恋人と一緒に見た映画は、波瀾万【　】のストーリーだった。

1 蒸　2 丈　3 状　4 城　5 乗

g その流行はまさに世界を席【　】した。

1 兼　2 件　3 研　4 巻　5 圏

h くだんの国際問題について、彼は大雑【　】な理解しかできていなかった。

1 歯　2 羽　3 派　4 波　5 把

i 彼は、その裁判に【　】席する気でいた。

1 培　2 倍　3 陪　4 賠　5 媒

も踏み込んだが、弊害として生じた政治闘争のため選挙制は廃止となり、推薦制に転じた。

4　アカデミーは、学問のみの話題を扱う場ではなく、行政機関のように政治課題を交渉する場でもなく、諸種の社会集団の間にコミュニケーションを提供しながら、学問の知見を生かそうとする場である。

二、問㈠～問㈢の設問に答えよ。

問㈠　次の空欄に当てはまる最も適切な語を、下の1～5の中からそれぞれ一つずつ選び、番号をマークせよ。

a　アメリカ合衆国は、大国の【　　】信をかけて新しい政策を発表した。

1　威　　2　維　　3　位　　4　意　　5　偉

b　この世の中、一【　　】先はまるで闇だ。

1　瞬　　2　間　　3　寸　　4　発　　5　髪

c　あの作家は、ノーベル賞を受賞して【　　】不滅の存在となった。

問(八)　傍線部F「それらの人びとの間を仲介し、交流を促進する組織」の例として、**適切ではない**ものを、次の選択肢1〜4のうちから一つ選び、番号をマークせよ。

1　国際アカデミー会議（IAA）

2　碑文文芸アカデミー

3　国際研究会議（IRC）

4　学術研究会議

問(九)　本文の内容に最もよく合致するものを、次の選択肢1〜4のうちから一つ選び、番号をマークせよ。

1　アカデミーは、学者達の交流の場であり、その協働の結果としての研究発表が盛んにおこなわれているが、依頼により対外的に専門的助言をしたり、学者の集団として意思表明をすることもある。

2　かつて各国のアカデミーが、為政者との葛藤を経験したのち民主化されたというプロセスを勘案すれば、日本学術会議の任命拒否問題も、学術会議が民営化されることで解決の方向に向かうだろう。

3　日本学術会議は、「学者の国会」という理念を追求し、民主的な選挙で代表を選出し、政策の策定や予算の提案に質的に国営のままであり、現在も巨大な研究センターであり続けている。

問㈦　傍線部E「それでもアカデミーが存続し続けた」のはなぜだろうか。その経緯の考察として最も適切なものを、次の選択肢1〜4のうちから一つ選び、番号をマークせよ。

1　その伝統がかえって機動性をそこない、アカデミーは政策助言機関としての期待にこたえ切れなくなったが、二〇世紀の二度の「科学の戦争」に一定の貢献をしたことはまちがいないと考えられる。

2　個々の大学が研究者を輩出し、学会も増加するにつれ、その外に広がる「学問の世界」の総体がつかみづらくなったとき、アカデミーがそれら全体を集約するという機能を引き受けたと考えられる。

3　第二次世界大戦における各国のスタンスの相違から、非西洋世界も含む戦後の学術界は複雑な状況を呈し、それらの戦後処理を担うことができたのは、長い歴史のあるアカデミーだけだったと考えられる。

4　科学が国際的な活動へと展開し、専門学会も国際化するなど、学術活動が国境を越えて発展したために、アカデミーもそれらと歩調を合わせて国際的な組織として再生する必要があったと考えられる。

により分離独立させるなど、古いものを積極的に切り捨てたから。

4　かつて一九五〇年、日本学術会議の講演会で、「学問と言論の自由」の精神的系譜を福澤諭吉の時代に求める試みをおこなったが、大方の支持を得られず、忘れられてしまったから。

問㈥　傍線部C「ソサエティ型」および傍線部D「アカデミー型」の説明として、最も適切なものを、次の選択肢1～4のうちから一つ選び、番号をマークせよ。

1　アカデミー型は、国家の官僚組織から特殊法人に移行し、政府から独立しているが、ソサエティ型は、依然として政府機関からの公的資金によって運営されているのが実態である。

2　ソサエティ型は、一六世紀に設立された英国ロイヤル・ソサエティをモデルにしており、アカデミー型は、フランスのアカデミーをその典型とし、大陸型とも呼ばれ、一八世紀に起源をもつ。

3　アカデミー型は、優れた学者や才人を集める形で国策的に構築され、ソサエティ型は、草の根から創設されたボトムアップ型愛好者団体の由来をもつというおおむねの傾向がある。

4　ソサエティ型は、運営母体が王立、帝立、国立などと変遷したために研究機能を喪失したが、アカデミー型は、実

とを印象づけようと努めており、それは学術研究への信頼性を保証するためであるということ。

3　現代のアカデミーが、いずれも一六〇〇年代に存在した諸種のアカデミーから名称や組織を継承していることは偽りではなく、ただ正確な説明のためには、いくつかの留保を必要とするということ。

4　アカデミー自身が主張する設立年には、長期のブランクや異なる姿で存続していた期間も含まれることがあるが、それは長い歴史と伝統を受け継ぐ組織として、自らに誇りを抱いているためであるということ。

問㈤　傍線部B「日本学術会議はそれとはまったく逆の態度を取っている」のはなぜだと考えられるか。最も適切なものを、次の選択肢1〜4のうちから一つ選び、番号をマークせよ。

1　日本学術会議は公的設立年である一九四九年に固執し、東京学士会院や学術研究会議を前身として設立年を一八七九年や一九二〇年に遡らせる選択を退けているから。

2　その直接の前身である学術研究会議が、理工系を中心に各分野の研究者を組織して軍事研究に貢献したとされ、戦後、そうしたあり方を反省し、新しい組織をつくろうとしたから。

3　戦後も日本学術会議と一体化していた明治以来の日本学士院を、一九五六年、与党の安全保障対策と対立する傾向

3　a―d―b―e―c

4　e―a―d―b―c

問㈢　本文中から次の一文が抜けている。本文中の（1）～（4）のうち、どこに挿入すればよいか。最も適切な箇所を一つ選び、番号をマークせよ。

たとえばロシアのアカデミーは、大学すら未発達だった一八世紀に外国人の学者を引き抜く形で設立された。

問㈣　傍線部A「どの組織も一七世紀にあった何かを引き継ぎ、伝えようとしている」とはどのような意味か。本文に即して最も適切な説明を、次の選択肢1～4のうちから一つ選び、番号をマークせよ。

1　現代のアカデミーは、数百年前のアカデミーの伝統の残骸をかきあつめ、再構成して成り立ったものだが、そこには「ナショナル・アカデミー」としての継続性を保持しなければならない国家的な要求があるということ。

2　いくつものアカデミーが設立年としているものは実は不正確で、どのアカデミーも、できるだけ古い由緒のあるこ

＝従来同会議では、会議が推薦した会員候補を内閣総理大臣が任命してきたが、二〇二〇年、現行制度下で初めて、政府が推薦候補の一部を任命しなかったことをめぐって問題が生じた。

問㈠　空欄ア〜エに当てはまる最も適切な表現を、次の選択肢1〜4のうちから一つずつ選び、番号をマークせよ。

ア　1　研究　2　思想　3　人選　4　給与

イ　1　世襲制　2　任期制　3　契約制　4　終身制

ウ　1　王権　2　教会　3　政党　4　議会

エ　1　階層秩序　2　共同体　3　圧力団体　4　同盟関係

問㈡　本文中のa〜eの文は順序通りに並んでいない。正しく並べ替えるとすれば、次の選択肢1〜4のうちどれが最も適切か。一つ選び、番号をマークせよ。

1　b—a—c—e—d

2　e—a—b—c—d

進学に対して感じる困難を扱ったりと、草の根から立ち上がった問題を扱い上げ、かつ一歩先の社会を見据えるような提言を行う事例が目立つ。もちろん、より喫緊の課題、たとえば新型コロナ感染症を踏まえたうえで、今度の研究体制に関する提言を行っている場合もある。

　社会が複雑になればなるほど、各集団間のコミュニケーション回路には複数の予備があるのが望ましい。アカデミーは学会のように、主に学問だけの話題を扱う場ではなく、行政機関のようにすでに政治課題として社会的に認識された課題のため交渉する場でもない。アカデミーという場はいわば、この二つの間に位置している。すなわち、それは社会の多数派の動向に先んじて、学問の知見が生きる課題を見つけ出す場であった。また、その課題のための自由な意見形成を促すコミュニケーションの場であろうともしてきた。願わくば、アカデミーのこうした特徴が、今後いっそう活かせる状況の続かんことを。

(隠岐《おき》さや香《か》「アカデミーの理念とこれからの展望」による。ただし出題に際して表記・表現を変更し、一部省略した箇所がある。)

※　日本学術会議＝我が国の人文・社会科学、生命科学、理学・工学の全分野の科学者を内外に代表する機関。

※　日本学術会議の任命拒否問題

の結果、知を生み出す場自体が大学だけではなく、民間企業、ＮＧＯ、ＮＰＯ、さらには一般家庭を含めた多様な場に広がっているからである。各国のアカデミーはそれぞれの地域で、これら多種多様なアクターの仲介者となることが期待されている。

　こうした取り組みのなかで目指されているのは、主に次の二つの方向性である。一つは各国アカデミー内部の世代間交流という、いわば縦方向での交流の活発化である。どうしても五〇代以上の年長者が中心となりがちな従来のアカデミーに、若手の世代が関心となる課題や視点を届けることが目指されている。もう一つは、若い世代の研究者同士や、さらには同年代の産業界、行政、市民との交流を図るという、横方向でのコミュニケーションの活発化である。特に若い世代はまだ管理職的な業務のない者が多く、立場を超えて同世代としてつながることがより容易である。そこから互いの視野を広げたり、できればそのインタラクションから何か新しい発想のものが生まれたりすることが期待されている。

　アカデミーという場は、学術が関わる社会の出来事に対する自由な意見交換の場となりうる。それは、市民団体や民間企業、そして大学の関係者など、多様な人びとが集い、知見を寄せ合って集合知を発揮する機会を効果的に提供できるのである。

　実際、各国のアカデミーの活動をみると、たとえば人工知能が導入された未来の姿を論じたり、移民出身の若者が理工系

「国会」を標榜しただけあり、学術会議は当初、学術研究政策の策定や、予算提案を含めた強い提言機能が期待されていた。だが、政府与党と鋭く対立した一九五〇年代以降、次第にその権限は削られていった。また、選挙による会員選出は党派的な政治闘争を免れず、のちに選挙制は廃止されてしまう。現在の日本学術会議は他の各国アカデミー同様、会員による推薦で新会員が選出される仕組みを取っている。

どれだけ国内での役割が縮小しても、日本学術会議が変わらず果たし続けているのは国際的な研究交流活動である。たとえば前述のＩＲＣは、一九三一年に改組されて国際学術連合会議（ＩＣＳＵ）となり、現在、その後継組織の一つである国際学術会議（ＩＳＣ）が存続しているが、日本学術会議は常に代表を送っている。また、各分野の国際学会の調整を行う場ともなっているし、さらには、Ｇサイエンス学術会議（先進国首脳会議参加各国等の学術会議）など、国際政治の場に関わる学術的課題を扱う会議には必ず関係者を派遣している。

国際的にみても、二一世紀のアカデミーはいくつかの課題を抱えている。まず、研究者同士の交流機能を高めることが必要な状況がある。研究者人口の増大や、専門分化により研究者同士の交流が以前より難しくなっているからである。次に、研究者とそれ以外の人たちをつなぐ場となることが、従来以上に求められている。情報技術の進展や高学歴化等の相互作用間もなく起きた第一次世界大戦により困難をも体験した。戦争が、ドイツとそれに敵対した諸国のアカデミーとを引き裂いたのである。後者は国際研究会議（ＩＲＣ）を立ち上げることになり、ＩＡＡは衰退した。

ＩＲＣは、「科学の戦争」とも呼ばれた第一次世界大戦直後に成立したこともあり、主に科学アカデミーの政策助言機能を高めるよう、各国に働きかけたことでも知られる。すでに戦時中、アメリカの全米科学アカデミー（ＮＡＳ）が、政府や産業・教育界その他の研究機関と緊密な協力関係を築くため、全米研究会議（ＮＲＣ）という組織を立ち上げていた。ＩＲＣは、同様の組織を各国のアカデミーにもつくるよう促したのである。その結果、日本においては前述の学術研究会議（日本学術会議の前身）も生まれた。ただし前述の通り、政府と緊密な関係をもった学術研究会議が、軍国主義下の日本において戦時動員の最も効果的な組織となっていったのも事実である。

第二次世界大戦後の各国アカデミーの状況は、先に触れたように、共産圏と資本主義諸国とでかなり状況が異なっていた。非西洋世界にもアカデミーが数多く生まれ、多様な組織像が追求された時代である。日本学術会議の事例はそのなかでも独特な点を有するように思われる。当初それは、学者の代表を民主的な選挙で選出して送り込む「学者の国会」という理念像を追求しようとした。アカデミーを「学者の国会」と呼ぶ表現自体はフランス学士院でも使われる常套表現ではあるが、愚直にも実際に選挙を行い、それを実現しようとした組織は珍しい。

績によって選ばれた年長の会員から成る伝統的なアカデミーは機動性に難があり、政策助言機関としては期待されづらくなっていった。

驚くべきは、Eそれでもアカデミーが存続し続けたことであろう。そうなった経緯には不明な部分も多い。むしろ学会など多種多様な組織が発展したからこそ、逆説的にもアカデミーの役割が消えなかったのではないか。すなわち、大学が研究者を多く輩出し、学会が増えるに従い、さらにFそれらの人びとの間を仲介し、交流を促進する組織が必要とされたように思われるのだ。

学会があれば研究発表はできるが、学会を越えた「学問の世界」の広がりは見えなくなる。結局、学会が増えれば増えるほど、その活動領域が国際的に拡大するほどに、それらすべてを集約するアカデミーのような場が必要とされることになってしまったのである。

事実、科学が国際的な活動へと発展し、専門学会自体が国際化すると、各国のアカデミーを束ねる国際的なアカデミー連合も発展した。たとえば、一八九九年にはドイツの複数の自然科学系アカデミーが中心となって発足した国際アカデミー会議（IAA）が成立し、各国のアカデミーがそれに加入している。他にも、一九一九年にはパリの碑文文芸アカデミーを中心に、人文・社会系のアカデミーを集めた国際アカデミー連合（UAI）などが成立している。ただし、IAAは成立から非西洋諸国のアカデミーに視点を転じると、それらは政府組織となっている例が多い。顕著なのは旧共産圏のアカデミー、とりわけロシアと中国のそれである。（1）旧共産圏のアカデミーは実質上国営であるうえに、西欧諸国のアカデミーが手放した研究機能を今でもしっかりと保持している。（2）歴史的経緯からもこの特徴は説明がつく。これらの国のアカデミーはもともと、為政者の強力な指導力の下、国策として先進地からの学問輸入のため設立されている。（3）その後も、大学に研究の中心地の地位を譲ることなく、一九世紀を通じて官立の巨大な研究センターとして成長した。（4）他の非西洋諸国のアカデミーの場合も、個々の経緯は多様であるが政府の役割が大きかったという背景は共通しているようである。そして、ある程度学術研究が発展した後においても、民間組織による寄附基金の形成などが欧米とは同じ水準にない場合は、国営組織として存続する傾向にある。

まとめると、世界のどの地域でもアカデミーは営利活動ベースでは維持し得ない。欧米では非営利的な文化・学術活動が維持できる環境の国が多いため、そういう場合は各種助成金や寄附を得ながら、独立機関として運営を成り立たせている。そうでない場合は政府機関としてアカデミーが運営されているのである。

先に述べたように、一九世紀から二〇世紀にかけては大半のアカデミーが研究発表の場としての役割を失った。また、功は当初から政府とは別の団体としてスタートしている点が特徴となる。すなわち、誕生時から一貫して「独立」しており、現代までそのあり方を継承しているのである。

他方、欧州大陸の歴史あるアカデミーは、優れた学者や才人を集める形でトップダウン的に構築された組織が多い。特に一八世紀に起源をもつものは、フランスのアカデミーをモデルにつくられたものが多く、D「アカデミー型」あるいは大陸型と呼ぶことがある（ただし両者の中間的な特徴をもつベルリンやストックホルムのアカデミーの例もある）。このタイプのアカデミー組織はいわゆる王立、すなわち［ウ］の官僚組織であり、そのまま王立を冠しながら、あるいはいったんは国立組織になった後、のちに何らかの事情で「独立」したものが多い。

フランスの科学アカデミーとそれが所属する親組織であるフランス学士院はその典型例である。フランス学士院は、まず、王立から国立になり、一時期は帝立だったこともあるが、二一世紀になると行政法人の一種になった。正式名称は「共和国大統領の後援する特殊公的法人」であり、これは実質上、アカデミーという組織のため特別に用意された公的法人の地位と解釈できる。同時に、フランス学士院は政府との密接なつながりを示す要素もとどめている。たとえば、会員任命の際には形式的に、大統領が選挙で選ばれた候補者を承認することになっている。また、一部のスタッフには公務員の派遣もなされている。

※日本学術会議の任命拒否問題が起きたときに、学術会議を民営化すべきだとの議論が出て、同時に二〇一五年における同会議の調査を根拠に国立のアカデミーが少ないことが話題になった。だが、これはあまり本質的な議論ではない。

民営か国営かで多くの人が気にするのは「誰がカネを出すのか」という問題であろう。だが、「独立」であろうがそうでなかろうが、アカデミー組織の収入はどのみち公的資金が多くを占める。確かに、歴史ある英国ロイヤル・ソサエティが公開している財務表をみると、一見、国費が投入されていないようにみえる。しかし詳しく確認すると、全収入のうち九割が実質上は政府機関からの助成金で構成されていることもわかる（特にビジネス・エネルギー・産業戦略省による慈善活動対象の助成金が多くを占める）。他の組織にはばらつきがあるが、やはり民間組織であるアメリカの事例を含め、おおよそ六割から八割近くが政府からの助成と考えてよさそうだ。

収入源の問題とは別に、もう一つ考えるべきは「独立」という言葉で表現されるものの内実である。見かけ上、同じように「独立」とされている組織でも、歴史的経緯を考えるとその意味するところは相当に違っている。

まず、イギリス、北米など英語圏の古いアカデミーは、学者やアマチュアが草の根から創設したボトムアップ型愛好者団体の由来をもつものが多い。これらの組織は名前に society という（あるいは欧州各国でそれに類する）語の付くことが多いのでC「ソサエティ型」と呼ばれたりする。典型像は英国ロイヤル・ソサエティである。先に述べたように、このタイプの組織諸君は、七十六年前、明治七年すなわち一八七四年の六月、福澤諭吉が、その同志とともに、日本にはじめて自由なる言論のための集会をひらいたように、本日の集会をひらかれたのであります。

福澤諭吉は日本の近代化に貢献した思想家として知られるが、日本学士院の起原となった明六社という私的アカデミー団体の代表的人物でもある。すなわち、「学問の自由」をキーワードに、日本学術会議の精神的な系譜に連なる人物として、一八七四年の福澤とその周りにいた人びとに、この会員は思いを馳せたのであった。リンチェイ国立アカデミーが長期のブランクをものともせず（ある意味あつかましくも）、ガリレオにまで由来を遡ろうとすることを思えば、この考え方は決して不自然なことではない。この会員は「学問と言論の自由」の始まりを福澤の時代に求め、日本学術会議に集った自分たちの営みを、その輝かしい歴史の中に位置付けようとしていたのである。だが、このような試み自体が、今では忘却の淵に沈んでしまった。引き裂かれた日本の戦後の歴史の中で、日本学術会議は自ら否定した過去と、奪われた過去という二重の記憶を抱えている。

欧州各国のアカデミーは、王政との葛藤を経験してから民主化の時代を生き延び、現代に至っている。その組織形態は多様である。

とはまったく逆の態度を取っているのである。その理由は明らかにされてはいないが、ここで思い出すのは、日本学術会議の直接の前身である学術研究会議が政府の下で戦時動員において大きな役割を果たしたという事実である。同会議は理工系を中心に、人文社会系も含めた各分野の研究者を組織して軍事研究に貢献したという。そして戦後、日本学術会議の創設者は戦時中の科学者のあり方に対する悔恨の上に、新しい組織をつくろうとした。このことを踏まえると、各種公的文書で選択された一九四九年という年号は、過去を敢えて継承しないという、先人の意思表明を引き継いだ結果ととらえることができる。

その一方で、継承を阻まれた過去もある。前述の通り、日本学士院は一九四九年の時点で日本学術会議と一体化していた。しかし、一九五六年に日本学士院は分離独立してしまった。これは、与党の安全保障政策と対立する傾向にあった日本学術会議が次第に様々な権限を失っていく最初の段階として解釈することが可能である。これにより日本学術会議は、明治からの伝統をもつ組織を手放したのであった。

このことにわたしが言及するのは、最近、印象的な文章を読んだからである。日本学士院が分離する前の一九五〇年、日本学術会議が二月二一日に毎日ホールで開催した学問の自由に関する講演会において、ある会員が次のように述べた。

ただし、これらの年号の大半に留保が必要なのは事実だが、いずれも嘘とはいえない。これも大事なことである。なぜなら、Aどの組織も一七世紀にあった何かを引き継ぎ、伝えようとしていることに間違いはないからである。その意味では確かに「続いている」。伝統が一度途切れても、その残骸をかきあつめ、つくり直し、何とかそうして現代までつないできた結果が今の姿をつくっているのである。

この点を確認した後でわが国の日本学術会議の歴史を振り返ると、興味深いことがわかる。公的には同組織の設立年は第二次世界大戦後の一九四九年とされる。これは日本学術会議の事務局が各種文献に記載した年号である。だが、いくつかの歴史文献をひもとけば、実際には同会議の前身として解釈可能な組織が二種類あることもよく知られている。その一つは、一八七九年設立の東京学士会院（一九〇六年に帝国学士院と改称、現日本学士院）である。もう一つは、一九二〇年につくられた学術研究会議という組織である。このうち、直接の前身となるのは学術研究会議である。ただしこのとき、日本学士院は日本学術会議に併合された形を取っていたという経緯もある。この事実関係だけをみると、日本学術会議はその起源をせめて一九二〇年、あるいは一八七九年などと書いてもよさそうなものである。だが、そうしてはいない。

先に挙げた外国のアカデミー、たとえばリンチェイ国立アカデミーが、実際の歴史に一〇〇年のブランクが空いても創設年を過去に遡ろうとするのは、長い歴史と伝統を継承する組織としての自負の表れであろう。いわば、B日本学術会議はそれところで、これら「設立年」のうち、英国ロイヤル・ソサエティ以外はいずれも不正確さがある。組織がいったんは廃止されて存在しなくなった期間や、あるいは存続していても今とはまったく違う姿であった期間のことが省略されているのである。

a　また、レオポルディーナは当初、自然探求アカデミーと呼ばれ、一八世紀までは主に医学者の交流のためだけの集まりであった。

b　フランスの科学アカデミーは比較的連続した歴史を有するが、革命により一七九三年に一度廃止され、一七九五年に国立学士院という組織の一部として復活したという経緯がある。

c　ゆえに、今挙げたなかでは英国ロイヤル・ソサエティが、唯一、同じ名前で途切れることなく存続している組織といえる。

d　ナショナル・アカデミーの地位を獲得するに至ったのはドイツ東西統一後の二〇世紀末である。

e　たとえば、イタリアのリンチェイ国立アカデミーは、ガリレオ・ガリレイの所属アカデミーとして輝かしい過去をもちながらも、突然、一七世紀半ばに消えてしまい、復活には一九世紀を待たねばならなかった。

同アカデミーでは会員の地位は［　イ　］であり、亡くなるとその空きを埋めるために会員選挙があった。学者としての実力が問われる正会員の選挙には、外部から人を選ぶ場合と内部昇進の場合とがあった。前者についてのみ触れると、選挙結果の一位と二位を王に提示し、王がそのうち一人を選ぶことになっていた。一七四九年から前述のコンドルセによる文書が書かれた頃の一七八五年までの間、王が一位の候補者を選ばなかったことは一度しかないという。

もう一つ特筆すべきは、パリ王立科学アカデミーが［　ウ　］により資金を供給される組織だったということである。そのおかげで、正会員は下級役人程度の年収を得ることができた。いわば、［　ウ　］は金を出すにもかかわらず、構成者を勝手に選ぶ権利はない、とコンドルセは明言したのである。さすがに絶対王制の時代であるので、王にはアカデミーの候補からえり好みして選ぶ権利は与えられていたが、この時代から学者の［　エ　］の「自律」が重視されていたことには違いない。

ところで、現代のアカデミーと数百年前のアカデミーはどの程度の連続性があるのだろうか。改めてこのことを考えるために、日本学術会議と同じ「ナショナル・アカデミー」とされている組織について考えてみよう。

まず、「設立年」について確認すると、アカデミーのなかには、非常に古いものがあることがわかる。リンチェイ国立アカデミーは一六〇三年、ドイツ科学アカデミーレオポルディーナ（以下、レオポルディーナ）は一六五二年、英国ロイヤル・ソサエティは一六六〇年、フランス科学アカデミーは一六六六年である。

アカデミー会員達の交流は多様な内容を含んでいる。わたしが自身の研究でよく参照する一七～一八世紀のパリ王立科学アカデミーの例をあげると、個々の会員が研究発表をすること、外部からの依頼で専門的な助言をすること、あと、稀ではあったが学者の集団として意思表明をすることなどの活動がみられた。一九世紀以降になると、研究発表機能は新しく発展した専門学会へと移されていったが、他の活動はおおよそ残っている。

話を戻すと、絶対的な権力をもつ王が治めていた王政期のフランスにおいてすら「自律性」の重要さは認識されていた。一七八〇年前後にフランスの数学者・思想家であったコンドルセ侯爵はパリ王立科学アカデミーという組織の書記職にあり、いわば同組織のスポークスマンのような役割を果たしていた。彼の言葉は当時のアカデミーについてのおおよその通念を伝えるものと考えてよい。

政治思想家としても知られるコンドルセの論理は明快であり、アカデミーに選出される人を選べるのは同じアカデミー会員だけである、なぜなら、王は軍事や大臣を選ぶ審判にはなりうるが、学者についてはそうではないし、王に選ばれても学者は名誉には思えないからである、と述べている。彼がこのことを文書にしたためたのは、当時、自然科学のアカデミー設立を検討していたスペインの関係者への助言のためであったといわれている。

実態としても、コンドルセが所属した時期の科学アカデミーは比較的、[ア]を自由にさせてもらえていたようだ。

国語

（六〇分）

一、次の文章を読んで以下の設問に答えよ。

組織は理念を必要とする、とわたしは考える。理念がその組織の核となるアイデンティティを決めるからである。※日本学術会議はナショナル・アカデミーと呼ばれる組織の一つであるため、「アカデミーなるもの」としての理念をもっていなければ、それは形骸化する。

アカデミーの本質は、学者が立場や地位を越えて自由に集うことにある。そこで研究そのものについて交流する、あるいは学問の立場から社会に対して何らかの発信を行うといったことが目指される。そのように定義した場合、アカデミー組織にとってまず重要なのは「自律性」や「独立性」である。なぜならアカデミーとは、ある人物がどこの誰かということをひとまずは括弧に入れ、学問を共通の話題として交流することが前提の場であるからだ。その分野も理工系には限られない。

解答編

英語

Ⅰ

解答　1－②　2－④　3－①　4－③　5－①　6－①
7－④　8－④　9－②　10－③　11－①

解説　2．take place で「起こる，開催される」の意。
3．based on ～「～に基づいて，～次第で」
5．matter は動詞で「重要である」の意。
6．hardly「ほとんど～ない」「マイケルは奨学金の提供を受けて，その財団に対して感謝の言葉が見つからないほどだった」の意。
7．confirm「～を確認する」 when 以下は「支払いが確認されたら」の意。
10．donate *A* to *B*「*A* を *B* に寄付する」「利益の一部を教育機関に寄付した」となる③が適切。
11．deprive *A* of *B* で「*A* から *B* を奪う」の意。本問は受動態で「喫煙者は煙草を取り上げられると，いらいらする」の意となる。

Ⅱ

解答　1－①　2－④　3－②　4－②　5－④　6－②
7－④　8－②　9－①　10－③

解説　1．take after ～「～（血縁関係にある年輩者）に似ている」の意。
5．refer to は，ここでは「～を参照する」の意である。
6．「ついに，ようやく」に最も近いのは②である。
7．on behalf of ～「～を代表して」に最も近いのは④である。
8．have nothing to do with ～ で「～と関係がない」の意。②がほぼ同意。
9．be up to ～ で「～次第だ，～の判断にかかって」の意。これに最も近いのは①である。
10．come across ～ は「～に（偶然）出会う，～を（偶然）見つける」の意。by chance は「偶然に」の意。

Ⅲ　解答　1－①　2－②　3－③　4－①　5－④

解説　2．直説法と仮定法過去の同意文である。「知らないから電話できない」と「知っていたら電話できるのに」が，ほぼ同意となる。

4．最上級と比較級を用いた同意文。「ナイルは世界で最も長い川だ」と「世界でナイルより長い川はない」が，ほぼ同意。

5．完了形の分詞構文を用いた同意文。どちらも「そのニュースをすでにテレビで見ていたので，事故について知っていた」の意となる。

Ⅳ　解答　1－②　2－④　3－②　4－②　5－④

解説　2．④は「とびきりすばらしい」の意。妻の手作りのクッキーを食べさせて，頼み事をしやすい状況にしたと考えられる。

3．直前のMikeの発言にあるcostは過去形なので，②が適切。How come?は「なぜ，どうして」の意。Why ～？よりも口語的である。

4．②は「またいつかね」の意。直後に「5時までに20通のEメールを書かなければならない」と続けているので，遠回しに断ったと考えられる。

Ⅴ　解答　(A)－③　(B)－④　(C)－②　(D)－①　(E)－②　(F)－④

解説　≪チンパンジーの医療行為≫

(B)「専門誌『Current Biology』で発表した」のは，④「観察記録」だと考えられる。

(C)直後の文からFirst …，then …，Next …などと続くため，②「手順，処置」の説明だと考えられる。

(E)「哺乳類で他の例を知らない」となる②が適切。

(F)最終段の最後の2文（“The jump to … at this point.”）は「医療行為の可能性があると（論理を）飛躍するのは，現時点では拡大解釈である」と考えるのが適切。

VI 解答 A―④ B―③ C―② D―④

解説 ≪大陸横断鉄道≫

A．第1段第4文（The workforce …）の内容に①は only が，②は totaled が，それぞれ合わない。③は同段最終文（One of these …）に合わない。④が第2段最終文（It could not …）に一致する。

B．③が第2段第1・2文（Government aid, which … have been started.）の内容と一致する。①は第1段第3文（In his extensive …）に，②は同段第1文（The surveyor who, …）に，それぞれ合わない。④は never が不適。

C．第1段第1文（There were problems …）に「ユニオン・パシフィック鉄道に関して，アメリカ人は先住民の同意を得たり，彼らに土地の使用料を支払ったりしなかった」とあり，これと②が一致する。①は記述なし。③は第1段最終文（Had there been …）を参照。これは仮定法過去完了で if が省略されて倒置になった文。住民投票は，実際には行われなかったのである。④は第2段第6文（Because the railroads …）と一致しない。

D．最終段第1文（The Irish and …）に by choice「好んで，（自ら）選んで」とあり，④「強制されることなく」が一致する。①は twenty-first が，②は fill in a dip in the ground が，それぞれ本文と一致しない。③は第2段最終文（Although they were …）の内容と一致しない。

日本史

1 解答

問1．①　問2．④　問3．①　問4．④　問5．②
問6．②　問7．③　問8．②　問9．④　問10．④
問11．②

解説　≪土地制度の歴史≫

問3．②誤文。口分田は正丁ではなく，6歳以上の男女に班給され，死後返還された。

③誤文。口分田は賤民に関しても良民と同等，もしくは良民の3分の1（家人・私奴婢の場合）が支給された。

④誤文。名主は中世の荘園公領で名田を請作した有力農民である。律令制においては，剰田は耕作を希望した者に貸与され，小作料を国に納めた（賃租)。

問4．④誤文。貴族や寺社によって開発された初期荘園では，田地は税を賦課される輸租田であった。

問7．③誤文。石高は米の量を表示する単位である。貨幣の単位で表されるのは貫高である。

問11．②誤文。幣原喜重郎内閣によって策定された農地改革案では，在村地主の土地保有は5町歩までと定められたが（第一次農地改革)，GHQによって地主制解体の面から不徹底であるとして拒否された。その後，第1次吉田茂内閣によって自作農創設特別措置法が定められ，在村地主の土地保有は北海道を除いて1町歩までとされた（第二次農地改革)。

2 解答

問1．③　問2．④　問3．①　問4．③　問5．②
問6．①　問7．②

解説　≪古代・中世の文化≫

問2．④誤文。橘逸勢は平安初期の唐風の力強い筆蹟を特色とする能筆家で，嵯峨天皇・空海とともに三筆と並び称された。三筆と三蹟は混同しやすいので注意。

問3．②誤文。一遍上人は時宗の開祖。法華宗の開祖は日蓮。

③誤文。『蒙古襲来絵巻』は肥後の御家人竹崎季長の活躍を描く。吉見二郎・男衾三郎を描いたのは『男衾三郎絵巻』。

④誤文。『北野天神縁起絵巻』は菅原道真が大宰府に追放され，死後怨霊として都に現れ，北野神社に天神として祀られるまでを描いている。

問6．①誤文。蘭渓道隆は鎌倉中期に宋から来日し，北条時頼の帰依を受けて建長寺を開いた。足利尊氏・直義兄弟が帰依したのは夢窓疎石。

3 解答

問1．③　問2．③　問3．③　問4．④　問5．③
問6．④　問7．②

解説　≪江戸～明治初期の貨幣≫

問1．③誤文。江戸時代では金貨は東国で（金遣い），銀貨は西国で（銀遣い）取引の中心とされた。

問3．③誤文。元禄金銀の発行を建議したのは勘定吟味役荻原重秀。田中丘隅は東海道川崎宿の名主から将軍徳川吉宗に抜擢され，代官などとして活躍した。

問5．③が正しい。「朱」は金貨の単位。４朱で１分，４分で１両であった。南鐐二朱銀の裏面に「南鐐八片を以て小判一両と換える」と刻まれている。

問6．④誤文。万延小判は②に述べられた金銀比価の違いによる金の流出を防ごうと，幕府によって発行された。それまでのものに比べて品位を大きく下げたものであったため，物価が暴騰する結果となった。

4 解答

問1．④　問2．①　問3．②　問4．②　問5．①
問6．③　問7．①

解説　≪戦後復興から高度成長へ≫

問3．①誤文。金融緊急措置令は第１次吉田茂内閣に先立つ幣原喜重郎内閣によって実施された。

③誤文。②に述べられた傾斜生産方式は石炭・鉄鋼などの重要産業部門に資金・資材を重点的に集中するものであった。石油化学工業が勃興するのは1950年代後半以降の高度成長期になってからである。

④誤文。復興金融金庫（復金）は日本国内の基幹産業復興のために設立された。

問4．②誤文。アメリカのデトロイト銀行頭取ドッジは，赤字を全く許さない均衡予算の実施を求め，徹底した引き締めで財政支出を削減し，インフレを一気に抑えようとした。

問5．①誤り。いざなぎ景気は1960年代後半におこっている。

問7．まず（D）はグラフでは1970年にエネルギーとして登場し，設問文に「2011年の東日本大震災を機に，（D）の比重は大きく低下した」とあるので，（D）は③原子力と判断できる。次に（A）は1950年代後半以降需給率が高まり，1965年には，それまで最も高い需給率を示していた（B）を上回り，日本のエネルギー需給の中心となっている。ここから（A）は②石油，（B）は④石炭と判断できる。以上から（C）は①の天然ガスと判断できる。

世界史

1 解答

問1．② 問2．③ 問3．② 問4．④ 問5．②
問6．① 問7．④ 問8．④ 問9．④ 問10．②

解説 ≪古代～現代における武器と戦争の歴史≫

問2．①誤文。リュクルゴス制は，スパルタの制度である。
②誤文。ソロンは僭主ではなく，債務奴隷の禁止や財産政治などによりアテネ民主政を前進させた。
④誤文。アテネの民会には，女性は参加できなかった。
問3．①誤文。西欧封建制は，古代ローマの恩貸地制と古ゲルマンの従士制を起源とする。
③誤文。中国・周代の封建制では血縁関係が基本であり宗法と呼ばれる規範が重要であったが，西欧封建制は血縁関係を基本とはしていなかった。
④誤文。教会は荘園を所有し，封建領主となった。
問5．②誤文。アヘン戦争にはフランス軍は加わっていない。
問8．①誤文。ドイツ軍のポーランド侵攻で始まったのは第二次世界大戦。
②誤文。イタリアは第一次世界大戦勃発後の 1915 年に連合国側で参戦し，ドイツ・オーストリアと戦った。
③誤文。アメリカは，第一次世界大戦勃発当初は中立を保ったが，ドイツ海軍の無制限潜水艦作戦に対抗して 1917 年に参戦した。
問9．④誤文。九カ国条約で日本の山東省における権益は返還させられた。

問10．A．正文。B．誤文。1962 年のキューバ危機を受けて，翌年米ソ間のホットラインが開かれ，部分的核実験禁止条約が調印された。

2 解答

問1．③ 問2．① 問3．④ 問4．② 問5．③
問6．④ 問7．③ 問8．① 問9．① 問10．②

解説 ≪15～18 世紀におけるヨーロッパの海外進出≫

問1．①誤文。大航海時代によって貿易の中心地は，地中海から大西洋沿岸に移動した。
②誤文。アメリカ大陸からの銀の流入で物価上昇が起こった。

④誤文。茶の原産地は，雲南やアッサム地方といわれる。

問2．②誤文。各領邦は，「領邦高権の自由な行使」を行ったため，神聖ローマ帝国は分権化した。

③誤文。皇帝選出権を持つ選帝侯が選ばれたのは1356年の金印勅書によってである。

④誤文。諸侯がカトリックとルター派のいずれも採用できるようになったのはアウクスブルクの和議による。

問4．②誤文。オランダ独立戦争の途中で脱落したのは南部10州。

問5．A．統一法は1559年，B．国王至上法（首長法）は1534年，C．メアリ1世の在位は1553～1558年。したがって，③B→C→Aが正答となる。

問7．①誤文。リシュリューが宰相として仕えたのはルイ13世。

②誤文。ルイ14世の時代には三部会は開催されていない。

④誤文。オーストリア継承戦争に参戦したのはルイ15世。

問9．地図中のaはイギリスの拠点，bはポルトガルの拠点，cはフランスの拠点，dはオランダの拠点である。

問10．①不適。イギリスが北米植民地の独立を承認したのは1783年のパリ条約。

③不適。英仏両国が相互に勢力圏を承認したのは英仏協商である。

④不適。フランスは，フレンチ=インディアン戦争で北米における領土を失った。

3 解答

問1．④　問2．③　問3．③　問4．①　問5．②
問6．①　問7．③　問8．②　問9．③　問10．①

解説　《大モンゴル国・明・清代の中国》

問1．④誤文。金を滅ぼしたのはオゴタイ=ハンである。

問3．①誤文。陳朝は元朝の遠征を3回にわたって退けた。

②誤文。パガン朝は元軍によって滅ぼされた。

④誤文。日本では鎌倉幕府が元軍を退けた。

問5．②誤文。日本では足利義満が日本国王に冊封された。

問7．③誤文。ジュンガルを版図に加えたのは乾隆帝である。

問8．A．正文。B．誤文。軍機処はジュンガル攻撃の際に設置された軍事・政治の最高機関である。

問9．①誤文。ザビエルは中国上陸直前に死去している。

②誤文。『幾何原本』は，エウクレイデスの『幾何学原本』の翻訳書である。

④誤文。イエズス会と他派との布教方法に関する論争を典礼問題と呼ぶ。

4 解答

問1．②　問2．④　問3．①　問4．②　問5．③
問6．②　問7．②　問8．③　問9．③　問10．②

解 説　≪冷戦の開始と終結≫

問2．④誤文。ドイツ連邦共和国（西ドイツ）の国際連合への加盟（1973年）は，ブラント首相の時代である。

問3．②不適。マルコス政権成立は1965年。

③不適。ポル=ポト政権成立は1975年。

④不適。東南アジア諸国連合（ASEAN）結成は1967年。

問4．①誤文。ユーゴスラヴィアは，1948年にコミンフォルムを除名された。

③誤文。ドプチェク政権（1968年成立）のもとで「プラハの春」と呼ばれる自由化運動が進んだことで，ソ連を中心としたワルシャワ条約機構軍がチェコスロヴァキアに侵入した。

④誤文。第3次中東戦争は1967年に勃発した。

問5．A．誤文。20世紀初頭のT型フォードによって自動車の大量生産が始まった。B．正文。

問7．A．ヨーロッパ石炭鉄鋼共同体（ECSC）の成立は1952年。B．シューマン=プランの発表は1950年。C．ヨーロッパ経済共同体（EEC）成立は1967年。したがって，②B→A→Cが正答となる。

問8．A．誤文。1974年に石油価格が急上昇した原因は，第4次中東戦争の際のアラブ側の石油戦略である。B．正文。

問10．②誤文。コソヴォ自治州はセルビアから独立した。

政治・経済

1 解答

問1．1―③　2―③　問2．③　問3．③　問4．①
問5．①　問6．④　問7．④　問8．①　問9．②

解説　≪基本的人権の規定≫

問4．②誤文。日本国憲法第34条より，弁護人に依頼する権利を与えられなければ抑留されない。

③誤文。日本国憲法第35条より，同意のないまま所持品検査を行うことは原則として違法である。

④誤文。日本国憲法第31条および第76条より，刑事裁判では検察官が被告人の犯罪を証明しなければ有罪とすることができない。裁判官は自ら尋問を行うのではなく，提出された証拠に基づいて判断を行うことが求められている。

問5．日本国憲法第29条より，①は国家権力による財産権の侵害に当たるため，補償が必要である。

問8．②誤文。在宅投票制度の廃止に関する最高裁判決はない。

③誤文。最高裁判所は1995年に，永住外国人等について，立法によって地方参政権を付与することは憲法上禁じられていないとした。

④誤文。最高裁判所は2005年に在外国民が衆参両院の比例区のみの選挙権に制限されているのは日本国憲法第15条などに反していると判断し，その後公職選挙法が改正され，在外日本人は衆議院小選挙区や参議院選挙区でも投票できるようになった。ただし，地方選挙や最高裁判所の国民審査は対象外。

2 解答

問1．11―②　12―④　問2．③　問3．①　問4．②
問5．②　問6．②　問7．①

解説　≪財　政≫

問3．財務省ホームページによると，2021年度末の国債残高は991兆円で，対GDP比177%とあるため，最も近いものは①となる。

問4．①誤文。経済産業省ホームページによると，日本の関税収入は国税収入の1.6%を占めるのみである。

③誤文。日本の予算の新年度は4月から始まり，3月に終わる。

④誤文。2021年度当初予算では，一般会計50.9兆円，特別会計245.3兆円であり，一般会計予算の規模は特別会計予算よりも小さい。

問6．①誤文。財務省ホームページによると，日本の国債を購入している海外の投資家は7.1%で，他は全て日本銀行など国内である。

③誤文。クラウディングアウトとは，政府が大量に国債を発行することによって民間の資金調達が圧迫されてしまう現象のことをいう。

④誤文。国債の満期は2年から40年と様々な種類があるので，必ずしも国債残高が減るというわけではない。

問7．①正文。中央銀行がいったん国債の引き受けによって政府への資金供与を始めると，その国の政府の財政節度を失わせ，中央銀行通貨の増発に歯止めがかからなくなり，悪性のインフレーションを引き起こす恐れがある。

3 解答

問1．19―①　20―②　問2．⑤　問3．②　問4．①
問5．①　問6．④　問7．③

解 説　≪ロシアのウクライナ侵攻≫

問3．①誤文。ウクライナは国連加盟国である。

③誤文。ウクライナは当初CISに参加し，ロシアによる侵攻を受けた2014年以降は実質的に脱退状態で，2018年に脱退する意向を正式に表明した。

④誤文。ロシアとウクライナの位置が逆で，ロシアがクリミアを併合したことから両国の間で対立が生じた。

問5．①誤文。安保理で拒否権を行使することができるのは常任理事国のみである。

問6．④正文。国連憲章第51条では，「この憲法のいかなる規定も，国際連合加盟国に対して武力攻撃が発生した場合には，安全保障理事会が国際の平和及び安全の維持に必要な措置をとるまでの間，個別的又は集団的自衛の固有の権利を害するものではない」と規定している。

問7．①誤文。日本国憲法第96条より，有権者の過半数ではなく，投票総数の過半数の賛成によって国民の承認が成立する。

②誤文。憲法改正案の提出をすることができるのは国会のみである。
④誤文。国民投票法の制定にともない設置されたのは憲法審査会。憲法調査会は日本国憲法について広範かつ総合的に調査を行う目的で 2000 年に設置され，2005 年に最終報告書を提出して活動を終了している。

4 解答

問１．④　問２．⑤　問３．④　問４．①　問５．③
問６．①　問７．④　問８．①

解説　≪物　価≫

問４．②誤文。現金通貨は硬貨だけでなく紙幣も含む。
③誤文。マネーストックとマネーサプライが逆で，通貨の総量を示す指標の名称はマネーサプライからマネーストックに変更された。
④誤文。通貨の総量を示す指標は金融庁でなく日本銀行が公表している。
問５．③クリーピングインフレは物価上昇率（インフレ率）が年数％までのもの，ギャロッピングインフレは年数十％に及ぶもの，ハイパーインフレは月 50％を超えるような猛烈なものである。

問７．①誤文。消費者物価指数は，全国の世帯が購入する家計に係る財およびサービスの価格等を統合した物価の変動を時系列的に測定するものであり，①の文章は企業物価指数の説明である。
②誤文。1974 年は不況とともにインフレが進むスタグフレーション下だったので，消費者物価指数は高騰した。
③誤文。消費者物価指数はマイナスが続くまでにはなっていない。
問８．①「名目金利(10％)－物価上昇率(５％)＝実質金利(５％)」により算出できる。

数学

◀数学Ⅰ・Ⅱ・A・B▶

1 **解答**　(1)[1] 2　[2] 3　[3] 4　[4] 6

(2)[5] 2　[6] 1　[7] 1　[8] 3　[9] 2

(3)[10] 2　[11] 2　[12] 1　[13] 1

(4)[14] 2　[15] 3　[16] 1　[17][18] 20

(5)[19] 1　[20] 3　[21] 2　[22] 2

解説　≪小問5問≫

(1)　解と係数の関係より

$$\alpha+\beta=2,\ \alpha\beta=3\quad\rightarrow\boxed{1},\ \boxed{2}$$

$\alpha+1$, $\beta+1$ を2つの解とする2次方程式で2次の項の係数が1であるものは

$$\{x-(\alpha+1)\}\{x-(\beta+1)\}=0$$

$$x^2-\{(\alpha+1)+(\beta+1)\}x+(\alpha+1)(\beta+1)=0$$

$$x^2-(\alpha+\beta+2)x+(\alpha\beta+\alpha+\beta+1)=0$$

$\alpha+\beta=2$, $\alpha\beta=3$ より，求める2次方程式は

$$x^2-4x+6=0\quad\rightarrow\boxed{3},\ \boxed{4}$$

(2)　2倍角の公式より

$$\cos 2\theta=2\cos^2\theta-1\quad\rightarrow\boxed{5},\ \boxed{6}$$

これより，$\cos 2\theta=2\cos\theta$ が成り立つとき

$$2\cos^2\theta-1=2\cos\theta$$

よって

$$2\cos^2\theta-2\cos\theta-1=0$$

これを解くと

$$\cos\theta=\frac{1\pm\sqrt{3}}{2}$$

$-1\leqq\cos\theta\leqq 1$ より，求める $\cos\theta$ の値は

$\cos\theta=\dfrac{1-\sqrt{3}}{2}$　→7～9

(3)　$z=a+bi$（a, b は実数）とおくと，$z^2=i$ より

$(a+bi)^2=i$

$(a^2-b^2)+(2ab-1)i=0$

a^2-b^2, $2ab-1$ は実数であるから

$$\begin{cases} a^2-b^2=0 & \cdots\cdots① \\ 2ab-1=0 & \cdots\cdots② \end{cases}$$

①より　　$b=\pm a$

$b=a$ を②に代入して

$2a^2-1=0$

よって　　$a=\pm\dfrac{\sqrt{2}}{2}$, $b=\pm\dfrac{\sqrt{2}}{2}$　（複号同順）

$b=-a$ を②に代入すると

$-2a^2-1=0$

すなわち，$a^2=-\dfrac{1}{2}$ となり a が実数であることに反するから不適である。

したがって，求める複素数 z は

$z=\pm\dfrac{\sqrt{2}}{2}(1+i)$　→10～13

(4)　$\sqrt{x\sqrt[3]{x\sqrt[4]{y\sqrt[5]{y}}}}$ を累乗の形に表すと

$$\begin{aligned}\sqrt{x\sqrt[3]{x\sqrt[4]{y\sqrt[5]{y}}}}&=\left[x\left\{x\left(y\cdot y^{\frac{1}{5}}\right)^{\frac{1}{4}}\right\}^{\frac{1}{3}}\right]^{\frac{1}{2}}=\left[x\left\{x\left(y^{\frac{6}{5}}\right)^{\frac{1}{4}}\right\}^{\frac{1}{3}}\right]^{\frac{1}{2}}\\&=\left\{x\left(x\cdot y^{\frac{6}{5}\cdot\frac{1}{4}}\right)^{\frac{1}{3}}\right\}^{\frac{1}{2}}=\left\{x\left(x\cdot y^{\frac{3}{10}}\right)^{\frac{1}{3}}\right\}^{\frac{1}{2}}\\&=\left(x\cdot x^{\frac{1}{3}}\cdot y^{\frac{3}{10}\cdot\frac{1}{3}}\right)^{\frac{1}{2}}=\left(x^{\frac{4}{3}}\cdot y^{\frac{1}{10}}\right)^{\frac{1}{2}}\\&=x^{\frac{4}{3}\cdot\frac{1}{2}}\cdot y^{\frac{1}{10}\cdot\frac{1}{2}}=x^{\frac{2}{3}}y^{\frac{1}{20}}\end{aligned}$$

よって，求める p, q の値は

$p=\dfrac{2}{3}$, $q=\dfrac{1}{20}$　→14～18

(5)　　$\log_{10}2+\log_{10}5=\log_{10}(2\times5)=\log_{10}10=1$　→19

よって，$\log_{10}5=1-\log_{10}2=1-a$ より

$$\log_{25}27=\frac{\log_{10}27}{\log_{10}25}=\frac{\log_{10}3^3}{\log_{10}5^2}=\frac{3\log_{10}3}{2\log_{10}5}$$

$$=\frac{3b}{2(1-a)}=\frac{3b}{2-2a}$$ →[20]～[22]

2　解答

(1)[23] 8　(2)[24][25] 12　[26] 5　(3)[27][28] 64

(4)[29][30] 93　[31] 5　(5)[32][33] 92　[34] 5　(6)[35][36] 95

解説　≪不良品を含む製品を 2 種類の検査装置で検査するときの確率≫

問題の条件をまとめると，次のようになる。

	良品	不良品
製品	90	10

(%)

検査装置 A

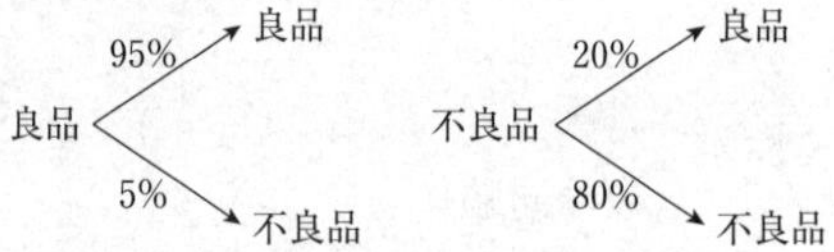

(1)　条件より

$0.1\times0.8=0.08$

すなわち　8%　→[23]

(2)　検査装置Aで不良品と判定されるのは

(i)良品であって不良品と判定される

(ii)不良品であって不良品と判定される

の 2 つの場合があるから

$0.9\times0.05+0.1\times0.8=0.125$

すなわち　12.5%　→[24]～[26]

(3)　(2)より

$(0.1\times0.8)\div0.125=0.64$

すなわち　64%　→[27][28]

(4)　良品を良品，不良品を不良品と判定すればよいから

$0.9\times0.95+0.1\times0.8=0.935$

すなわち　93.5%　→[29]～[31]

検査装置Bについてもまとめると，次のようになる。

検査装置B

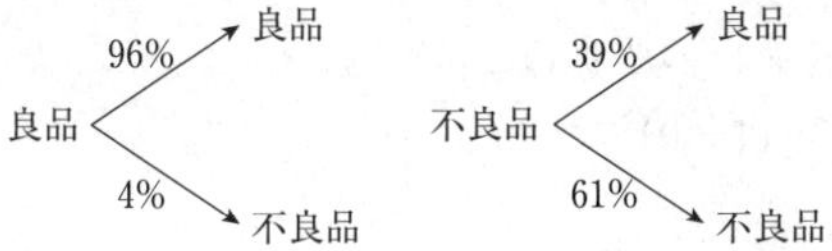

(5)　(4)と同様に考えて

$$0.9\times0.96+0.1\times0.61=0.925$$

すなわち　　92.5%　→[32]～[34]

(6)　この工場で製造する製品の中の良品の割合が x%のとき，検査装置Bの方がAより正しく判定するとする。

検査装置Aが正しく判定する割合は

$$\frac{x}{100}\times0.95+\left(1-\frac{x}{100}\right)\times0.8$$

検査装置Bが正しく判定する割合は

$$\frac{x}{100}\times0.96+\left(1-\frac{x}{100}\right)\times0.61$$

したがって，検査装置Bの方がAより正しく判定する割合が大きくなるのは

$$\frac{x}{100}\times0.95+\left(1-\frac{x}{100}\right)\times0.8<\frac{x}{100}\times0.96+\left(1-\frac{x}{100}\right)\times0.61$$

これを解くと　　$95<x$

よって，検査装置Bの方がAより正しく判定するのは，良品の割合が95%より大きくなるときである。→[35][36]

3　解答

(1)[37] 1　[38] 0　[39] 1

(2)[40] ①　[41] ①　[42] ⓪　[43] ⓪

(3)[44][45] −1　[46] 4　[47] 1　[48] 4

(4)[49][50] 27　[51][52] 64

(5)[53] 1　[54] 4　[55] 1　[56] 4　[57] 1　[58] 2　[59] 2

(6)[60][61] 13　[62][63] 16　[64] 2　[65][66] 64

解説　≪2つの3次関数のグラフの交点，接線，積分法の応用(面積)≫

(1)　関数 $y=f(x)$ のグラフと x 軸との交点の x 座標は，$y=0$ とおくと

$$x(x^2-1)=x(x+1)(x-1)=0$$

よって，$x=-1,\ 0,\ 1$ より，交点の座標は

$$\mathrm{P}(-1,\ 0),\ \mathrm{Q}(0,\ 0),\ \mathrm{R}(1,\ 0)$$

であるから

$p=-1,\ q=0,\ r=1$　→37〜39

(2)　$f(x)=x(x+1)(x-1)$ であり，$|x^2-1|\geqq 0$ であるから，

$f(x)=x(x+1)(x-1)$ と $g(x)=x|x^2-1|$ の符号は次の表のようになる。

	$x<-1$	$-1<x<0$	$0<x<1$	$1<x$
$y=f(x)$	負	正	負	正
$y=g(x)$	負	負	正	正

→40〜43

また，$x\leqq -1,\ 1\leqq x$ のとき $|x^2-1|=x^2-1$，

$-1\leqq x\leqq 1$ のとき $|x^2-1|=-x^2+1$ より，関数

$g(x)$ は

$$g(x)=\begin{cases} x(x^2-1)=x^3-x & (x\leqq -1,\ 1\leqq x) \\ x(-x^2+1)=-x^3+x & (-1\leqq x\leqq 1) \end{cases}$$

よって，関数 $y=f(x)$，$y=g(x)$ のグラフ

は右図のようになる。

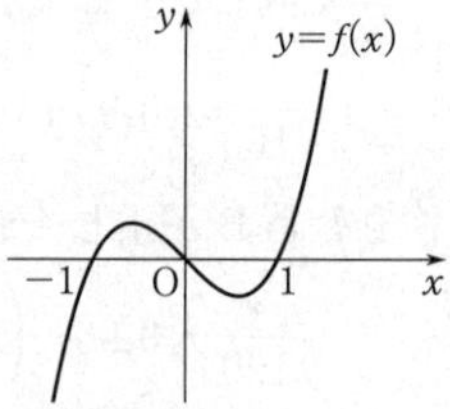

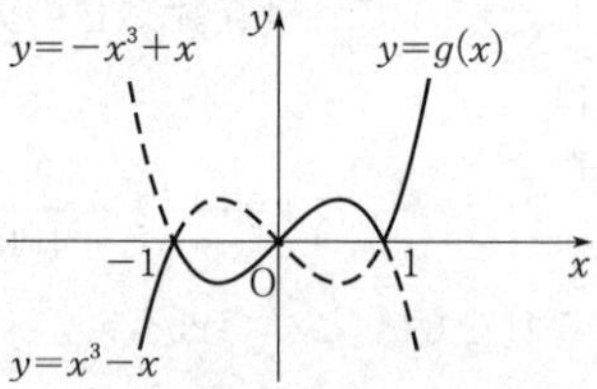

(3)　接点の座標を $(t,\ t^3-t)$ $(0<t<1)$ と

おくと，$f'(x)=3x^2-1$ より

$$y-(t^3-t)=(3t^2-1)(x-t)$$

整理すると

$$y=(3t^2-1)x-2t^3 \quad \cdots\cdots ①$$

これが点 $\mathrm{P}(-1,\ 0)$ を通るから

$$0=(3t^2-1)\times(-1)-2t^3$$

よって

$$2t^3+3t^2-1=(2t-1)(t+1)^2=0$$

$0<t<1$ より

$$t=\frac{1}{2}$$

これを①に代入すると，求める接線の方程式は

$y=\dfrac{-1}{4}x-\dfrac{1}{4}$　→44〜48

(4)　$f(x)=x^3-x$ のグラフと接線

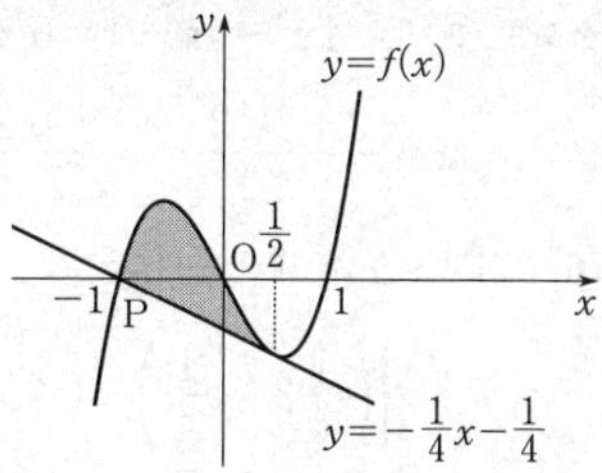

$y=\dfrac{-1}{4}x-\dfrac{1}{4}$ との交点の x 座標は，(3)より

$$x=-1,\ \frac{1}{2}$$

したがって，求める領域の面積は

$$\int_{-1}^{\frac{1}{2}}\left\{(x^3-x)-\left(-\frac{1}{4}x-\frac{1}{4}\right)\right\}dx$$

$$=\int_{-1}^{\frac{1}{2}}\left(x^3-\frac{3}{4}x+\frac{1}{4}\right)dx=\left[\frac{x^4}{4}-\frac{3}{8}x^2+\frac{1}{4}x\right]_{-1}^{\frac{1}{2}}$$

$$=\left(\frac{1}{64}-\frac{3}{32}+\frac{1}{8}\right)-\left(\frac{1}{4}-\frac{3}{8}-\frac{1}{4}\right)=\frac{27}{64}$$　→ 49 ～ 52

(5)　$0<x<1$ のとき，

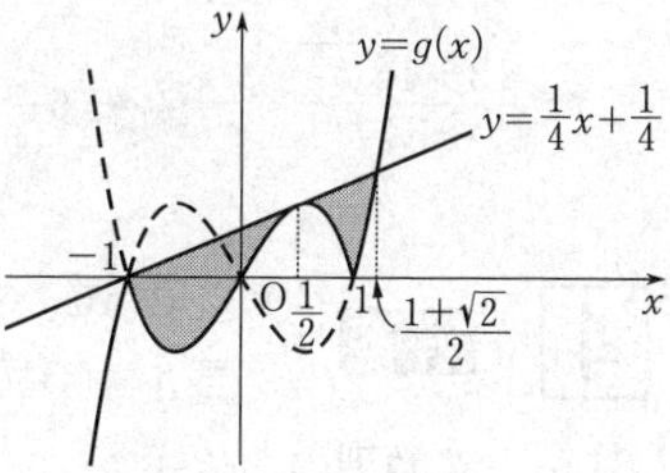

$g(x)=x(1-x^2)=x-x^3$ であるから，接点を $(s,\ s-s^3)$ $(0<s<1)$ とおくと，

$g'(x)=1-3x^2$ より，接線の方程式は

$$y-(s-s^3)=(1-3s^2)(x-s)$$

整理すると

$$y=(1-3s^2)x+2s^3 \quad \cdots\cdots②$$

点 P$(-1,\ 0)$ を通るから

$$0=-(1-3s^2)+2s^3$$

$$2s^3+3s^2-1=(2s-1)(s+1)^2=0$$

$0<s<1$ より　　$s=\dfrac{1}{2}$

これを②に代入すると，求める接線の方程式は

$$y=\frac{1}{4}x+\frac{1}{4}$$　→ 53 ～ 56

この直線が $x>1$ で $g(x)=x^3-x$ と交わる点の x 座標は

$$x^3-x=\frac{1}{4}x+\frac{1}{4}$$

整理すると

$$x^3-\frac{5}{4}x-\frac{1}{4}=0$$

$$(x+1)\left(x^2-x-\frac{1}{4}\right)=0$$

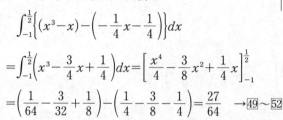

$x>1$ より，$4x^2-4x-1=0$ を解いて

$$x=\frac{2+2\sqrt{2}}{4}=\frac{1+\sqrt{2}}{2}\quad \rightarrow \boxed{57}\sim\boxed{59}$$

(6)　求める領域の面積は

$$\int_{-1}^{1}\left\{\left(\frac{1}{4}x+\frac{1}{4}\right)-(-x^3+x)\right\}dx+\int_{1}^{\frac{1+\sqrt{2}}{2}}\left\{\left(\frac{1}{4}x+\frac{1}{4}\right)-(x^3-x)\right\}dx$$

$$=\int_{-1}^{1}\left(x^3-\frac{3}{4}x+\frac{1}{4}\right)dx+\int_{1}^{\frac{1+\sqrt{2}}{2}}\left(-x^3+\frac{5}{4}x+\frac{1}{4}\right)dx$$

$$=2\int_{0}^{1}\frac{1}{4}dx+\left[-\frac{x^4}{4}+\frac{5}{8}x^2+\frac{1}{4}x\right]_{1}^{\frac{1+\sqrt{2}}{2}}$$

$$=\frac{1}{2}+\left(-\frac{17+12\sqrt{2}}{64}+\frac{15+10\sqrt{2}}{32}+\frac{1+\sqrt{2}}{8}\right)-\left(-\frac{1}{4}+\frac{5}{8}+\frac{1}{4}\right)$$

$$=\frac{13+16\sqrt{2}}{64}\quad \rightarrow \boxed{60}\sim\boxed{66}$$

4　解答

(1) $\boxed{67}\,\boxed{68}$ 16　$\boxed{69}\,\boxed{70}$ 66　(2) $\boxed{71}\,\boxed{72}$ 14　$\boxed{73}$ 3　$\boxed{74}$ 8
(3) $\boxed{75}$ 4　(4) $\boxed{76}\,\boxed{77}$ 18　$\boxed{78}$ 3　(5) $\boxed{79}$ 3　$\boxed{80}$ 4　$\boxed{81}$ 3

解説　≪数列の漸化式≫

(1)　$a_1=2,\ a_{n+1}=3a_n+8n+2$　……①より

$$a_2=3a_1+8\cdot 1+2=3\cdot 2+8\cdot 1+2=16\quad \rightarrow \boxed{67}\,\boxed{68}$$

$$a_3=3a_2+8\cdot 2+2=3\cdot 16+8\cdot 2+2=66\quad \rightarrow \boxed{69}\,\boxed{70}$$

(2)　(1)の結果より

$$b_1=a_2-a_1=16-2=14\quad \rightarrow \boxed{71}\,\boxed{72}$$

また，①より

$$b_{n+1}=a_{n+2}-a_{n+1}=\{3a_{n+1}+8(n+1)+2\}-(3a_n+8n+2)$$

$$=3(a_{n+1}-a_n)+8=3b_n+8\quad \rightarrow \boxed{73},\ \boxed{74}$$

(3)　$\alpha=3\alpha+8$ を満たす α の値は　　$\alpha=-4$　$\rightarrow \boxed{75}$

(4)　$c_n=b_n+4$ とおいて，$b_n=c_n-4$ を $b_{n+1}=3b_n+8$ に代入すると

$$c_{n+1}-4=3(c_n-4)+8$$

よって　　$c_{n+1}=3c_n$

したがって，数列 $\{c_n\}$ は

$c_1=b_1+4=18$，公比 3 の等比数列　$\rightarrow \boxed{76}\sim\boxed{78}$

一般項 c_nは，$c_n=18\cdot3^{n-1}$ より

$$b_n=c_n-4=18\cdot3^{n-1}-4$$

(5)　$n\geqq2$ のとき

$$\begin{aligned}a_n&=a_1+\sum_{k=1}^{n-1}b_k=2+\sum_{k=1}^{n-1}(18\cdot3^{k-1}-4)=2+18\sum_{k=1}^{n-1}3^{k-1}-\sum_{k=1}^{n-1}4\\&=2+18\cdot1\cdot\frac{3^{n-1}-1}{3-1}-4(n-1)\\&=2+9\cdot3^{n-1}-9-4n+4\\&=3^{n+1}-4n-3\end{aligned}$$

$a_1=3^2-4\cdot1-3=2$ となり，これは $n=1$ のときも成り立つ。

したがって，数列 $\{a_n\}$ の一般項は

$$a_n=3^{n+1}-4n-3\quad\to\boxed{79}\sim\boxed{81}$$

5　解答

(1) $\boxed{82}$ 0　(2) $\boxed{83}$ 5　$\boxed{84}$ 1　$\boxed{85}\boxed{86}$ 17　$\boxed{87}$ 1

(3) $\boxed{88}$ 4　$\boxed{89}\boxed{90}$ 21　$\boxed{91}$ 1　$\boxed{92}\boxed{93}$ 21　$\boxed{94}$ 4　$\boxed{95}\boxed{96}$ 21

解説　≪空間ベクトルの内積，原点から平面に下ろした垂線の交点の座標≫

(1)　$\overrightarrow{\mathrm{OH}}\perp$平面$S\iff\overrightarrow{\mathrm{OH}}\perp\overrightarrow{\mathrm{AB}}$ かつ $\overrightarrow{\mathrm{OH}}\perp\overrightarrow{\mathrm{AC}}$ であるから

$$\overrightarrow{\mathrm{OH}}\cdot\overrightarrow{\mathrm{AB}}=\overrightarrow{\mathrm{OH}}\cdot\overrightarrow{\mathrm{AC}}=0\quad\to\boxed{82}$$

(2)　Hは平面 S 上の点であるから，実数 α，β を用いて

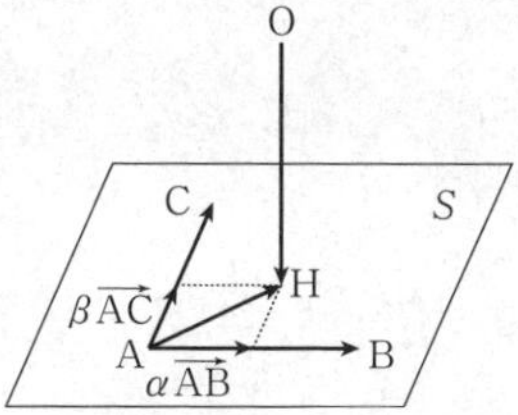

$$\overrightarrow{\mathrm{AH}}=\alpha\overrightarrow{\mathrm{AB}}+\beta\overrightarrow{\mathrm{AC}}$$

と表され，$\overrightarrow{\mathrm{AH}}=\overrightarrow{\mathrm{OH}}-\overrightarrow{\mathrm{OA}}$ より

$$\overrightarrow{\mathrm{OH}}=\overrightarrow{\mathrm{OA}}+\alpha\overrightarrow{\mathrm{AB}}+\beta\overrightarrow{\mathrm{AC}}$$

$\overrightarrow{\mathrm{AB}}=(-1,\ 2,\ 0)$，$\overrightarrow{\mathrm{AC}}=(-1,\ 0,\ 4)$ より

$$\begin{aligned}\overrightarrow{\mathrm{OH}}&=(1,\ 0,\ 0)+\alpha(-1,\ 2,\ 0)+\beta(-1,\ 0,\ 4)\\&=(1-\alpha-\beta,\ 2\alpha,\ 4\beta)\end{aligned}$$

よって

$$\begin{aligned}\overrightarrow{\mathrm{OH}}\cdot\overrightarrow{\mathrm{AB}}&=(1-\alpha-\beta)\times(-1)+2\alpha\times2+4\beta\times0\\&=5\alpha+\beta-1=0\quad\to\boxed{83},\ \boxed{84}\end{aligned}$$

$$\begin{aligned}\overrightarrow{\mathrm{OH}}\cdot\overrightarrow{\mathrm{AC}}&=(1-\alpha-\beta)\times(-1)+2\alpha\times0+4\beta\times4\\&=\alpha+17\beta-1=0\quad\to\boxed{85}\sim\boxed{87}\end{aligned}$$

(3)　連立方程式

$$\begin{cases} 5\alpha+\beta-1=0 \\ \alpha+17\beta-1=0 \end{cases}$$

を解くと

$$\alpha=\frac{4}{21},\ \beta=\frac{1}{21}\quad \rightarrow \boxed{88}\sim\boxed{93}$$

このとき，$\overrightarrow{\mathrm{OH}}=\left(\frac{16}{21},\ \frac{8}{21},\ \frac{4}{21}\right)$より，点Hの z 座標は

$$z=\frac{4}{21}\quad \rightarrow \boxed{94}\sim\boxed{96}$$

◀数学Ⅰ・A▶

1　解答

(1)$\boxed{1}$ 6　$\boxed{2}$ 2　$\boxed{3}$ 2　(2)$\boxed{4}$ 1　$\boxed{5}$ 3

(3)$\boxed{6}$ 2　$\boxed{7}$ 3　$\boxed{8}$ 5　$\boxed{9}$ 2　(4)$\boxed{10}\boxed{11}$ 10　$\boxed{12}$ 5

解説　≪小問 4 問≫

(1)　$x=3+2\sqrt{2}$，$y=3-2\sqrt{2}$ より

$$x+y=(3+2\sqrt{2})+(3-2\sqrt{2})=6$$

$$xy=(3+2\sqrt{2})(3-2\sqrt{2})=3^2-(2\sqrt{2})^2=1$$

したがって

$$\frac{1}{x}+\frac{1}{y}=\frac{x+y}{xy}=\frac{6}{1}=6 \quad \to\boxed{1}$$

$\sqrt{x}=\sqrt{3+2\sqrt{2}}=\sqrt{(\sqrt{2}+1)^2}=\sqrt{2}+1$,

$\sqrt{y}=\sqrt{3-2\sqrt{2}}=\sqrt{(\sqrt{2}-1)^2}=\sqrt{2}-1$ より

$$\frac{1}{\sqrt{x}}+\frac{1}{\sqrt{y}}=\frac{\sqrt{x}+\sqrt{y}}{\sqrt{xy}}=\frac{(\sqrt{2}+1)+(\sqrt{2}-1)}{\sqrt{1}}=2\sqrt{2} \quad \to\boxed{2},\ \boxed{3}$$

(2)　(i)　$x\geqq\frac{5}{3}$ のとき

$$3x-5>x+1$$

$$2x>6$$

$$x>3$$

$x\geqq\frac{5}{3}$ との共通範囲を求めると　　$x>3$

(ii)　$x<\frac{5}{3}$ のとき

$$-3x+5>x+1$$

$$4>4x$$

$$1>x$$

$x<\frac{5}{3}$ との共通範囲を求めると　　$x<1$

(i), (ii)より，求める解は

$$x<1,\ 3<x \quad \to\boxed{4},\ \boxed{5}$$

(3)　$\sin^2\theta=1-\cos^2\theta$ より

$$9(1-\cos^2\theta)-6\cos\theta-1=0$$

$$9\cos^2\theta+6\cos\theta-8=0$$

$$(3\cos\theta+4)(3\cos\theta-2)=0$$

$0^\circ\leqq\theta\leqq180^\circ$ より，$-1\leqq\cos\theta\leqq1$ であるから

$$\cos\theta=\frac{2}{3}\quad\rightarrow\boxed{6},\ \boxed{7}$$

$1+\tan^2\theta=\dfrac{1}{\cos^2\theta}$ より

$$\tan^2\theta=\frac{1}{\cos^2\theta}-1=\left(\frac{3}{2}\right)^2-1=\frac{5}{4}$$

$0^\circ\leqq\theta\leqq180^\circ$，$\cos\theta=\dfrac{2}{3}>0$ より，$0^\circ<\theta<90^\circ$ であるから　　$\tan\theta>0$

よって

$$\tan\theta=\frac{\sqrt{5}}{2}\quad\rightarrow\boxed{8},\ \boxed{9}$$

(4)　余弦定理より

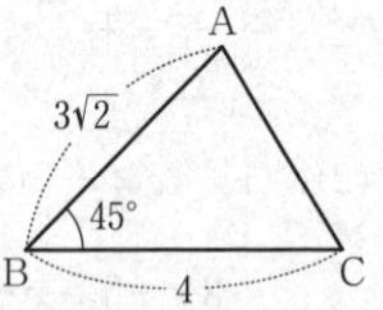

$$AC^2=(3\sqrt{2})^2+4^2-2\times3\sqrt{2}\times4\times\cos45^\circ$$

$$=18+16-24\sqrt{2}\times\frac{1}{\sqrt{2}}=10$$

AC>0 より

$$AC=\sqrt{10}\quad\rightarrow\boxed{10}\boxed{11}$$

正弦定理より

$$R=\frac{AC}{2\sin\angle ABC}=\frac{\sqrt{10}}{2\sin45^\circ}=\frac{\sqrt{10}}{\sqrt{2}}=\sqrt{5}\quad\rightarrow\boxed{12}$$

2　解答

(1) $\boxed{13}\boxed{14}$ -2　$\boxed{15}$ 1　$\boxed{16}$ 2　(2) $\boxed{17}$ 5　$\boxed{18}$ 2

(3) $\boxed{19}\boxed{20}$ -3　$\boxed{21}$ 5　$\boxed{22}\boxed{23}$ -5　$\boxed{24}$ 3

解説　≪文字係数を含む2次関数の最大・最小，グラフと x 軸との関係≫

(1)　G が x 軸と異なる2点で交わるのは，$x^2-2ax-a+2=0$ とおくと

判別式 $D=(2a)^2-4(-a+2)>0$

整理すると

$$a^2+a-2=(a+2)(a-1)>0$$

よって

$$a<-2,\ 1<a \quad \to \boxed{13}\sim\boxed{15}$$

別解　$f(x)=(x-a)^2-a^2-a+2$ より，グラフ G の頂点の y 座標は $-a^2-a+2$ であるから，G が x 軸と異なる 2 点で交わるためには

$$-a^2-a+2<0$$

変形すると

$$a^2+a-2=(a+2)(a-1)>0$$

よって　　$a<-2,\ 1<a$

次に，x 軸との交点が $x<0$ と $0<x$ の部分に 1 点ずつあるためには

$$f(0)=-a+2<0$$

すなわち　　$2<a \quad \to \boxed{16}$

(2)　(1)の結果より，グラフ G が x 軸と異なる 2 点で交わるためには

$$a>1$$

$f(x)=0$ とおいて，x 軸との交点の x 座標を求めると

$$x^2-2ax-a+2=0$$

解の公式より

$$x=a\pm\sqrt{a^2+a-2}$$

よって

$$(a+\sqrt{a^2+a-2})-(a-\sqrt{a^2+a-2})=3\sqrt{3}$$

$$2\sqrt{a^2+a-2}=3\sqrt{3}$$

両辺を 2 乗して，整理すると

$$4a^2+4a-35=(2a-5)(2a+7)=0$$

$a>1$ より

$$a=\frac{5}{2} \quad \to \boxed{17},\ \boxed{18}$$

(3)　$f(x)=(x-a)^2-a^2-a+2$ より，グラフ G は軸の方程式が $x=a$，頂点の座標は $(a,\ -a^2-a+2)$，下に凸の放物線である。

(i)　$a<0$ のとき，$x=2$ で最大となるから

$$f(2)=2^2-2a\times2-a+2$$
$$=-5a+6\geqq21$$

よって　　$a\leqq-3$

$a<0$ との共通範囲をとると

　　$a\leqq-3$　→[19][20]

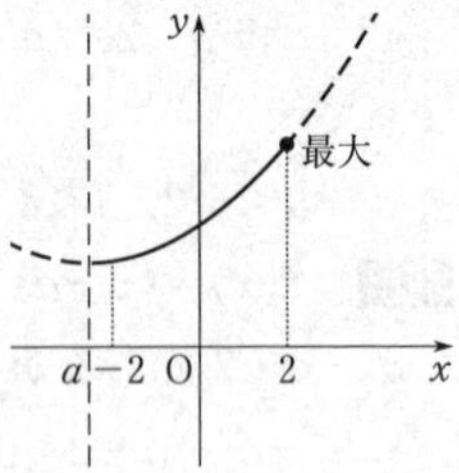

(ii)　$a\geqq0$ のとき，$x=-2$ で最大となるから

$$f(-2)=(-2)^2-2a\times(-2)-a+2$$
$$=3a+6\geqq21$$

よって　　$a\geqq5$

$a\geqq0$ との共通範囲をとると

　　$a\geqq5$　→[21]

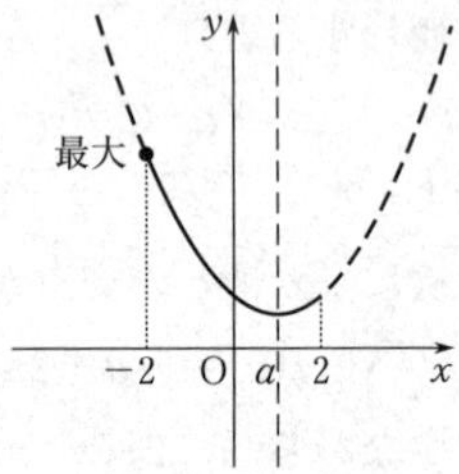

(iii)　$a<-2$ のとき，$x=-2$ で最小となるから

$$f(-2)=3a+6\leqq-9$$

よって　　$a\leqq-5$

$a<-2$ との共通範囲をとると

　　$a\leqq-5$　→[22][23]

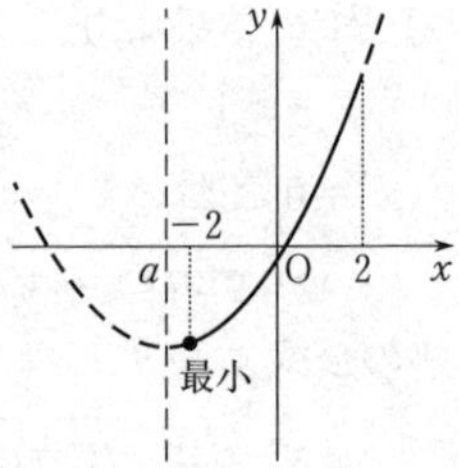

(iv)　$-2\leqq a\leqq2$ のとき，$x=a$ で最小となるから

$$f(a)=-a^2-a+2\leqq-9$$

整理すると　　$a^2+a-11\geqq0$

よって　　$a\leqq\dfrac{-1-3\sqrt{5}}{2}$，$\dfrac{-1+3\sqrt{5}}{2}\leqq a$

$2<\sqrt{5}<3$ より $\dfrac{5}{2}<\dfrac{-1+3\sqrt{5}}{2}<4$,

$-5<\dfrac{-1-3\sqrt{5}}{2}<-\dfrac{7}{2}$ だから，$-2\leqq a\leqq2$ との

共通範囲はなし。

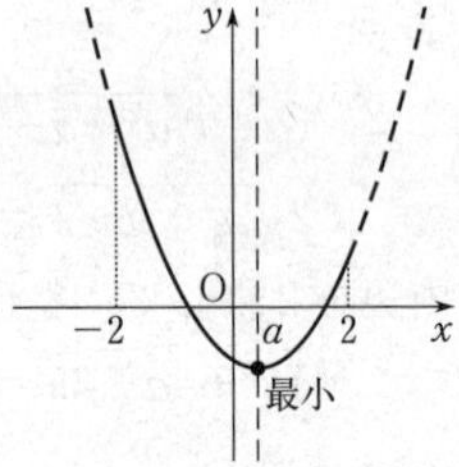

(v)　$a>2$ のとき，$x=2$ で最小となるから

$$f(2)=-5a+6\leqq-9$$

よって　　$a\geqq3$

$a>2$ との共通範囲をとると

　　$a\geqq3$　→[24]

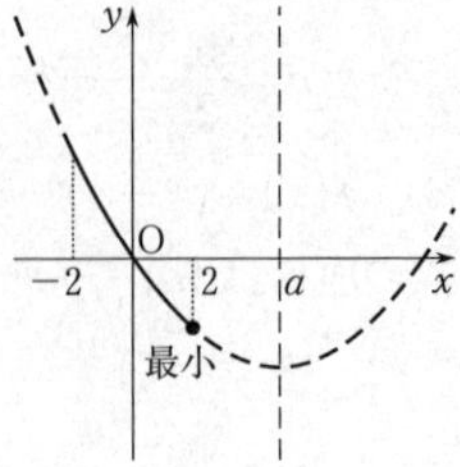

3　解答

(1) [25][26][27] 840　[28][29][30] 120　[31][32][33] 360

(2) [34][35] 31　[36][37] 35　(3) [38] 1　[39] 7　[40] 2　[41] 7

解説　≪同じ文字を含む 7 個の文字の並べ方と条件を満たす並べ方の確率≫

(1)　同じものを含む順列を用いて

$$\frac{7!}{3!}=840 \text{ 通り} \quad \rightarrow \boxed{25} \sim \boxed{27}$$

A から始まる文字列は，A 以外の 6 文字の中に U が 3 文字含まれているから

$$\frac{6!}{3!}=120 \text{ 通り} \quad \rightarrow \boxed{28} \sim \boxed{30}$$

U から始まる文字列は，この U 以外の 6 文字の中に U が 2 文字含まれているから

$$\frac{6!}{2!}=360 \text{ 通り} \quad \rightarrow \boxed{31} \sim \boxed{33}$$

(2)　余事象「7 個の文字のうち U 以外の 4 文字から 3 文字を取り出す」の確率を考えると，求める確率は

$$1-\frac{{}_4C_3}{{}_7C_3}=1-\frac{4}{\frac{7!}{4!3!}}=1-\frac{4}{35}=\frac{31}{35} \quad \rightarrow \boxed{34} \sim \boxed{37}$$

(3)　3 個の U を U_1，U_2，U_3 とすると，7 文字全部の並べ方は 7! 通り。U_1，U_2，U_3 を 1 つとみなし，5 文字を並べ，U_1，U_2，U_3 の並べ替えを考えると，求める確率は

$$\frac{5!\times 3!}{7!}=\frac{1}{7} \quad \rightarrow \boxed{38},\ \boxed{39}$$

A，G，K，S の前後と間の 5 箇所から 3 箇所とり，U_1，U_2，U_3 を並べるとよい。

○A○G○K○S○

求める確率は，それぞれの順列も考えて

$$\frac{4!\times {}_5P_3}{7!}=\frac{\frac{5!}{2!}}{7\times 6\times 5}=\frac{5\times 4\times 3}{7\times 6\times 5}=\frac{2}{7} \quad \rightarrow \boxed{40},\ \boxed{41}$$

4 解答

(1)[42] ①　(2)[43][44][45] 116　[46][47] 22

(3)[48][49][50] 137　[51] 4　(4)[52] ④

解説　≪平均値，移動平均，与えられたデータから読み取れる事柄≫

(1)　2016年の栽培面積は600 ha，収穫量は108千tであるから，1 ha 当たりの収穫量は

$$\frac{108\times1000}{600}=180\ 〔\mathrm{t/ha}〕\quad\cdots\cdots①\quad\to[42]$$

(2)　後半5年間（2015～2019年）の収穫量の平均値は

$$\frac{134+108+124+103+111}{5}=116\ 〔千\mathrm{t}〕\quad\to[43][44][45]$$

前半5年間（2010～2014年）の平均値は

$$\frac{138+152+124+146+128}{5}=137.6\fallingdotseq138\ 〔千\mathrm{t}〕$$

よって，後半5年間の平均値は前半5年間の平均値より

$$138-116=22\ 〔千\mathrm{t}〕\quad\to[46][47]$$

少ない。

(3)　2014年の移動平均は，2013年と2014年の収穫量の平均値を求めると

$$\frac{146+128}{2}=137\ 〔千\mathrm{t}〕\quad\to[48][49][50]$$

図2において，2010年と2019年の点を結ぶと，その直線上に各年度の点がほぼ存在する。

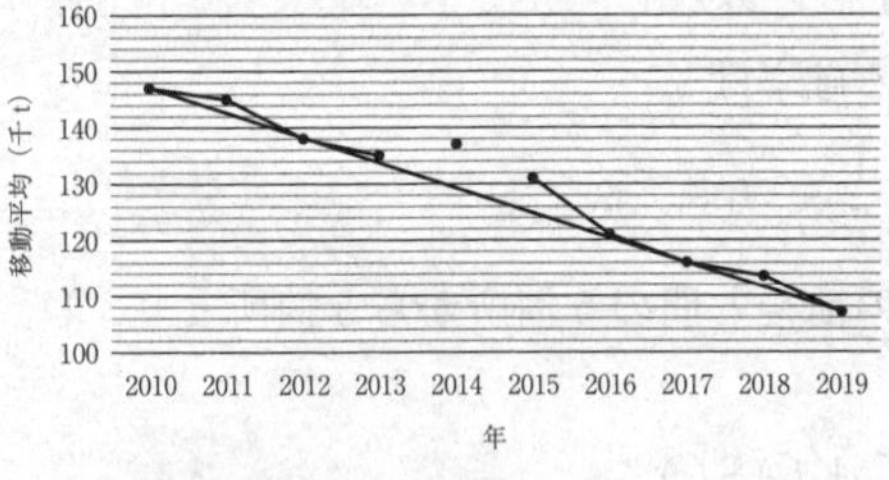

したがって，収穫量は長期的には1年当たり

$$\frac{107-147}{10}=-4\ 〔千\mathrm{t}/年〕$$

すなわち，4千t/年の割合で減少傾向にあることがわかる。→[51]

(4)　(ア)：図1より，収穫量の増減は1年ごとに周期的に繰り返しており，正しい。

(イ)：図 1 より，栽培面積は 10，10，20，10，0，10，20，10，10 ha と減少しており，1 年当たりほぼ 10 ha/年で減少している。正しい。

(ウ)・(エ)：図 1 からだけでは，収穫量の減少傾向の原因についてはわからない。正しいとは読み取れない。

以上のことから，正しく読み取れるのは(ア)と(イ)，すなわち

　　④　→52

である。

4、傍線部Eの二つ後の段落に、「各国のアカデミーを束ねる国際的なアカデミー連合」の例がある。「国際的な組織として再生」したわけではない。不適。

問(八) 傍線部Fは、続く段落で、「それらすべてを集約するアカデミーのような場」と言い換えられていて、その次の段落に例があげられている。ＩＡＡ、ＩＲＣはこれにあたる。「碑文文芸アカデミーを中心に……（ＵＡＩ）などが成立」とあり、碑文文芸アカデミー自体は例にあたらない。「学術研究会議」については、傍線部Fの三つ後の段落にＩＲＣが「政府や産業・教育界その他の研究機関と緊密な協力関係を築くため……促した」結果として生まれたとある。よって2を選ぶ。

問(九) 1、第三段落に「研究発表機能……移されていった」とある。傍線部Eの前の段落にも同様の言及がある。合致しない。

2、傍線部Cの三つ前の段落から「民営化」の話題が始まるが、アカデミーはどうであれ公的資金が多い、とある。「民営化されることで解決」の部分で合致しない。

3、傍線部Fの五つ後の段落に、「当初……期待されていた。だが……」とある。どこまで「踏み込んだ」のか不明であり、その弊害が「政治闘争」という言及もない。合致しない。

4、最終段落の内容に合致する。

二

出典 ナサニエル・ホーソーン『緋文字』〈第4章　対面〉（小川高義訳、光文社古典新訳文庫）

解答

問(一) a—1 b—3 c—4 d—1 e—5 f—2 g—4 h—5 i—3 j—2

問(二) a—4 b—3 c—11 d—13 e—12 f—14 g—9 h—1 i—8 j—10

問(三) イ—11 ロ—5 ハ—4 ニ—7 ホ—10 ヘ—13 ト—15 チ—14 リ—9 ヌ—8

問㈡　アカデミーの例を並べているので、「たとえば」で始まるeが最初。選択肢から「e―a」が決まる。dに「ドイツ」への言及があるが、ドイツは「レオポルディーナ」だけなので、「e―a―d」となり、4に決まる。

問㈢　脱落文の冒頭に「たとえば」とあるので、挿入箇所の前には、「外国人の学者を引き抜く」ことが例になるような内容があるはず。そこに注目すれば、(3)の前に「先進地からの学問輸入」とあるのがわかる。

問㈣　1、「国家的な要求」への言及はない。

2、「古い由緒」が「学術研究への信頼性を保証する」という言及はない。

3、「留保」は「年号の大半」についてである。

4、傍線部Aに続く部分、傍線部Bの直前の一文に合致する。

問㈤　傍線部Bに続く部分をふまえている2が正解。1は「遡らせる選択を退けている」、4は「大方の……忘れられてしまった」の部分で、それぞれ不適。3の「与党……対立する傾向」にあったのは「学術会議」の方である。

問㈥　1、「ソサエティ型」は、傍線部Cの後に、「当初から政府とは別の団体」とある。不適。

2、第九段落によれば、どちらの型も起源は一七世紀である。不適。

3、傍線部C・Dの段落の内容に合う。

4、傍線部Cの段落に、「ソサエティ型」は「当初から政府とは別の団体」、続く段落に、「アカデミー型」は「『独立』したものが多い」とある。不適。

問㈦　1、傍線部Eの直後に「そうなった経緯には……多種多様な組織が発展したからこそ……アカデミーの役割が消えなかったのではないか」とある。「科学の戦争」への貢献は当たらない。不適。

2、傍線部Eの段落とその次の段落の内容に合う。

3、傍線部Eの四つ後の段落に、第二次世界大戦後への言及はあるが、「戦後処理」を担ったという内容はない。不適。

国語

一

出典 隠岐さや香「アカデミーの理念とこれからの展望」（池内了・隠岐さや香他『日本学術会議の使命』岩波ブックレット）

解答

問㈠ ア―3 イ―4 ウ―1 エ―2

問㈡ 4

問㈢ 3

問㈣ 4

問㈤ 2

問㈥ 3

問㈦ 2

問㈧ 2

問㈨ 4

解説

問㈠ ア、続く部分は会員を選ぶことについての言及である。

イ、直後に「亡くなると……会員選挙があった」とある。

ウ、三箇所あるうちの最初の二つは〈金を出すもの〉である。三つ目は直前に「いわゆる王立、すなわち」とある。そこから決まる。

エ、アカデミーという組織の「自律」が問題にされている。

■全学統一入試：中期

問題編

▶試験科目・配点

教　科	科　　目	配　点*
外国語	コミュニケーション英語Ⅰ・Ⅱ・Ⅲ，英語表現Ⅰ・Ⅱ	100点
国　語	国語総合（古文・漢文を除く）	100点

▶備　考

＊経営学部ホスピタリティ・マネジメント学科は，英語200点（100点×2），国語100点の計300点満点で判定。その他は各100点計200点満点で判定。

英語

（60分）

I．次の1～12の英文の（　　　）内に入るものとして、最も適当なものを①～④からそれぞれ1つずつ選び、マークしなさい。

1．Instead of forcing someone to clean up after the party, let's see if there is someone（　　　）willing to volunteer.

① whose　② who's　③ that　④ will

2．What（　　　）the quickest way to get to Tokyo Station from here?

① is　② are　③ is going　④ does

3．Make sure your homework（　　　）before you go to baseball practice.

① was tempted　② is rounded

③ is finished　④ was arrival

4．It's not surprising that she failed the test（　　　）that she didn't study at all.

① given　② because of

③ due　④ as a consequence

5．That jacket（　　　）suitable for cool weather, but I don't think you should wear it on a hot day like today.

① are definitely　② could

③ has potential ④ might be

6. If you (　　　) to complete the form, just let me know and I can help you fill it in.

① don't know ② are unable ③ can benefit ④ cannot

7. (　　　) she's not the best player on the team, the coach trusts her in important moments.

① If ② When ③ Despite ④ Although

8. If we don't leave now, we won't be able to make it back (　　　) it gets dark.

① in light of ② before ③ due to ④ as a result

9. I'm not totally sure, but (　　　), he's never been abroad.

① as far as I know ② long as the day

③ highly regarded ④ as time goes over

10. If you're always late for school, (　　　) don't you just leave your house earlier?

① when ② perhaps ③ why ④ maybe

11. (　　　) you think it would be cheaper if we ate at home instead of going out?

① When ② How ③ Don't ④ Weren't

12. I had (　　　) to do with the project, so I don't know why it was successful.

① thing ② circumstances

③ problematic ④ nothing

Ⅱ．次の1～11の英文の下線部の内容に最も近いものを、①～④からそれぞれ1つずつ選び、マークしなさい。

1．She got back home just after 10 o'clock.

① adjusted ② carried over

③ inspected ④ returned

2．I look up to my father because he works very hard.

① admire ② regret ③ travel ④ determine

3．I said I would give him some money, but he refused my offer.

① turned over ② turned around

③ turned into ④ turned down

4．She is looking forward to going skiing next winter.

① excited about ② running toward

③ not interested in ④ tested for

5．Overall, people seem to like this restaurant.

① From time after time ② In general

③ Temptingly ④ Especially speaking

6．I'll go over the document one more time before I email it to our supervisor.

① target ② transpose ③ review ④ category

7．I can't stand the way he talks to her. He's so disrespectful.

① understand ② hate

③ underestimate ④ think

8．They got out of the building just before the fire started.

① entered ② tracked ③ exited ④ tried

9．Don't give up now! You're almost finished!

① attempt ② attend ③ quiet ④ quit

10. You should dispose of that garbage right now. It's starting to smell.

① throw away ② turn into

③ settle down ④ switch off

11. Make sure to hand in your report before the deadline.

① submit ② dry out ③ maintain ④ swell

Ⅲ. 次の会話文の（　A　）～（　F　）に入るものとして最も適当なものを、①～④からそれぞれ１つずつ選び、マークしなさい。

Two friends, Ted and Karen, are discussing their plans for the winter vacation.

Ted : Winter vacation starts in a couple of weeks. (　A　) interesting?

Karen : No, not really. I don't have any money. I'll probably just relax at home, watch some movies, and play some video games. How about you?

Ted : (　B　) a trip.

Karen : Where are you going to go?

Ted : I'm not sure yet, but I would like to go somewhere warm. Do you have any good ideas?

Karen : How about Australia? It's summer there now, so the weather should be nice. I went there last January and I (　C　) all of my time at the beach.

Ted : That would be fun, but it takes almost 10 hours to fly to Sydney. (　D　) somewhere closer. Plus, flights to Australia at this time of year are really expensive.

Karen : In that case, why don't you go to Okinawa? It only takes a couple of hours (　E　), and prices should be reasonable.

Ted : That's a good idea, but I went to Okinawa last year. I want to go somewhere I've never been before.

Karen : Well, can you think of any places that are warm, not too far from Japan, and that you've never been before?

Ted : (　F　) Guam. It has a tropical climate and it's only a short flight from Tokyo.

Karen : So, have you made your decision?

Ted : I think so!

(A) ① What do you think is ② Are you planning to do anything
③ How about doing ④ When will you do something

(B) ① I go ② They will go to
③ We are going to take for ④ I'm going on

(C) ① printed ② planted
③ entertained ④ spent

(D) ① I would rather go ② How about going at
③ That would be ④ Japan is going

(E) ① for arriving ② to get there
③ getting for there ④ for getting

(F) ① I've ever been to ② I've never been to
③ They haven't travel ④ They won't go

Ⅳ．次の一連の英文を読み、設問に答えなさい。

問１．次の一連の英文に関する１～５の質問の答えとして最も適当なものを、①～④からそれぞれ１つずつ選び、マークしなさい。

Why People Worldwide are Unhappier, More Stressed than Ever

The world is sadder and more stressed out than ever before, according to a recent study, which found that 4 in 10 adults worldwide said they experienced a lot of worry or stress. Experts say the most obvious reason, the COVID-19 pandemic—and the isolation and uncertainty that has come with it—is a factor. However, the pandemic is not entirely to blame.

Carol Graham, a scientist and advisor on the study, says one reason for（　A　）mental health includes the economic uncertainty faced by low-skilled workers. "For young people who do not have high levels of education, what they're going to do in the future is very unknown. They have very little job security," said Graham.

1．According to the paragraphs above, which of the following is true?

① The pandemic is serious, but experts feel that the worst is over.

② The pandemic is the sole cause for the rise in stress worldwide.

③ The pandemic has had some positive impacts on people's lives.

④ The pandemic is not the only reason for increased stress levels.

Researchers spoke to adults in 122 countries and areas for the latest Global Emotions Report. Afghanistan is the unhappiest country, with Afghans leading the world when it comes to（　B　）experiences.

Overall, the study results were not surprising to psychologist Josh Briley, a fellow at The American Institute of Stress.

"Things are moving faster. There's so much information being thrown at us all the time," he says. "We are constantly being told about crisis after crisis in the news, on social media, on the radio and on our podcasts. And all that is drowning out the good things that are happening."

2. According to the paragraphs above, which of the following is true?

① Since people hear so much negative information, they might not notice positive things.

② Since people use social media so much, they don't watch the news or listen to the radio.

③ Since podcasts have become more popular, people have thrown their radios away.

④ Since stress and unhappiness have increased, people focus on news about technology.

Psychologist Mary Karapetian Alvord says being more connected online means people in one country can feel profoundly affected by what happens in another country, which wasn't always the case in the past.

Happiness worldwide has been trending downward for a decade. Researchers point to social media and the flood of unfiltered information as (C) for decreasing mental health and happiness.

3. According to the paragraphs above, which of the following is true?

① People should watch the news more often to reduce their stress.

② Increased access to information is one reason for lower levels of happiness.

③ Social media is an important source of worldwide fashion trends.

④ When things happen, more people should share this information on podcasts.

"We've seen this explosion in the amount of information that is available to people. I think that has caused a big (D) in how humans interact and experience emotions and all sorts of things. And we're seeing that there are some real downsides to it," Graham says.

Briley says part of the problem is that although people are more connected online, they're often less connected in real life.

"The connection that we have with people, the physical connection has changed. We're more connected than ever before with people all the way around the world, but we may not know our neighbors' names anymore," he says. "So, we don't necessarily have that person who, if my car breaks down, I can call them for a ride to work."

4. According to the paragraphs above, which of the following is true?

① When a car breaks down, the Internet is usually the cause.

② Social media is dangerous, and parents should limit their children's Internet use.

③ We need the Internet to learn our neighbors' names.

④ Online connections may not help people solve their day-to-day problems.

5. Which of the following is NOT mentioned in the article as a reason for increasing unhappiness and stress?

出典追記：Voice of America（A～Dを含む英文）

① The COVID-19 pandemic.

② A decline in the number of stable jobs.

③ An overflow of information.

④ A lack of access to the Internet.

問２．（　A　）～（　D　）に入るものとして最も適当なものを、①～④からそれぞれ１つずつ選び、マークしなさい。

(A)　① happening　② accusing　③ dedicating　④ declining

(B)　① entertaining　② enriching
　　③ negative　④ talented

(C)　① reasons　② seasonings　③ tables　④ screens

(D)　① plate　② population　③ machine　④ shift

V. 次の一連の英文に関する、1～5の質問の答えとして最も適当なものを、①～④からそれぞれ1つずつ選び、マークしなさい。

What is IQ, and How Much Does It Matter?

Earlier this year, 11-year-old Kashmea Wahi of London, England scored 162 on an IQ test. That's a perfect score. The results were published by *Mensa,* a group for highly intelligent people. Wahi is the youngest person ever to get a perfect score on that particular test. Does her high score mean she will go on to do great things—like Stephen Hawking or Albert Einstein, two of the world's greatest scientists? Maybe. But maybe not.

IQ, short for *intelligence quotient,* is a measure of a person's reasoning ability. It is supposed to gauge how well someone can quickly answer complex questions. IQ tests assess this by measuring short- and long-term memory. They also measure how well people can solve puzzles and recall information they've heard—and how quickly.

1. According to the above paragraphs, what does IQ measure?
 ① how well a person can gauge distance
 ② a person's ability to travel at a high speed
 ③ a person's ability to solve difficult problems in a short time
 ④ the amount of time a person needs to finish their household chores

IQ tests also can help identify students who would do well in fast-paced educational programs. Many colleges and universities use exams similar to IQ tests to select students. And the U.S. government—including its military—uses IQ tests when choosing who to hire. These tests help determine which people would be the best fit for a certain position.

It's tempting to read a lot into someone's IQ score. Most non-experts think that a high IQ is the reason why successful people do so well. Psychologists who study intelligence find this is only partly true. IQ tests can predict how well people will do in particular situations, such as thinking abstractly in science, engineering or art. But there's more to the story. Extraordinary achievement depends on many things.

2. According to the above paragraphs, which is true about IQ scores and IQ tests?

① They can perfectly predict how successful a person will be.

② They can perfectly predict how much money a person will make.

③ They are used by groups such as universities and governments.

④ They are used by psychologists to measure a person's level of independence.

3. According to the above paragraphs, which of the following is true?

① There is nothing we can learn from someone's IQ score.

② Psychologists think that it is necessary for everyone to know their IQ score.

③ People with high IQ scores lack the ability to think abstractly.

④ People often believe a high IQ score will lead to success.

Being intelligent doesn't mean someone will be successful. And just because someone is less intelligent doesn't mean that person will fail. That's one take-home message from the work of people like Angela Duckworth, who works at the University of Pennsylvania. Like many other psychologists, Duckworth wondered what makes one person more successful than another. In 2007, she interviewed people from all walks of life. She asked each what they thought made someone successful. Most people believed intelligence and talent were important. But smart people don't always live up to their potential.

Duckworth found that the people who performed best—those who were promoted over and over or made a lot of money—shared a trait independent of intelligence. They had what she now calls *grit*. Grit has two parts: passion and determination. Passion points to a powerful interest in something. People who have determination work through challenges to finish a project.

In the end, hard work can be just as important to success as IQ. "It's okay to struggle and go through setbacks," Duckworth says. It might not be easy. But over the long haul, toughing it out can lead to great accomplishments.

4. According to the above paragraphs, what is one main finding of Angela Duckworth's research?

① Intelligent people are not always successful.

② Intelligent people always live up to their potential.

③ People should not spend time thinking about their parents.

④ People with more money are often interested in studying psychology.

出典追記：What is IQ — and how much does it matter?, Science News Explores on October 13, 2016 by Alison Pearce Stevens, Society for Science & the Public

5. According to the above paragraphs, what is an example of “grit”?

① operating heavy machinery without causing an accident

② completing a task even if you face difficulty

③ achieving a high IQ score without trying very hard

④ leaving your homework unfinished because you don’t find it interesting

④ 青菜に塩

1 みずみずしい自然のものによけいな手を加えることで、これを台無しにしてしまうさま。

2 わずかなばかりの贈りものに対して、これに見合わないほどに多大な返礼をするさま。

3 元気だった人が、何かをきっかけにすっかりしょげて、元気をなくしてしまうさま。

4 困った状態にあるところにさらに災難がふりかかり、いっそうひどいことになるさま。

⑤ 口舌《こうぜつ》の徒

1 周りのことを考えずに、自分のよく知っている事柄について述べ立ててやまない人。

2 ことばを口にすると、勢いよく流れる水のようにとどまることなくしゃべり続ける人。

3 口先は達者で、いろいろもっともらしいことを言っているが、実質や実行力が伴わない人。

4 たくみな話術によって人を楽しませる、落語や漫才などのような芸能にたずさわっている人。

1　先祖代々続いてきた家のすべての財産を、親の引退や死去にともなって相続すること。
2　宗教や学問、芸術などにおいて、弟子が師からその道の奥義を受け継ぐこと。
3　優れたものや美しいもの、善いもののあとに、はるかに見劣りするものが続くこと。
4　その場しのぎの対応を重ねることで根本的な解決が遠ざかり、事態が悪化し続けること。

③　待てば海路の日和《ひより》あり

1　「ちょっと待てよ」と自分の行動を制したり、反省したりするというような心のゆとりがなく、短気であるさまのたとえ。
2　心待ちにしている人は事情があって来られないのに、あてにしていない人が来るというように、世の中はなかなか思いどおりにならないことのたとえ。
3　なかなか願っているような状況にならなくても、あせらずにじっくりと待っていれば、やがて好機はめぐってくるということのたとえ。
4　楽しみを期待しながら待っている間が一番楽しいもので、これが現実になってみるとそれほどでもないのがしばしばであることのたとえ。

1 限	2 愛	3 全	4 決	5 派
6 顧	7 合	8 策	9 散	10 一

問㈣　次の慣用的な表現の意味の説明として最も適切なものを、それぞれ後の1～4の選択肢から一つずつ選び、番号をマークせよ。

①　荷を下ろす

1　事を終わりにして、不平不満を解消して気持ちをすっきりさせること。

2　長年の移動のはてに、ある特定の場所にゆっくり腰を落ちつけること。

3　担ってきた責任や任務をはたし、かかっていた負担を解消して楽になること。

4　ある立場や地位をもはやゆるぎないものとして、しっかりとした地歩を占めること。

②　衣《い》鉢《はつ》を継ぐ

「なる」という意味です。ドゥルーズによれば、あらゆる事物は、異なる状態に「なる」途中である。事物は、多方向の差異「化」のプロセスそのものとして存在しているのです。事物は［　Ⅰ　］であり、だから変化していくのであり、その意味でひとりの人間も「出来事」なのです。

（千葉雅也《ちばまさや》『現代思想入門』による。ただし出題に際して表記・表現を変更し、一部加筆・省略した箇所がある。）

1　絶対	2　ニュアンス	3　目的語	4　非A	5　反A
6　歴史的	7　時間的	8　一体化	9　純粋	10　リアル
11　概念	12　ダイナミズム	13　二次的	14　制御	15　補語

問㈢　次の四字熟語の空欄に入る最も適切な字を、それぞれ後の1～10の選択肢から一つずつ選び、番号をマークせよ。
（同じものを重複して用いないこと。）

①　表裏□体　②　無為無□　③　一切□財　④　右□左眄《べん》　⑤　□別離苦

一方、同一的だと思われているものは、永遠不変にひとつに固まっているのではなく、諸関係のなかで一時的にそのかたちをとっている、という捉え方になります。先ほども言ったように、このことを僕は「仮固定」と呼んでいます。ちなみにドゥルーズ自身はそのことを「準安定状態」と呼びます。同一性を、準安定状態＝仮固定として捉え直すのです。

生物のことを考えるとわかりやすいでしょう。一人の人間、たとえば僕自身の同一性といっても、それは開かれたものであって、絶えず身体は変化しているし、細菌などの他者によって住まわれており、生命プロセスのさまざまなバランスによって一定の姿かたちをかろうじて維持しています。そのバランスが崩れてしまうと、病気になったり死んでしまったりする。というか、[H]な「健康」というのはありません。身体はつねに多少病んでいるし、生と死は混じっていると見るべきなのです。

重要な前提は、世界は[I]であって、すべては運動のただなかにあるということです。ものを[A]的に、抽象的に、まるで永遠に存在するかのように取り扱うことはおかしいというか、[J]ではありません。

[J]にものを考えるというのは、すべては運動のなかに、そして変化のなかにあると考えることです。

こうしてまたキーワードが出てきます。「生成変化」と「出来事」です。

生成変化は、英語ではビカミング（becoming）、フランス語ではドゥヴニール（devenir）です。この動詞は、何かにいたるところに伸びていて、関係の糸の絡まり合いのようになっている。それは意識下で処理されている。

このように、AとBという同一的なものが並んでいる次元のことを、ドゥルーズは「アクチュアル」（現働的）と呼びます。それに対して、その背後にあってうごめいている諸々の関係性の次元のことを「ヴァーチャル」（潜在的）と呼びます。我々が経験している世界は、通常は、A、B、C……という独立したものが現働的に存在していると認識しているわけですが、実はありとあらゆる方向に、すべてのものが複雑に絡まり合っているヴァーチャルな次元があって、それこそが世界の本当のあり方なのだ、というのがドゥルーズの世界観なのです。

アクチュアルな次元においては、Aとそれ以外の［ F ］という独立したものがあるわけですが、ヴァーチャルな次元ではAと［ F ］という対立が崩れ、すべてが関係の絡まり合いとして捉えられる。

一般的に差異というと、Aというひとつの同一性が固まったものと、Bというまた別の同一性が固まったもののあいだの差異、つまり「二つの同一性のあいだの差異」を意味することが多いと思いますが、ドゥルーズはそうではなく、そもそもA、Bという同一性よりも手前においてさまざまな方向に多種多様なシーソーが揺れ動いている、とでも言うか、いたるところにバランスの変動がある、という微細で多様な［ G ］のことを差異と呼んでいるのです。世界は無数の多種多様なシーソーである。

があることです。そして同一性は「［B］」な位置に置かれるのです。でもそれは、事物が一瞬たりとも同一性を持たないというような、めちゃくちゃの状態を言っているのではありません。［B］にでも、同一性は「原理として存在する」のです。僕はこのことを「仮固定」という言い方で捉えています。

たとえば、「私が自転車に乗る」という事態を考えてみましょう。

そこには「私」というひとつの存在と「自転車」というもうひとつの存在がある。大ざっぱには、「私が／自転車に乗る」というかたちで、「私」と「自転車」は主語‐［C］の関係として、二つの独立したものと捉えられることになります。

しかし、現実をよく考えてみると、「私」と「自転車」は複雑に絡み合っているのではないでしょうか。倒れないように、体のバランスは複雑に［D］されています。右に傾けば左にバランスをとろうとしますし、道の状態などの環境も関わってきます。自分と自転車が独立したものとしてあるというより、ひとつのハイブリッドな、サイボーグ的に［E］したような状態になっていて、そこでは複雑で多方向的な関係性がさまざまにコントロールされ、「自転車に乗る」というプロセスが起こるわけです。そのプロセスの細かいところを我々は意識していません。意識のレベルでは、「私が自転車に乗る」という主語‐［C］の関係でしか捉えていない。ところがそのなかでは、複雑な線が

⑨　言いにくいのか、彼女はことばを【　　】した。

1 屈　2 下　3 濁　4 返　5 戻

⑩　まるで【　　】道者であるかのような彼の努力ぶり。

1 求　2 中　3 外　4 人　5 王

問㈡　次の文章の空欄A～Jに入る最も適切な表現を、それぞれ後の1～15の選択肢から一つずつ選び、番号をマークせよ。（同じものを重複して用いないこと。）

ドゥルーズの哲学と言ったとき、ひとつキーワードを最初に挙げるなら、やはり「差異」です。差異という言葉は硬い言葉ですし、日常的にはあまり使わないと思いますが、これを哲学の［　A　］としてはっきり打ち出したのがドゥルーズなのです。

世界は差異でできている、というのがドゥルーズが示した世界観です。

まずは、同一性よりも差異の方が先だ、という考え方。重要なのは、大きな二項対立として同一性／差異という対立

③　治安が悪化し、犯罪が【　　】行する。

④　掲げられた旗が風に【　　】る。

⑤　観衆が一【　　】に立ち上がる。

⑥　音楽は【　　】ら聴くだけで演奏はしない。

⑦　チョウのサナギからの【　　】化を観察する。

⑧　外には【　　】黒の闇が広がっている。

1　無　2　当　3　有　4　営　5　所

1　横　2　直　3　連　4　強　5　履

1　遡　2　巡　3　遮　4　覆　5　翻

1　世　2　斉　3　生　4　声　5　勢

1　尤　2　専　3　傍　4　柔　5　徐

1　進　2　転　3　孵　4　羽　5　開

1　暗　2　大　3　炭　4　墨　5　漆

をつくり出したのであり、大塩平八郎の乱などは天災を原因とする例外的な混乱といわなければならない。

3　伝統的な学問である国学や漢学をおさめた学者たちは、長野主膳義言や鳥居甲斐守がそうであったように、決まって伝統的な守旧派であり、洋学のような新しい学問や新しい世界観を持つ人を敵視する傾向があった。

4　天保改革ののち、鳥居甲斐守はひどく憎まれ、四国丸亀において監禁され、将軍の代替わりや老中の交替の際も赦免はなく、甲斐の実家の林家も遠慮して赦免を願い出ることなく、二十三年間が経過した。

二、次の問㈠～問㈣の設問に答えよ。

問㈠　次の各文の空欄に入る最も適切な字を、それぞれ後の1～5の選択肢から一つずつ選び、番号をマークせよ。

①　多くの人が押し寄せたので、売り場を【　　】充する。

1 補　2 増　3 拡　4 供　5 備

②　彼女は【　　】為の人材だ。

重視するのが日本の伝統だという主張に立っており、それは幕府内の大半を含む広範な層と意識を同じくしていたので、甲斐は大勢から遊離していたわけではない。

3　長野主膳義言は、日本の宗教や思想に危機をもたらすものとして洋学を嫌悪したが、その感覚はキリシタン禁制の時代から受け継がれ、強化されてきたものであり、志士たちもまたそれを共有していたのだから、義言は先鋭的に行動しただけで、孤立していたわけではない。

4　長野主膳義言も鳥居甲斐守も、並外れた残酷さを示した個人ではあったが、両者とも時代の大きな変動期に、大老や首席老中の配下として現状保持のために奮励努力したに過ぎず、日本の歴史におりおり登場する悪党の系譜につながる存在として特異なものではない。

問(九)　本文の内容に最もよく合致するものを、次の選択肢1～4のうちから一つ選び、番号をマークせよ。

1　悪人は孤立した個人で、独自の動機において悪事を働くが、悪党は徒党を組んでいるので、既成の秩序を大きく破壊するようなときでさえ、行動の指針や責任はぼんやりと集団の中に埋没してあいまいなままである。

2　徳川幕府の統治は、上からの締めつけ政治という性質を持っていたが、意外にも成功し、開幕当初から不動の秩序

3　長野主膳義言は、新参者ながら井伊直弼のふところに深く入り込み、井伊に安政の大獄を起こさせ、多くの人を死に追いやり、また追放した天成のアジテーターだった。一方、鳥居甲斐守は、首席老中水野忠邦の身辺にあり、水野の権力に密着し、その代行者となり、無実の人間をも罪に陥れたり、ほとんど無理矢理に罪をつくり出したりした。

4　鳥居甲斐守は、政敵に対しても、庶民の生活統制のためにも、しばしばスパイを活用するような、目的のためには手段を選ばない残酷な性格の持ちぬしだった。他方、長野主膳義言は、ときには幕閣の複数の要職者を扇動し、ときには主君井伊直弼さえも脅迫し、近代日本を担おうとした幕末の志士たちを安政の大獄へと送り込み、葬り去った。

問(八)　傍線部F「広く日本の社会に存在した意識に包まれて」について、最も適切な解釈を、次の選択肢1～4のうちから一つ選び、番号をマークせよ。

1　鳥居甲斐守は、儒学こそが日本の学問であり、日本の制度も秩序も儒学を基礎としているのだから、洋学という学問を受け入れることは日本が侵略されることだと怖れたが、同じ信念は儒学者たちのあいだにいき渡っており、甲斐の価値観は異例のものではない。

2　鳥居甲斐守は、将軍の継嗣を選ぶにあたっては、年長であることや、聡明であるかどうかではなく、血筋の近さを

3　統治機構の内部に身をおいており、現体制からもたらされる権益を独占的に確保しようとして、政権支持を徹底する役人。

4　現秩序がこうむった損害を事実以上に拡大宣伝し、場合によってはたくらみをめぐらし、権力を乱用して相手の命をも絶とうとするやから。

問㈦　傍線部Ｄ「長野主膳義言」および傍線部Ｅ「鳥居甲斐守」に対する説明として、最も適切なものを、次の選択肢1〜4のうちから一つ選び、番号をマークせよ。

1　長野主膳義言は、和歌や国学の知識があり、井伊直弼の国学の師として招かれて信頼を得、以来直弼が大老となってもつき従い、秘密裏に京都の公家達との交渉にもあたった。一方、鳥居甲斐守は、幕府の儒学の司である林家の出身という教養深い漢学者だったが、旧制をひたすら守ろうとする保守派の学者だったため、時代の流れをふみはずした。

2　鳥居甲斐守は、もともと幕府の要職にあり、天保の改革のリーダーとなった首席老中水野忠邦の権力を背景にし、改革を苛烈に実行する担当者となった。他方、長野主膳義言は、井伊直弼に取り立てられて以来、その身辺につき従い、独裁者の側近という立場を利用し、みずからが忌み嫌う者たちを讒言《ざんげん》し、自己の敵を排除しようとした。

2　できあがっていた秩序や統治の仕組が動揺し、戦国時代の混乱に突入したとき、織田信長が登場し、体制の保持と回復のために尽力した。

3　徳川幕府二百六十年の統治下に安定した秩序がつくり出されたが、天保の大飢饉という異常事態が発生したとき、大塩平八郎の乱が体制をゆるがした。

4　徳川時代の末期、開国を迫る海外からの圧力によって国内の民主主義がかき立てられると、攘夷・討幕をめざす秩序破壊の動きが日本全国に広がった。

問(六)　傍線部C「れっきとした悪党」とはどのような存在か。最も適切な説明を、次の選択肢1～4のうちから一つ選び、番号をマークせよ。

1　広範囲にはなやかに活動し、目前の障害をものともせず、現状打破に取り組み、そのときの秩序を打ち壊しても新しい未来をひらくタイプ。

2　現在の秩序体系に依存し、そこから得ている利益を手放すまいとして、秩序破壊の動きを押しとどめ、伝統を固持しようとするいわゆる保守反動派。

だから悪人とはいわず、悪党といって人間評価をあいまいにするのである。

問㈣　傍線部Ａ「日本人の伝統、モラルといったもの」の言い換えとして、**適切ではない**ものを、次の選択肢1～4のうちから一つ選び、番号をマークせよ。

1　近代以降もこの国のガバナンスや、人びとの生活方式の規範となったもの。

2　社会的な倫理・道徳、政治のテクニックとしての多数派への順応。

3　少数の非適応者や脱落者を、大勢が救済するという互助的な道徳。

4　他人に迷惑をかけない世渡りのための生活の知恵。

問㈤　傍線部Ｂ「未来への道をひらく先覚者」の動向の例として、最も適切なものを、次の選択肢1～4のうちから一つ選び、番号をマークせよ。

1　元徳三年、楠木兵衛尉なる者が、既存の律令国家の制度に反抗し、寺社所有の荘園に個人の武力をもって侵入し、その土地や財産を略奪した。

イ　1　適応性　2　普遍性　3　受容性　4　傍観性

ウ　1　ぼんやりした　2　あどけない　3　屈託のない　4　けろりとした

エ　1　焦燥感　2　不快感　3　徒労感　4　不安感

問㈡　本文中の枠で囲まれたa～dの文は順序通りに並んでいない。正しく並べ替えるとすれば、次の選択肢1～4のうちどれが最も適切か。一つを選び、番号をマークせよ。

1　d―a―c―b

2　c―a―d―b

3　d―b―c―a

4　d―a―b―c

問㈢　本文中から次の一文が抜けている。本文中の（1）～（4）のうち、どこに挿入すればよいか。最も適切な箇所を一つ選び、番号をマークせよ。

※　攘夷＝幕末の外国人排斥運動。

※　井伊直弼＝一八一五―六〇。幕末の大老。彦根藩井伊家の十四男であったため、家督を継ぐとはみられていなかったが、兄たちが早世し、第十五代藩主となって幕政に関わった。安政の大獄によって、勅許を得ないままの日米修好通商条約締結や、将軍継嗣の徳川家茂決定に反対する者たちを弾圧した。

※　水野忠邦＝一七九四―一八五一。老中として、幕府財政の建て直しを目的とする天保の改革を主導した。

※　部屋住み＝次男以下の者で、まだ独立せず親や兄の家にとどまっている者のこと。

※　昌平坂学問所＝江戸幕府直轄の教学機関。

※　三河以来の旧家＝徳川家康がまだ三河の小大名だったころからの古くからの家臣。かつての三河国は現在では愛知県に含まれる。

※　夷狄＝自国の文化を最高と考え、それ以外の民族や外国人を卑しめていう語。

問㈠　空欄ア～エにあてはまる最も適切な表現を、次の選択肢1～4のうちから一つずつ選び、番号をマークせよ。

ア　1　思い立ったら　2　ほんの少しは　3　ひょっとしたら　4　機会さえあれば

日本の思想や秩序の危機到来という感覚は、遠くキリシタン禁制の昔から受け継がれ踏み固められたものだから、洋学に対する嫌悪感はいき渡っていて、鳥居甲斐は率先して夷学退治に当たったに過ぎない。攘夷は志士たちだけではなく、甲斐もまたその仲間である。ただ甲斐は手段を誤り、誤った手段を政敵打倒や天保改革の実行にも用いた。十分に悪党の一人となった。

天保改革ののち、甲斐は、四国丸亀において二十三年の長期におよび監禁された。この間には将軍が三人もかわり、老中たちもつぎつぎに交替した。そうした人の変化のときに「甲斐を赦免しては」の声が出てもおかしくない。しかしついにその声は一度も出なかった。それは、甲斐の残忍酷薄な行動に対する憎悪が、幕府内にしっかり根づいていたことの証明ではないか。

甲斐の実家の林家の人びとは幕府の高官としてずっと働いていたが、その人たちも、甲斐赦免をいい出せるような幕府内の空気ではないと知っていたのだろう。二十三年間の放逐は甲斐の悪党性に対する代償であった。

（松岡英夫《まつおかひでお》『鳥居耀蔵』による。ただし出題に際して表記・表現を変更し、一部加筆・省略した箇所がある。）

※　大塩平八郎＝一七九三―一八三七。大坂町奉行所の元与力。天保八年（一八三七）、江戸幕府に対して反乱を起こした。

いる。木に竹をつぐ粘着剤は彼の放つスパイの集めてくる材料である。この方法は蛮社の獄はもとより、政敵を倒すためにも使われたし、天保改革において庶民の生活を統制する際にも使われた。人を罪し、人を倒すという目的のために手段を選ばぬという意識の中に彼の残酷な性格を見ることができる。

第四に、このように異常に残酷な二人は、人から遊離した、孤立した存在というものであっただろうか。いや、そうではない。二人とも、幕府内はもとより、F広く日本の社会に存在した意識に包まれていて、その意識層の代表選手として行動した者といってよい。将軍の継嗣は現将軍の血筋の最も近い人を選ぶのが確固たる伝統であって、その人は五、六歳の幼童であってもかまわない。年長、聡明とかを継嗣の条件にするのは異国風のやり方で、日本では何よりも血筋であるという主張に立つ人は、井伊大老と長野義言だけではない。伝統尊重の保守層は幕府内の大半を占めていたといってよい。この広範な層と意識を同じくしていたのだから、長野義言は孤立した悪人ではなく、集団の中に生きる悪党なのである。

同じことは鳥居甲斐にもいえる。洋学という※夷狄《いてき》の学問の侵入は、同時に夷狄の宗教と思想の日本侵略であるという恐怖は、広く存在した意識である。甲斐はその恐怖を最も深刻に受けとめた一人である。日本の学問は儒学しかなく、日本の思想は儒学によってつくられ、日本の制度や秩序も儒学を基にして構成されているという信念は、甲斐ひとりが持っていたものではない。

た。その権力の利用ぶりは歴史に多くの例を見ない。それほど義言は直弼のふところに食いいっていたということであり、いいかえれば義言が稀代のアジテーターであったということである。

　鳥居甲斐のほうは幕府の儒学の司、林家の出身であり、目付、町奉行という幕府の要職に座っていたのだから、義言のような素性不明の新参者というのではない。しかし水野忠邦の権力を背に負って、蛮社の獄、町奉行矢部定謙《さだのり》〔一七八九―一八四二〕の追い落し、あるいは天保改革の苛烈な実行面の担当者となったというような点において、権力の利用の罪の深さは、義言、甲斐ともに甲乙つけがたい。

　第三の共通点は、二人の人間性の中にひそんでいる残酷性である。義言が安政大獄の徹底と拡大をさけぶ言葉は、井伊大老と直弼側近の宇津木六之丞《ろくのじょう》〔一八〇九―六二〕あての書簡にいっぱいつらねてあるが、あれほど志士検挙に腕を振った老中間部詮勝すらも、義言は「手ぬるい、協力的でない」といって老中罷免を井伊大老に要求している。検挙された者が江戸に送られてどのような処罰を受けるかは人によって差があろうが、最悪の場合には死罪が十分に予想されているのに、義言はそれを望むかのように、大獄の徹底を求めてやまない。人間の死に至る罪を構築することによろこびを見出しているかのような残酷性を感ずる。

　鳥居甲斐は、無実の人を無実とわかっていながら詐術を用いて罪に陥れたり、木に竹をついだような論理で罪を構築してつかの共通点のあることに気づく。

第一に、二人はともに学問において人の師となり得る深い教養を持っていたことである。長野義言は国学、鳥居甲斐は漢学、それぞれに専門家といってよい。これは国学者だから、あるいは漢学者だから伝統的思考のとりことなって、悪党的行動者に転落していったという意味ではない。

漢学者の畑から大塩平八郎が出ているし、最先端の開国外交の実行者であった岩瀬忠震《ただなり》（一八一八―六一）は※昌平坂学問所の教授であった。また漢学より国学の素養の深かった大久保一翁《いちおう》（一八一七―八八）は、明治維新より五、六年も前に、徳川家の大政奉還と議会制度国家論を主張していた。このように国学者だから、漢学者だから旧制墨守の保守派だということはない。ただ当時、国学、漢学の世界に安住していた人びとは、とかく伝統に縛られて、新しい学問、新しい世界観の人を敵とみなす危険性を持っていたというべきであり、長野義言、鳥居甲斐がそのことを証明している。

第二の共通点は、権力に密着して、権力の代行者となったという点である。長野は独裁者井伊大老の権力に乗ったし、鳥居は首席老中水野忠邦のリードする天保改革という風雲に乗った。義言は直弼が井伊家の当主となってから新規の召し抱えで百五十石を与えられた。新規の者としては高禄だが、※三河以来の旧家で三十五万石の大藩では、百五十石の新参者はどこにいるかかすんで見えないくらいである。その男が、主人に安政の大獄を起こさせ、多くの人を殺し、多くの人を追放させる。出生地、両親のこと、育ち、経歴などを人に問われても、彼はほとんど答えなかったという。まだ※部屋住みで不遇時代の井伊直弼の和歌の師に招かれて以来、直弼から深い信頼を受けた。和歌、国学の知識で京都の公卿たちと交友があったことから、井伊大老時代に京都工作の密命を受けて、ついに安政大獄の発端に深く関係するようになった。

　このときは、日米条約の勅許、将軍継嗣の争い、水戸藩への攘夷の密勅降下、井伊大老支持の関白九条尚忠《ひさただ》〔一七九八―一八七一〕辞任というようないくつもの大問題がいっぺんに京都に集中して起こったもので、義言はこれらの問題における大老の反対派を悪謀方とよび、その一掃を京都からの飛脚便でたびたび井伊大老に訴えている。書簡の中の、悪謀方連中の策動状況の説明や、その排除の必要性を説く義言の言葉はその激越さと誇張性とにおいて、彼が天成の扇動家であることを示している。

　義言は、井伊大老が京都に派遣した老中間部《まなべ》詮勝《あきかつ》〔一八〇四―八四〕と、所司代酒井《さかい》忠義《ただあき》〔一八一三―七三〕、京都町奉行小笠原長常《ながつね》〔一八一八―七八〕らを、あるいは扇動、あるいは井伊の名で脅迫して、志士逮捕つまり安政の大獄を強行させた。幕末史を疑獄の血で赤く染め、日本の頭脳ともいうべき人材を多数、地下に葬った扇動家という点で、長野義言は日本人には珍しい型の悪党だったといえるだろう。

　ここで言及したいもう一人の悪党が鳥居甲斐である。徳川時代の後半の末に出現したこれら二人の悪党をみるとき、いく変動期でなければ悪党は出てこない。幕末はその変動期であった。開国を迫る外圧が日本人のナショナリズムを刺激した。※攘《じょう》夷《い》・討幕の悪党どもが日本中に満ち満ちた。

　幕末の悪党どもの活動があまりに派手で、かつ見事に成功したものだから、とかく悪党といえば、現状打破、秩序破壊の行動者あるいは今の目の前の幕を切って落として、B未来への道をひらく先覚者という型を思い浮かべがちである。しかしまったく逆の型の悪党もいる。現秩序破壊の動きに対して、破壊から秩序を守るために、現秩序にすがって生きている人びと、あるいは現秩序で利益を得ている人びとを代表して、現状保持、伝統維持に奮励努力する者が出る。努力するだけなら、単なる保守派であり、統治する機構の中に身をおけば、せいぜい酷吏という限度にとどまる。

　しかし相手を倒すために、被害の幻想を拡大し、ときに詐術を構築し、権力を乱用して相手を死の境地に追い込むということになると、これは保守主義者とか、酷吏とかいう境界を越えた、Cれっきとした悪党といわねばならない。

　徳川時代の後半の末にこのような人物が二人出た。一人は大老・※井伊直弼《なおすけ》の側近にいて、安政の大獄の熱烈な扇動者となったD長野主膳義言《よしとき》であり、もう一人は天保改革のリーダー※水野忠邦首席老中の側近にいて、蛮社の獄の構築者となったE鳥居甲斐守である。

　長野義言は二十七歳のとき、伊勢国（現在のほぼ三重県）に姿を現わす以前のことはいっさい不明という不思議な人物であすでにできあがっている秩序や、土地、収穫の分配の状況を、集団の武力をもって破壊するのは、やられるほうからすれば相手は悪党である。織田信長などは大悪党である。徳川時代においては、※大塩平八郎などは、現統治秩序の破壊者という点で、幕府からみれば許すべからざる悪党である。（4）

徳川幕府二百六十年の上からの締めつけ政治は、近世に珍しくうまくいった統治であった。特に後半は、上からの縦の規範と、社会的な横の倫理とが定着して、ゆるぎない、安定した秩序をつくり出していた。その中での大塩平八郎の反乱であるから、よけいに異常さが目立つのであるが、これには天保の大飢饉〔一八三〇年代〕という異常事態を背景に考えねばならない。

徳川幕府の統治が長く継続していくにつれて、後々までも日本の統治方式や、生活方式の原型となるものがこの時代につくりあげられた。あるいは日本人の意識といってもよいし、A日本人の伝統、モラルといったものが固められていった。たとえば「大勢順応」という意識は、政治のテクニックとしてそういうものをつくり出すことが重要な作業となるし、社会のモラルとして固めることで、反抗者や離脱者の出ることを防ぐと同時に、人さまに迷惑をかけないような人間になることで生きていけるという生活の知恵となって、大勢順応がモラルとして生きていた。

順応が、政治の技術として、あるいは社会的なモラルとして定着している時代には、悪党が出現するはずがない。大きな

かもしれないという［エ］がある。これが許容性というものになる。(2)

悪党という言葉はいつごろから出現したのであろうか。「党」という語がついているから、これはある集団性を持つものか、その集団を個人で代表させたものなのであろう。(3)

京都天龍《てんりゅう》寺蔵の文書に『臨川《りんせん》寺領目録』というものがあって「京都臨川寺の所領和泉国（現在の大阪府南部）の若松の荘園に元徳三年（一三三一）悪党楠木兵衛尉《ひょうえのじょう》が侵入して略奪した」という記録文があるという。この楠木兵衛尉が楠木正成と同一人物であるかどうかはまったく不明だが、状況的には同じ時代の人間である。それはまあどうでもよいが、注目すべきは「悪党楠木」という表現である。

a　何十人か何百人という集団であり、この悪人の党を楠木という男がひきいて暴れ回っているというわけである。

b　社寺にとっては、これは秩序破壊の〝悪党〟である。

c　ひとりやふたりではない。

d　広い寺領や社領をにぎって、そこの収穫を居ながらにして手にいれ、ぬくぬくと暮していた都の神社仏閣という不在地主の財産に対して地方の男どもが集団をつくって侵入、略奪を始めた。

国語

（六〇分）

一、次の文章を読んで以下の設問に答えよ。（ただし〔　〕は出題者による補足である。）

世上の普通の会話のなかに「あいつは悪党だ」という言葉がよく出る。だれか個人を指していっているのだから「あいつは悪人だ」でもいいわけだが、悪人と悪党では言葉の意味するものがかなり違う。（1）悪人といえば、その個人に根づいてしまった反社会的な性格の持ちぬしのことで、殺人、強盗の常習犯といったような、おのれの利益のために他人を害することを何とも思わなくなった人間のことを指す。社会に同化できない、孤立した個人のことである。

悪党のほうは、同じく悪い奴という意味だが、このほうは集団性があるし、［　ア　］おれも同じことをやったかもしれないという同化性あるいは［　イ　］がある。だから悪党といういい方には［　ウ　］許容性がある。悪人という言葉には、許しがたいやつという、個人に対する嫌悪感があるが、悪党という言葉には深層心理の底に自分につながる部分がある

解答編

英語

I

解答　1－②　2－①　3－③　4－①　5－④　6－②
7－④　8－②　9－①　10－③　11－③　12－④

解説　1．be willing to *do* で「～するのをいとわない」の意。② who's は who is の短縮である。who は主格の関係代名詞。

4．given (that) ～ で「～を考慮に入れると」の意。

6．be unable to *do* で「～できない」の意となる。

7．「彼女は一番上手い選手ではないけれども」となる④が適切。

8．「暗くなる前に」となる②が適切。make it「たどり着く，間に合う」

9．as far as I know「私の知る限りでは」

10. why don't you ～? で「～したらどうか」の意。ていねいな提案や軽い命令を示す。

12. have nothing to do with ～ で「～とは関係ない」の意。

II

解答　1－④　2－①　3－④　4－①　5－②　6－③
7－②　8－③　9－④　10－①　11－①

解説　2．look up to ～「～を尊敬する」に最も近いのは①「敬愛する」。

4．look forward to ～「～が楽しみだ」 to は前置詞なので，その後は名詞（句），動名詞。最も近いのは①「～にわくわくしている」である。

5．Overall「全般的に，概して」に最も近いのは②「一般に」。

6．go over ～「～を入念に調べる，見直す」は，③ review が同意。

7．この stand は「～を我慢する」の意。通例，疑問文・否定文で can, could を伴って使う。②が最も近い。

8．get out of ～ で「～から出る」，③ exit は動詞で「～から退去する，～を出る」の意。

11. hand in 〜 は「〜を提出する」の意。① submit が同意である。

Ⅲ 解答　(A)—②　(B)—④　(C)—④　(D)—①　(E)—②　(F)—②

解説　≪冬休みの予定≫

(B) go on a trip で「旅行する」の意となる。

(D) would rather *do* で「むしろ〜したい，〜する方がよい」の意。

(E) It takes 〜 to get there「そこに行くのに〜（の時間）がかかる」

(F)「〜に行ったことがない」となる②が適切。

Ⅳ 解答　問1．1—④　2—①　3—②　4—④　5—④
問2．(A)—④　(B)—③　(C)—①　(D)—④

解説　≪なぜ人々はかつてないほど不幸でストレスを感じているのか≫

問1．1．第1段最終文（However, the pandemic …）と④が一致する。be to blame「（〜の）責めを負うべきである」 not entirely 〜 は部分否定で「完全に〜というわけではない」の意。

2．第4段最終2文（"We are constantly … that are happening."）の内容と①が一致する。drown out 〜 は「〜をかき消す，聞こえなくする」の意。

3．第6段第2文（Researchers point to …）と②が一致。

4．①〜③は記述なし，最終段最終文（"So, we don't …）に「車が故障したら，職場まで車で送ってくれるように電話できる人物が必ずしもいるわけではない」とあり，④「オンラインでつながっていても，日々の問題を解決する助けにはならないかもしれない」が最も近い。

5．④は「インターネット接続が不十分であること」の意であり，これは本文中に記述されていない。

問2．(A) decline は「衰える」の意。ここでは現在分詞 declining が mental health を修飾している。「衰えつつある心の健康」→「心の健康の低下」の意となる。

(B)同文前半に「最も不幸な国」とあるので③「よくない，否定的な」が適切。when it comes to 〜「〜ということになると，〜に関しては」

(C) reason for 〜 で「〜の理由」となる。

(D) shift は「変化，転換」の意。

V　解答　1－③　2－③　3－④　4－①　5－②

解説　≪IQとその重要性とは≫

1．第2段第2文（It is supposed …）と③が一致する。gauge［géidʒ］「～を測定する」

2．第3段第2・3文（Many colleges and … who to hire.）と③が一致する。

3．第4段第2文（Most non-experts think …）に，「専門家でない人たちの大半は，IQの高さが成功した人たちがうまくいった理由だと考える」とあり，④が最も近い。

4．第5段第1文（Being intelligent doesn't …）と①が一致する。②は同段最終文（But smart people …）に合わない。③，④については記述がない。

5．第6段最終3文（Grit has two … finish a project.）に grit の説明があり，それに続く最終段の内容から②が適切である。最終段最終文（But over the …）の over the long haul は「長期にわたって」，tough it out は「がんばり抜く」の意。

問㈧　1、傍線部Fの段落と続く二段落で説明されている。「洋学という夷狄の学問の……広く存在した意識」「日本の学問は儒学……構成されているという信念」とある。これが正解。

2、長野主膳義言の説明である。不適。

3、鳥居甲斐守の説明である。不適。

4、傍線部Bの段落に、「現状保持……努力する」だけなら「単なる保守派」「酷吏」にとどまるとあり、その次の段落に、この境界を越えたものが「悪党」だとある。不適。

問㈨　1、第二段落以降「集団性」という言葉はあるが、必ず「徒党」を組むわけではない。長野・鳥居の例もある。「行動の……あいまいなまま」も不適。合致しない。

2、(4)の後の段落に「特に後半は」とある。「開幕当初から不動の秩序」の部分で、合致しない。

3、国学や漢学の学者が「決まって伝統的な守旧派」だという言及はない。傍線部Fの五つ前の段落に「国学者だから……ということはない」ともある。合致しない。

4、最後の二つの段落の内容に合致する。

二

出典　千葉雅也『現代思想入門』〈第二章　ドゥルーズ—存在の脱構築〉（講談社現代新書）

解答

問㈠　①—3　②—3　③—1　④—5　⑤—2　⑥—2　⑦—4　⑧—5　⑨—3　⑩—1

問㈡　A—11　B—13　C—3　D—14　E—8　F—4　G—12　H—9　I—7　J—10

問㈢　①—10　②—8　③—7　④—6　⑤—2

問㈣　①—3　②—2　③—3　④—3　⑤—3

「d―b」。さらに、aの内容は「d―b」の内容もふまえたまとめになっているので、全体の最後に来る。そこで3に決まる。

問㈢ 挿入文の冒頭に「だから」とあるので、挿入箇所の直前部分は挿入文の理由である。(1)の前は意味が違うと言っているだけで、意味の中身にふれていないので、理由になりえない。(3)・(4)の前は「悪党」のこと。(2)の前が、「悪人」に対して「悪党」の許容性に言及し、両者の違いにふれている。

問㈣ 傍線部の前後に注目する。1は「後々までも……原型となるもの」、2は「大勢順応がモラルとして生きていた」、4は「人さまに……生活の知恵」の部分から適切と言える。3は、「反抗者……防ぐ」とはあるが、「大勢が……道徳」に該当する言及はないので、これが正解となる。

問㈤ 1、「既存の律令国家の制度に反抗」したとは述べられていない。不適。

2、「体制の保持と回復のために尽力した」が、第五段落の内容に合わない。

3、第五・六段落の内容に合う。

4、「国内の民主主義がかき立てられ」たわけではない。不適。

問㈥ 1〜3は、それぞれ傍線部Bの段落の「先覚者」・「保守派」・「酷吏」に当たる。傍線部Cを含む文の説明をふまえた4が正解。「被害の幻想を拡大し」が「損害を……拡大宣伝し」に、「ときに……構築し」が「場合に……めぐらし」に、「相手を……追い込む」が「相手の……絶とうとする」に、それぞれ対応している。

問㈦ 1、長野は井伊直弼の和歌の師。また傍線部Fの後の「代表選手」および続く二つの段落の内容から、「時代の流れをふみはずした」が合わない。不適。

2、「みずからが忌み嫌う者たち」ではなく、あくまでも、「大老の反対派」に対してである。不適。

3、両者への言及に合っている。

4、「井伊の名で脅迫」したのであって、「井伊直弼さえも脅迫」したわけではない。不適。

国語

一

出典　松岡英夫『鳥居耀蔵―天保の改革の弾圧者』〈序に代えて―悪党論〉（中公新書）

解答

問㈠　ア―3　イ―2　ウ―1　エ―4
問㈡　3
問㈢　2
問㈣　3
問㈤　3
問㈥　4
問㈦　3
問㈧　1
問㈨　4

解説

問㈠　ア、後にある「かもしれない」と呼応する言葉。
イ、自分も同じかもしれないというのだから、一般性があるはずである。
ウ、2・3・4は人間のしぐさや様子に使われるので不適。
エ、嫌悪感ほど強くなく、自分にもつながるかもしれないという心配である。

問㈡　人数への言及で「c―a」が決まり、bの「これ」は、社寺にとっての悪党であるから、dの「集団」であり、

MEMO

MEMO

MEMO

MEMO

MEMO

2022年度

問題と解答

■一般入試（学科別）：２月３日実施分（英語のみ２月４日実施分）

問題編

▶試験科目・配点

教　科	科　　　　　目	配　点
外国語	コミュニケーション英語Ⅰ・Ⅱ・Ⅲ，英語表現Ⅰ・Ⅱ	100 点
選　択	日本史Ｂ，世界史Ｂ，政治・経済，数学Ⅰ・Ａのいずれか１科目選択	100 点
国　語	国語総合（古文・漢文を除く）	100 点

▶備　考

- 科目間の問題難易差における不公平をなくすため，「中央値補正法」により，３教科全ての得点調整を行う。
- 英語は２月４日実施分を掲載。

英語

(60分)

I．次の (1) ～ (10) の英文の（　　　）に入る最も適当なものを①～④から1つずつ選び、マークしなさい。

(1) I will have (　　　) here for ten years by next April.

① been working　② work
③ working　④ to work

(2) I thought people were a little (　　　) by what he said.

① embarrassed　② embarrass
③ embarrassment　④ embarrassing

(3) What sports (　　　) in your school?

① could play　② are playing　③ can play　④ are played

(4) Everyone tried (　　　) to help out after the earthquake.

① in hardest　② very hard　③ harderly　④ harding

(5) I've never been (　　　) I am now.

① happier than　② as happier as
③ so happily as　④ happily than

(6) This project looks promising. (　　　), we need to think carefully about it because it could be risky.

① Who　② Due　③ However　④ When

(7) I have (　　　) idea of what he was talking about.

① none　② nothing　③ not　④ no

(8) This is a worldwide crisis (　　　) will be hard to overcome anytime soon.

① what　② which　③ where　④ when

(9) Could I ask you (　　　) me some money to get home?

① lent　② lend　③ lending　④ to lend

(10) I have to hurry. I (　　　) to go to work now.

① should have got　② have got

③ would　④ leave

Ⅱ. 次の (1) ～ ⑽ の英文の（　　　）に入る最も適当なものを①～④から１つずつ選び、マークしなさい。

(1) Police are currently (　　　) the crime.

① investigating　② installing

③ replacing　④ restoring

(2) When using this machine you should always wear (　　　) glasses.

① standing　② intoxicated　③ window　④ protective

(3) He really (　　　) any negative comments about his work.

① occurs　② could　③ resents　④ becomes

(4) These roadworks are sure to cause (　　　) delays in morning traffic.

① discussing　② lengthy　③ pure　④ forgetting

(5) This is really good work. You have really (　　　) yourself.

① outdone　② undone　③ got down　④ giving up

(6) Can you (　　　) your remarks? I still don't quite understand your point.

① enable　② dishonor　③ clarify　④ mean

(7) This surprising decision marks a remarkable (　　　) in government policy.

① accent　② tense　③ value　④ shift

(8) We need to work (　　　) these problems before starting.

① out　② up　③ of　④ not

(9) Everyone is getting (　　　) up with having to wait so long.

① built　② fed　③ set　④ done

(10) We would like you to (　　　) this present as an expression of our gratitude.

① reduce　② going　③ increase　④ accept

Ⅲ. 次の会話文の（　A　）～（　E　）に入る最も適当なものを①～④から１つずつ選び、マークしなさい。

Two roommates are talking over breakfast in their apartment.

Steve : It's my turn to cook today. What would you like to eat this evening?

Kevin : (　　A　　)

Steve : Well, that's not much help, is it?

Kevin : How about some fried dumplings?

Steve : You mean "gyoza"? (　　B　　) I don't really want to make that much effort.

Kevin : Why don't we go out then?

Steve : Well, that is going to be (　　C　　)

Kevin : Not if we go to a family restaurant.

Steve : But the food is not that good, and it may be smoky.

Kevin : Not these days. Smoking is (　　D　　) in most eating establishments.

Steve : Yes, but it still doesn't sound very tasty.

Kevin : OK, let's try that new Italian place near the station.

Steve : That sounds better, but (　　E　　)

Kevin : Why me?

(A) ① Can I help?
② Anything is OK.
③ Do you want to eat?
④ Let's go tomorrow.

(B) ① I've never heard of that.
② Why not?
③ Whichever we want.
④ That's a lot of trouble.

(C) ① out of doors?
② quite expensive.
③ a family.
④ a kitchen.

(D) ① not inside
② allowed
③ banned
④ not found

(E)　① I hope you're paying!

② where is it located?

③ I don't like Italian food.

④ will they serve "gyoza"?

Ⅳ. 次の会話の（　　　）に入るものとして最も適当なものを①～④から1つずつ選び、マークしなさい。

1. A: Do you need any help?

B: No, I (　　　)

A: Well, I'm here if you want me.

① can do it myself.

② can't help out.

③ didn't want to.

④ could help you.

2. A: This plan for next year looks complicated!

B: Maybe we need to (　　　) a bit more.

A: That would seem to be the best option.

① look puzzled

② try your best

③ be carefully

④ look into it

3. A: Can I ask you to follow up on this?

B: Of course. What would you like me to (　　　) specifically?

A: We need to contact the customer, and talk to him personally.

① dine on

② check on

③ contract

④ talk to

4. A: Could I ask you a favor?

B: Sure, what (　　　)?

A: I need your opinion on this new project.

① can I help you with

② have we done

③ do you do

④ does it intend

5. A: How are you doing these days?

B: (　　　)

A: That's good to hear.

① I'm not.

② Doing what?

③ Not bad.

④ Are you?

V. 次の一連の英文に関する、(1)～(5)の質問の答として最も適当なものを①～④からそれぞれ1つずつ選び、マークしなさい。

(A)

Pipi already dines well. The plump, black-and-white street cat lives near a street market in a neighborhood of Taipei, where volunteers have fed and taken care of *strays for years. But Pipi and his fellow street cats got an upgrading of their dining situation recently with the "Midnight Cafeteria" project. Launched in September, the "cafeteria" is actually 45 small wooden houses painted by Taiwanese artists and scattered across Taipei. The idea is to give cats a place to rest while making feeding them less messy. It began in math teacher Hung Pei-Ling's neighborhood, where about 20 neighbors are helping stray cats in addition to doing their full-time jobs. "We want to push forward this philosophy that you don't have to be part of a very top-level association or something that takes up all of your time," she said. "You can be just one person doing something a little bit at a time, a little bit, and taken all together, you can achieve a lot."

*strays (stray cats) 「野良猫」

(1) For how long have people been concerned about cats in Taipei?

① It has not been documented.

② It is a recent trend.

③ They have a long history of doing so.

④ They don't have the time to be concerned.

(2) What contribution do people's efforts make?

① Very little.

② Not much but only as part of a large, organized group.

③ None if they do it alone.

④ A surprisingly large impact.

(B)

Hung began volunteering after a good friend rescued and raised a stray cat. For five years, she has worked with other cat lovers in the neighborhood who buy the cats food, help clean the houses, and coordinate with residents who may have complaints. Hung also helps capture injured cats and cats that need *spaying, takes them to get veterinary attention and then returns them to their favorite places. The wooden houses in Hung's neighborhood were hand-painted by local artist Stefano Misesti and feature smiling animals as well as street food that is loved in Taiwan such as stinky tofu. In addition to food bowls, one house holds medicine for the cats. Neighbors have brought small cushions as well as decorated cardboard boxes to add to the houses.

*spaying 「卵巣除去」

(3) How have people helped the cats?

① By causing injuries.

② By cleaning complaints.

③ By providing them with something to eat.

④ By eating street food.

(C)

Started by Chen Chen-Li, a researcher at the Taiwan Animal Equality Association, the cat houses ensure stray cats get fed well and residents do not have to deal with a mess. They also raise awareness about the spaying program and the condition of stray cats. "In Taiwan there are a lot of people who feed strays, but often they leave a mess, and then the public becomes annoyed by it and they become annoyed with the strays as well," he said. The cat houses were a multi-team effort. Chen applied for a grant from the Taipei city government to fund the project, and then connected with a local ward leader as well as volunteers to carry it out. On a recent Sunday, Pipi and two of his friends were enjoying attention from Hung and another volunteer who came to feed them. After eating at the cafeteria, they settled in for a lazy morning sleep.

(4) Why do some people complain about stray cats?

① It requires too much effort from everyone.

② They have to deal with creating their housing units.

③ People often become annoyed with spaying.

④ They can make the neighborhood dirty.

(5) How has this project been financed?

① Only by volunteers.

② By Chen Chen-Li himself.

③ With the help of the local authorities.

④ By Hung, Pipi and his friends.

出典追記：Associated Press（A～C）

Ⅵ. 次の英文の（　A　）～（　C　）に入るものとして最も適当なものを、①～④からそれぞれ1つずつ選び、マークしなさい。

American and Egyptian archaeologists have unearthed what (　A　) be the oldest known beer factory at one of the most prominent archaeological sites of ancient Egypt, a top antiquities official said on February 13. Mostafa Waziri, secretary general of the Supreme Council of Antiquities, said the factory was found in Abydos, an ancient burial ground located in the desert west of the Nile river, over 450 kilometers south of Cairo. He said the factory apparently dates back to the time of King Narmer, (　B　) is widely known for his unification of ancient Egypt at the beginning of the first Dynastic Period (3150 B.C.-2613 B.C.). Archaeologists found eight huge units—each is 20 meters long and 2.5 meters wide. Each unit contains some 40 pottery basins in two rows, which had been used to heat up a mixture of grains and water to produce beer, Waziri said. The joint mission is jointly run by Dr. Matthew Adams of the Institute of Fine Arts, New York University, and Deborah Vischak, assistant professor of ancient Egyptian art history and archaeology at Princeton University. Adams said the factory was apparently built in this area to provide royal rituals with beer, (　C　) that archaeologists found evidence showing the use of beer in ancient Egyptian religious ceremonies.

(A)　① thought　② could　③ open to　④ want to

(B)　① what　② where　③ when　④ who

(C)　① given　② taking　③ according　④ assumed

出典追記：Associated Press

日本史

(60分)

第1問　次の文章を読んで，下の問い（**問1～11**）に答えなさい。

日本の歴史において，各時代の中央政権は地方をどのように統治したのだろうか。各時代の中央と地方の関係をたどってみよう。

7世紀になると，かつて有力豪族の連合体であったヤマト政権は，東アジア各国の動きに呼応して，中央集権化をすすめた。乙巳の変により蘇我氏の [A] 父子が滅亡すると，孝徳天皇が即位して新政府の陣容をととのえ，王宮を難波へと遷した。天皇は646年に改新の詔を発して，地方にはいわゆる評を設ける一方，日本海側を北上し現在の新潟県域にあたる支配の最前線には城柵を設置していった。

白村江の戦いに敗れると，中大兄皇子は倭国の防衛体制をかため，667年には近江大津へと遷都し，即位して天智天皇となった。670年には人民を登録する全国的な戸籍を編纂したが，それは編纂時の干支にちなんで [B] と称される。これにより，政府が全国の人民を把握し，徴税を進めたり徴兵による常備軍を設けたりすることが可能になった。

律令体制が確立すると，中央には二官八省の官制が敷かれ，諸国の国府には，中央政府が任命した国司が，天皇の代理人として，在地の有力豪族から任命された [C] などに命令を伝え，地方行政全体を統括した。

長岡京，平安京への遷都をすすめた桓武天皇は，他方で東北の蝦夷に対する武力制圧をはかるべく軍事行動を開始し，(1)律令政府の支配領域の拡大をはかるとともに，地方政治の立て直しをすすめた。しかし10世紀になると律令制支配が衰退して諸国では負名体制が成立し，受領が徴税を請け負う体制が成立した。12世紀の院政期になると荘園公領制が形成されていった。

いわゆる源平の争乱が始まると，源頼朝は伊豆で挙兵し，その後鎌倉を拠点に幕府を開いた。平氏が滅亡すると，弟 [D] との不和が深まり， [D] 追討を名目に，後白河法皇から兵粮米の徴収や国衙在庁への支配権を得た。この権限は守護・地頭の設置へとつながった。

足利尊氏が樹立した政権は，旧鎌倉幕府の制度を受け継ぎ，諸国には守護を置いた。南北朝の動乱が激化する中で，(2)守護は権限を拡大し，荘園・公領への介入をすすめていった。

幕藩体制が成立すると，幕府は諸大名に対し石高にもとづき知行地を給与し，知行地の石高に応じて軍役を課した。大名は参勤交代を義務づけられるとともに武家諸法度などによる厳しい規制を受け，規制に違反した場合はすべての石高と領地を没収される [E] など，さまざまな処分を受けた。

ところで，近世の蝦夷地では，松前氏が徳川家康から蝦夷地における交易独占権を認められ，藩政に取り込んだ。松前氏は蝦夷地の各地に交易を行う [F] を設け，有力家臣には，[F] でアイヌとの交易を行う権利を配分した。

戊辰戦争の終了後，明治新政府は中央集権化をすすめ，版籍奉還により土地・人民の朝廷への返還をすすめた。その後，御親兵の圧力のもとで(3)廃藩置県を断行し，藩の解体後の地方は，1878年の三新法体制をへて，1888年と90年にはそれぞれ市制・町村制，府県制・郡制が整備されていった。

日露戦争後，国民の間で国家主義への疑念が生じ，個人の利益や地方社会の利益を重視する傾向が高まったため，(4)ときの内閣は戊申詔書を発し，地方改良運動を推進した。

第二次世界大戦後，占領下の日本では日本国憲法が制定され，国民主権の新体制が成立した。初めて地方自治に関する条項が加えられ，自治体の首長は公選により選出されることとなった。第一次吉田茂内閣は地方自治法を制定し，地方政治参加への新たな道を開いた。一方，戦前の地方行政や警察機構を担った中央官庁である [G] は，1947年に廃止された。

問1　空欄 [A] に入る父子の組合せとして正しいものを，次の①〜④のうちから一つ選びなさい。[1]

①　高麗・稲目　　②　稲目・馬子　　③　馬子・蝦夷　　④　蝦夷・入鹿

問2　空欄 [B] に入る語句として正しいものを，次の①〜④のうちから一つ選びなさい。[2]

①　庚午年籍　　②　庚寅年籍　　③　壬申戸籍　　④　大化戸籍

問3　空欄 [C] に入る語句として正しいものを，次の①〜④のうちから一つ選びなさい。[3]

①　名主　　②　郡司　　③　評督　　④　国造

問4　下線部(1)に関して述べた文として**誤っているもの**を，次の①～④のうちから一つ選びなさい。 4

① 多賀城を攻略し，さらに北方へと支配を拡大した。

② 支配の拡大にともない，胆沢城や志波城を築いた。

③ 国司への監査を強化するため勘解由使を置いた。

④ 軍団の大部分を廃止し，健児を置いた。

問5　空欄 D に入る人物名として正しいものを，次の①～④のうちから一つ選びなさい。 5

① 源義経　② 源義朝　③ 源義仲　④ 源頼政

問6　下線部(2)に関連して，この時期の守護について述べた文として**誤っているもの**を，次の①～④のうちから一つ選びなさい。 6

① 守護は所領紛争を取り締まる権限を得た。

② 守護は幕府の判決を強制執行する権限を得た。

③ 守護は荘園から加徴米を徴収する権限を得た。

④ 守護は敵方所領を没収し，配下の武士に預ける権限を得た。

問7　空欄 E に入る語句として正しいものを，次の①～④のうちから一つ選びなさい。 7

① 転封　② 改易　③ 減封　④ 国替

問8　空欄 F に入る語句として正しいものを，次の①～④のうちから一つ選びなさい。 8

① 六斎市　② 城（グスク）　③ 館　④ 商場

問9　下線部(3)に関連して，明治の地方制度について述べた文として**誤っているもの**を，次の①～④のうちから一つ選びなさい。 9

① 廃藩置県により，知藩事は罷免され，東京に移住させられた。

② 廃藩置県により地方には県が置かれ，中央から県令が派遣された。

③ 三新法のひとつ府県会規則により，公選制の府県会が置かれた。

④ 市制・町村制や府県制・郡制は，井上馨とドイツ人顧問ベルツにより整備された。

問10 下線部(4)に関して述べた文として**誤っているもの**を，次の①～④のうちから一つ選びなさい。 [10]

① 戊申詔書では，国民にまじめに働き貯蓄することを説いている。

② 戊申詔書は西園寺公望が首相であった時代に発せられた。

③ 産業組合の設立による地域経済の振興をはかった。

④ 神社合祀を推進し，青年会や在郷軍人会などが育成された。

問11 空欄 [G] に入る語句として正しいものを，次の①～④のうちから一つ選びなさい。 [11]

① 国土交通省　② 自治省　③ 内閣府　④ 内務省

第2問 次の文章を読んで，下の問い（問1～7）に答えなさい。

6世紀の半ば，百済の聖明王から [A] 天皇のもとへ仏像や経典が送られ，仏教が公的に伝えられた。以後，朝廷では有力豪族を中心に仏教の受容がすすみ，各地に寺院が建立された。

天武天皇の時代には仏教の国家的な興隆がはかられた。大官大寺など官寺の建立が始まり，護国の経典が尊重された。神祇制度も整備が進み，各地の神職に神への供えである幣《へい》帛《はく》を分配するしくみもととのった。国家仏教は聖武天皇時代に最盛期を迎え，(1)諸国には国分寺が，都には有力な官寺が建ち並び，盧舎那仏の造立がすすんだ。

仏教の国家的興隆の一方で， [B] の考えも広まった。各地で神々を鎮守として祀り，神社の敷地に寺院を建立したり，神前で読経する事などが行われた。

平安初期には空海により唐から本格的な密教が伝えられ，皇族や貴族の支持を得た。密教が隆盛すると， [C] でも円仁や円珍により密教が本格的に導入された。

10世紀には，呉越や宋との交流を背景に(2)浄土教が流行した。それは阿弥陀仏の救済を信じ，来世への往生を願って念仏を行うという信仰であった。

摂関時代には [B] がいっそうすすみ，日本の神々と仏とを同体と考え，神々は諸仏が姿を変えてあらわれたものと考える [D] 説が広まった。たとえば天照大神を大日如来の化身とするなど，神々に特定の本地仏が定められた。

院政期には都を離れた(3)地方にも阿弥陀堂が建てられたり，上皇らによる遠隔地の寺社参詣が盛んとなった。京都白河の地には皇族発願の寺院も多く建てられ，上皇の権威が誇示された。

問1　空欄 A に入る語句として正しいものを，次の①～④のうちから一つ選びなさい。 12

①　天武　②　天智　③　推古　④　欽明

問2　下線部(1)に関して述べた文として**誤っているもの**を，次の①～④のうちから一つ選びなさい。 13

①　国分寺は鎮護国家の役割をになう地方の官寺で，護国の経典が収められた。

②　平城京の有力な官寺には，遷都に伴い，旧都藤原京などから移築されたものもあった。

③　盧舎那仏の造営場所は，当初，平城京の地を予定していなかった。

④　聖武天皇は道鏡を寵愛し，彼に政治を任せ，法王の地位につけた。

問3　空欄 B に入る語句として正しいものを，次の①～④のうちから一つ選びなさい。 14

①　祭政一致　②　神仏分離　③　神仏習合　④　神仏判然

問4　空欄 C に入る語句として正しいものを，次の①～④のうちから一つ選びなさい。 15

①　法相宗　②　天台宗　③　真言宗　④　華厳宗

問5　下線部(2)に関して述べた文として**誤っているもの**を，次の①～④のうちから一つ選びなさい。 16

①　法然（源空）は，極楽往生の方法を示すため『往生要集』を著した。

②　慶滋保胤は往生伝の一つ『日本往生極楽記』を著した。

③　藤原道長は法成寺を建て晩年を過ごした。

④　藤原頼通は平等院鳳凰堂を建立した。

問6　空欄 D に入る語句として正しいものを，次の①～④のうちから一つ選びなさい。 17

①　本地垂迹　②　反本地垂迹　③　神本仏迹　④　神本神迹

問7　下線部(3)に関して述べた文として**誤っているもの**を，次の①～④のうちから一つ選びなさい。 18

①　藤原清衡は奥州平泉の地に中尊寺金色堂を造営した。

②　上皇らは盛んに熊野三山や高野山に詣でた。

③　白河天皇は六勝寺の最初である法勝寺を建立した。

④　後白河法皇の命をうけ，源義朝により蓮華王院が建立された。

第3問　次の文章を読んで，下の問い（**問1～7**）に答えなさい。

室町時代，近畿周辺では百姓による自治村落である惣村が形成された。惣村の百姓らは宮座に参加し，惣村の構成員となった。惣村は自治的に活動し，領主への年貢納入を村全体で請け負う契約を結び，村の規約を自ら定め， A により，独自に警察・裁判権を行使することもあった。

彼らはときに徳政を掲げた土一揆に参加し，実力で徳政を実現する行動をとった。(1)こうした一揆は，応仁の乱を経て，さらに国人や地侍を中心に惣百姓を巻き込んだものへと展開した。

戦国時代になると，各地に都市が発達した。戦国大名は居城の周辺に(2)城下町を建設し，有力家臣や商人・職人を居住させた。本願寺派の寺院を中心とした(3)寺内町，有力な寺社の周辺には B のような門前町が発達した。会合衆が自治を担った都市である C は，戦国大名の対立を利用して独立を保つ自由都市となり，また日本列島周辺には(4)豊かな国際性を際立たせた都市もあらわれた。

問1　空欄 A に入る語句として正しいものを，次の①～④のうちから一つ選びなさい。 19

①　地下請　　②　地下検断　　③　寄合　　④　強訴

問2　下線部(1)に関して述べた文として**誤っているもの**を，次の①～④のうちから一つ選びなさい。 20

①　正長元年，坂本の馬借蜂起に端を発し，京都内外で徳政を掲げた土一揆が起きた。

②　将軍足利義教が謀殺された変を機に，播磨国で土一揆が発生した。

③　山城の国一揆の要求により，畠山政長と畠山義就の両軍が山城国から撤退した。

④　加賀国では，一向一揆勢が守護富樫政親を滅ぼし，国を実質的に支配した。

問3　下線部(2)の城下町について述べた文として正しいものを，次の①～④のうちから一つ選びなさい。 21

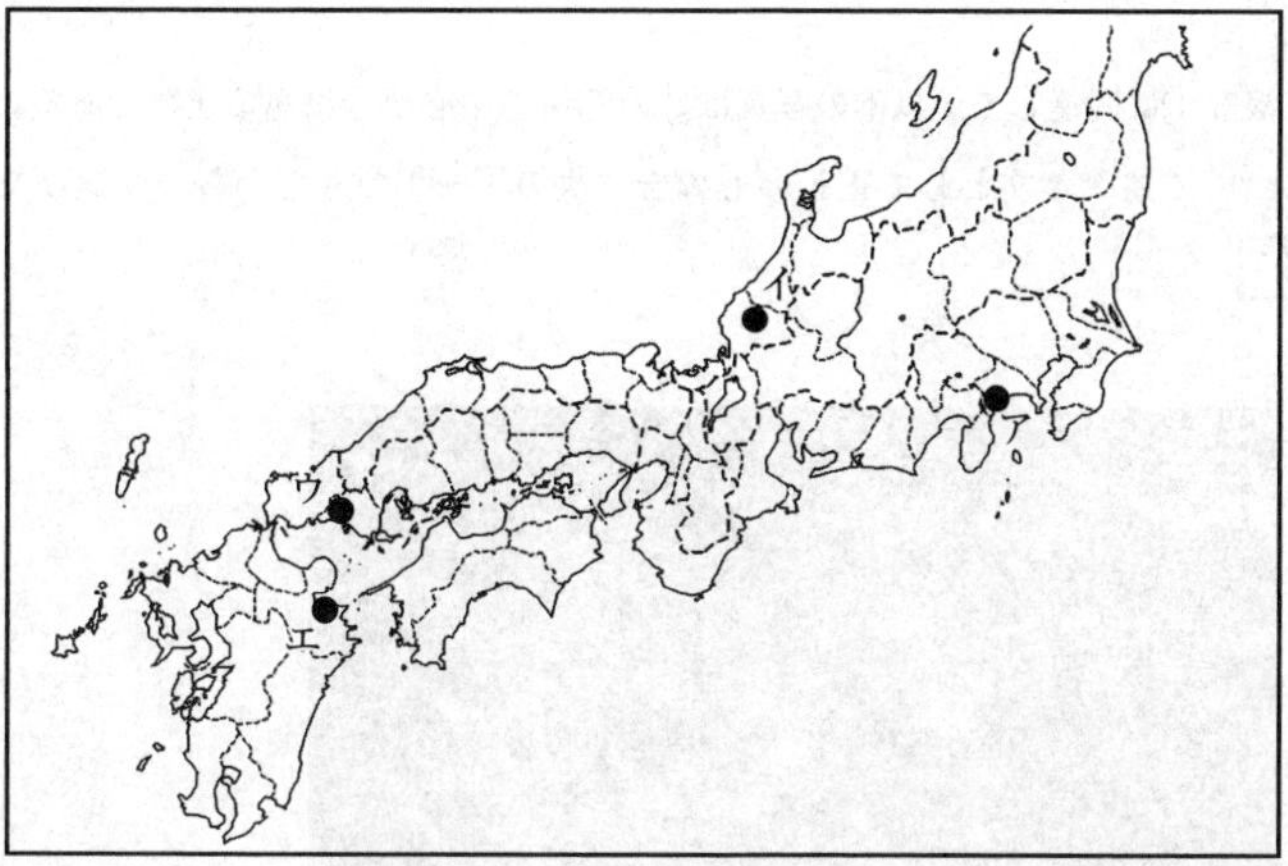

① 地図中のアは相模の小田原で，15世紀末に長尾景虎（上杉謙信）がここを制圧し，拠点とした。

② 地図中のイは越前の一乗谷で，家訓『朝倉孝景条々』では重臣に当地への引越しを命じている。

③ 地図中のウは周防にある大友氏の城下町山口で，近くを流れる芦田川では洪水跡遺跡が発掘されている。

④ 地図中のエは豊後の府内で，戦国時代にはキリシタン大名である大村純忠の居城があった。

問4　下線部(3)の寺内町の例として正しいものを，次の①～④のうちから一つ選びなさい。 22

① 奈良　② 宇治・山田　③ 石山　④ 坂本

問5　空欄 B に入る語句として正しいものを，次の①～④のうちから一つ選びなさい。 23

① 長野　② 品川　③ 富田林　④ 小浜

問6　空欄 [C] に入る語句として正しいものを，次の①～④のうちから一つ選びなさい。[24]

①　十三湊　　②　博多　　③　京都　　④　堺

問7　下線部(4)に関連して，以下の写真はこの都市の中心部分にある建物である。この建物について述べた文として正しいものを，次の①～④のうちから一つ選びなさい。

[25]

ユニフォトプレス提供
著作権の都合により，類似の写真と差し替えています。

①　この建物は，歴代王家である宗氏が居城としたものであった。

②　この建物は，貿易港として栄えた長崎を見下ろす丘陵上にある。

③　この建物は，中国や日本の建築様式を取り入れ建てられている。

④　この建物は，2019年の暴風雨により倒壊した。

第4問　次の文章を読んで，下の問い（**問1～7**）に答えなさい。

征韓論をめぐる政変で参議を辞職した［　A　］らは，民撰議院設立建白書を政府左院に提出した。建白は却下されたが，建白の内容は新聞報道を通じて国民に伝わり，国会開設を要求する運動が始まった。内務卿大久保利通は大阪に出向き，木戸孝允・［　A　］と会合して漸次立憲政体樹立の詔(1)を出すかわりに木戸・［　A　］を参議に復帰させた。

西南戦争が終わると，愛国社が再興され，自由民権運動の再建が進んだ。愛国社の呼びかけにより国会期成同盟が結成され，国会開設を求める請願運動が進められた。民権運動の高揚する中，参議大隈重信は早期国会開設を唱え，時期尚早と考える岩倉具視らと対立した。おりから開拓使官有物払下げ事件が起き，藩閥と政商の癒着に世論は反発し，国会開設を求める運動がいっそう高まった。政府は払下げを中止するとともに，参議大隈を政府から追放した。これを［　B　］の政変という。政府はそのうえで，1890年を期して国会を開設する勅諭を発し，批判をかわそうとした。

このの ち伊藤博文は渡欧して調査を行い，帰国後は華族令の制定，内閣制度(2)の創設をすすめ，枢密院で憲法草案の審議を行い，1889年には大日本帝国憲法(3)を制定した。憲法の下で，公選の衆議院と，（　C　）貴族院との二院からなる帝国議会が発足した。1890年には帝国議会が開催され(4)，予算案をめぐり論戦が交わされた。ときの内閣は立憲自由党の一部をとりこんで予算案を通過させた。

問1　空欄［　A　］に入る人物名として正しいものを，次の①～④のうちから一つ選びなさい。［　26　］

①　井上馨　　②　西郷隆盛　　③　山県有朋　　④　板垣退助

問2　下線部(1)の内容について述べた文として**誤っているもの**を，次の①～④のうちから一つ選びなさい。［　27　］

①　立憲政体樹立までの期限を決めた。　　②　大審院の設置を命じた。

③　地方官会議の設置を命じた。　　④　元老院の設置を命じた。

問3　空欄［　B　］に入る語句として正しいものを，次の①～④のうちから一つ選びなさい。［　28　］

①　明治六年　　②　紀尾井坂　　③　明治十四年　　④　大正二年

問4　下線部(2)に関して述べた文として正しいものを，次の①～④のうちから一つ選びなさい。 29

① 総裁・議定・参与の三職制にかわって設けられた。

② 閣僚は薩摩・長州の出身者が多くを占めた。

③ 太政官制が廃止されたため，太政大臣三条実美は罷免され下野した。

④ 伊藤博文は第三次内閣のときに日清戦争を主導し，勝利した。

問5　下線部(3)に関して，以下の史料は大日本帝国憲法の一部である。これを読んで，君主の権力は無制限ではなく，憲法の規制を受けるという立憲君主制の考えに当てはまる箇所として正しいものを，次の①～④のうちから一つ選びなさい。 30

第1条　大日本帝国ハ①万世一系《ばんせいいつけい》ノ天皇之ヲ統治ス

第3条　②天皇ハ神聖《しんせい》ニシテ侵《おか》スヘカラス

第4条　天皇ハ国ノ元首《げんしゅ》ニシテ統治権ヲ総攬《そうらん》シ③此ノ憲法ノ条規《じょうき》ニ依リ之ヲ行フ

第11条　④天皇ハ陸海軍ヲ統帥《とうすい》ス

問6　空欄（　C　）に入る語句として正しいものを，次の①～④のうちから一つ選びなさい。 31

① 皇族からの互選を含む　② 華族からの互選を含む

③ 官僚からの互選を含む　④ 士族からの互選を含む

問7　下線部(4)に関して述べた文として**誤っているもの**を，次の①～④のうちから一つ選びなさい。 32

① 藩閥内閣は政策立案や執行に関して政党には左右されない立場を表明した。

② 山県有朋首相は，朝鮮を「主権線」と呼んで保護の必要を説き，軍拡を主張した。

③ 立憲自由党と立憲改進党は連合を結び，民力休養をかかげ予算削減を求めた。

④ 立憲自由党土佐派を抱き込んで予算が通過したことを批判して，中江兆民は議員を辞職した。

世界史

(60分)

第1問　次の文章を読み，下の問い（**問1～10**）に答えなさい。

6世紀後半，ビザンツ帝国と(1)ササン朝の長期にわたる抗争により，従来の東西交易路が危険になった。その結果，アラビア半島のオアシス都市を結ぶ交通路が発展し，ムハンマドの生地メッカも交易で繁栄した。ムハンマドは商人として各地を訪れてその地の宗教に接するうちに，厳格な一神教であるイスラーム教を唱えた。しかしメッカの大商人たちの迫害を受けたムハンマドとその信徒たちは北部のメディナに逃れ，その地で（　2　）と呼ばれるイスラーム教徒の共同体を組織した。ムハンマドの死後，正統カリフの時代が続いたが，その間にアラブ人以外の居住地域も支配下に置いていった。しかし，しだいに教団内部で対立が起こり，(3)第4代カリフのアリーが暗殺されると，シリア総督ムアーウィヤはダマスクスを都としてウマイヤ朝を興した。

ウマイヤ朝は征服を再開し，やがてイベリア半島に進出して西ゴート王国を滅ぼした。しかし，(4)ウマイヤ朝はアラブ中心主義をとったためしだいに不満が高まり，ムハンマドの叔父アッバースの子孫はこうした不満を背景にウマイヤ朝を倒してアッバース朝を建てた。アッバース朝は内政を整備してハールーン＝アッラシードの時代に全盛期を迎えた。

このようにイスラーム勢力が拡大し，旧ギリシア・ローマ文化圏とイラン文化圏を支配下に置き，さらに西方ではイベリア半島，東方ではインダス川流域まで進出すると，アラブ＝イスラーム文化圏に異文化が流入することになった。アッバース朝時代には首都に「知恵の館」と呼ばれる研究所が建てられ，ギリシア語文献がアラビア語に翻訳・研究された。さらに（　5　）からはゼロの概念が伝わって数学の発達を促し，（　6　）が代数学を確立するなど自然科学の発展に寄与した。

アッバース朝は9世紀後半から衰え始め，領土内に諸王朝が自立し始めた。イランのブワイフ朝や北アフリカのファーティマ朝に加え，10世紀以降は(7)トルコ人の進出が始まった。こうして弱体化していったアッバース朝はチンギス＝ハンの孫フラグの侵略を受け，13世紀半ばに滅亡し，フラグは西アジアに(8)イル＝ハン国を建てた。しかし，アッバース朝の滅亡後もイスラーム教はアフリカやアジアにさらに拡大していった。(9)ムスリム商人の活躍によってアラビア語も普及し，東アフリカ沿岸ではアラビア語と現地の言葉が混合した（　10　）を成立させた。

問1　下線部(1)について述べた文として正しいものを，次の①～④のうちから一つ選びなさい。［1］

① 3世紀前半にアルダシール1世が創始した。

② 善悪二元論を基礎とするゾロアスター教が創始された。

③ ホスロー1世はローマの軍人皇帝ウァレリアヌスを捕虜にした。

④ 中国からは安息と呼ばれた。

問2　空欄（　2　）に入る語句として正しいものを，次の①～④のうちから一つ選びなさい。［2］

① シャリーア　② ラマダーン　③ ワクフ　④ ウンマ

問3　下線部(3)に関連して，アリーと彼の子孫のみをイスラーム共同体の指導者と考える宗派が生まれたが，その宗派の名称として正しいものを，次の①～④のうちから一つ選びなさい。［3］

① シーア派　② ワッハーブ派

③ スンナ派　④ アルビジョワ派

問4　下線部(4)について述べた文A・Bの正誤の組合せとして正しいものを，次の①～④のうちから一つ選びなさい。［4］

A　アラブ人はマワーリーと呼ばれ，高級官僚を独占した。

B　非アラブ人はイスラーム教に改宗してもジズヤ（人頭税）を負担しなくてはならなかった。

① A―正　B―正　② A―正　B―誤

③ A―誤　B―正　④ A―誤　B―誤

問5　空欄（　5　）に入る語句として正しいものを，次の①～④のうちから一つ選びなさい。［5］

① 中国　② インド　③ ヨーロッパ　④ エジプト

問6　空欄（　6　）に入る人物名として正しいものを，次の①～④のうちから一つ選びなさい。［6］

① イブン＝ハルドゥーン　② フワーリズミー
③ イブン＝ルシュド　④ ラシード＝アッディーン

問7　下線部(7)について述べた文として正しいものを，次の①～④のうちから一つ選びなさい。［7］

① モンゴル高原に居住した柔然や契丹はトルコ系の民族である。
② 中央アジアに最初のトルコ系イスラーム王朝のムワッヒド朝を建てた。
③ アフガニスタンに建てられたトルコ系のロディー朝はインドへ侵入した。
④ トルコ系のセルジューク朝はカリフからスルタンの称号を与えられた。

問8　下線部(8)について述べた文として正しいものを，次の①～④のうちから一つ選びなさい。［8］

① カスピ海に面したサライに首都を置いた。
② ガザン＝ハンの時にはイスラーム教を国教とした。
③ 軍人などに分与地の徴税権を与えるイクター制を創始した。
④ 主要都市にニザーミーヤ学院を設立した。

問9　下線部(9)に関連して，ムスリム商人がインド洋貿易などで使用した三角帆の木造船の名称として正しいものを，次の①～④のうちから一つ選びなさい。［9］

① ジャンク船　② 三段櫂船　③ ダウ船　④ ガレオン船

問10　空欄（　10　）に入る言語名として正しいものを，次の①～④のうちから一つ選びなさい。［10］

① ウルドゥー語　② サンスクリット語
③ スワヒリ語　④ タミル語

第2問　次のA・Bの文章を読み，下の問い（**問1～10**）に答えなさい。

A　孔子を祖とする儒学は，(1)法家思想をとる秦では弾圧されたものの，前漢の武帝によって官学化されてからは，中国の支配者層の中心的な思想となった。隋で(2)科挙が始まると，儒学の経典が試験の基準とされ，唐代には儒学経典の解釈を統一する『(　3　)』も編纂された。宋代になると，従来の字句解釈中心の儒学のあり方に飽き足らなくなった知識人たちは，経典を通じて宇宙や人間の本質を考察するようになった。このような学問を(4)宋学といい，南宋の朱熹によって大成されたので朱子学ともいう。朱子学は政治理論としては君臣の立場をただす大義名分論を唱えたため，支配を支える思想として以後儒学の主流となり，明では官学とされた。朱子学は周辺諸国にも影響を与え，(5)朝鮮王朝でも官学とされてすぐれた学者を輩出した。

B　東南アジアは，(6)長く中国王朝の支配を受けたベトナム北部を除いて，インド文化の影響が強かった。諸島部には大乗仏教やヒンドゥー教が伝わり，スマトラ島を中心に発展したシュリーヴィジャヤ王国には，唐僧の（　7　）が立ち寄って大乗仏教が盛んな様子をその旅行記に残している。また8世紀頃のジャワ島では，シャイレンドラ朝が大乗仏教の石造建築であるボロブドゥールを，マタラム朝が(8)ヒンドゥー教寺院群であるプランバナンを造営している。13世紀にジャワ島に成立したマジャパヒト王国もヒンドゥー教国であったが，この頃から盛んに来航するようになったイスラーム商人を通じて，諸島部にはしだいにイスラーム教が浸透するようになり，ジャワ島やスマトラ島には(9)イスラーム国家が成立するようになった。一方，インドシナ半島を含む大陸部では，11世紀にビルマのパガン朝が上座部仏教を受容して以来，上座部仏教が(10)タイやカンボジアにも広まり，現在に至るまで上座部仏教圏を形成している。

問1　下線部(1)に関連して，法家思想を大成した人物として正しいものを，次の①～④のうちから一つ選びなさい。 11

①　蘇秦　　②　鄒衍　　③　孫子　　④　韓非

問2　下線部(2)について述べた文として正しいものを，次の①～④のうちから一つ選びなさい。 12

① 北魏の孝文帝が創始した。

② 北宋の時代に殿試が始まった。

③ 元の時代にはまったく行われなかった。

④ 明の滅亡とともに廃止された。

問3　空欄（　3　）に入る書名として正しいものを，次の①～④のうちから一つ選びなさい。 13

① 四書大全　② 五経大全　③ 五経正義　④ 四庫全書

問4　下線部(4)に関連して，宋学の祖とされる北宋の儒学者として正しいものを，次の①～④のうちから一つ選びなさい。 14

① 周敦頤　② 王守仁　③ 顧炎武　④ 鄭玄

問5　下線部(5)について述べた文として正しいものを，次の①～④のうちから一つ選びなさい。 15

① 李舜臣が建てた。　② 都を開城に置いた。

③ 仏国寺が創建された。　④ 訓民正音が制定された。

問6　下線部(6)に関連して，中国王朝とベトナムの関係について述べた文A・Bの正誤の組合せとして正しいものを，次の①～④のうちから一つ選びなさい。 16

A　唐の太宗は，南越を滅ぼしてベトナム北部に都護府を設置した。

B　元のフビライがベトナムに遠征軍をおくったが，陳朝が撃退した。

① A―正　B―正　② A―正　B―誤

③ A―誤　B―正　④ A―誤　B―誤

問7　空欄（　7　）に入る人物名として正しいものを，次の①～④のうちから一つ選びなさい。 17

① 義浄　② 玄奘　③ 法顕　④ 竜樹

問8　下線部⑻に関連して，地図中のａ～ｄのうち，ヒンドゥー教寺院として造営されたアンコール＝ワットの位置として正しいものを，次の①～④のうちから一つ選びなさい。 18

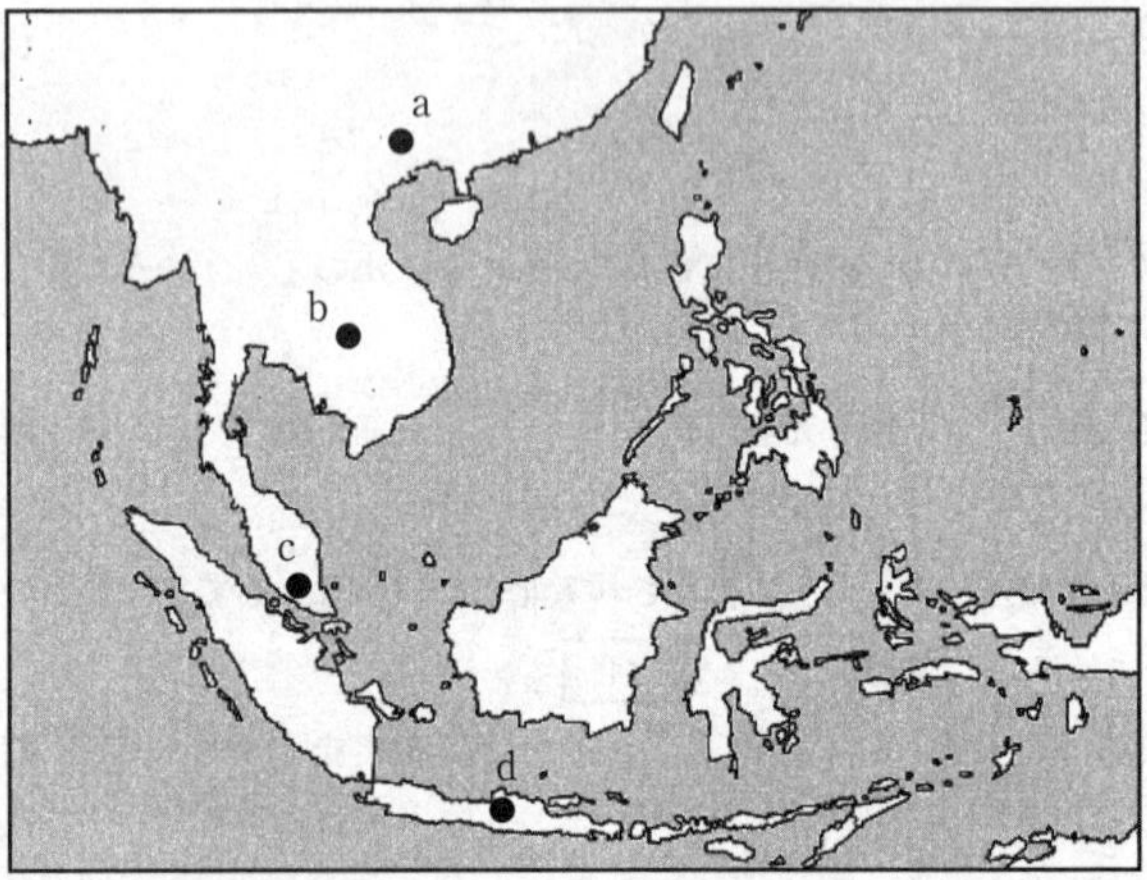

① a　　② b　　③ c　　④ d

問9　下線部⑼に関連して，スマトラ島北部に成立したイスラーム国家として正しいものを，次の①～④のうちから一つ選びなさい。 19

① バンテン王国　　② マラッカ王国
③ ヴィジャヤナガル王国　　④ アチェ王国

問10　下線部⑽に関連して，タイの王朝について述べた文として正しいものを，次の①～④のうちから一つ選びなさい。 20

① 最初のタイ人の国家としてタウングー（トゥングー）朝が成立した。
② スコータイ朝では，独自の文字であるチュノム（字喃）が使用された。
③ アユタヤ朝は，ビルマのコンバウン朝に滅ぼされた。
④ ラタナコーシン朝は，フランスの保護国となった。

第3問　次の文章を読み，下の問い（**問1～10**）に答えなさい。

イギリスが北アメリカ大陸東岸に築いた13植民地は，本国の重商主義政策などに反発し，1775年から独立戦争が始まった。(1)フランス・スペイン・オランダが13植民地を支持し，ロシアやプロイセンが武装中立同盟を形成したので，不利な立場に追い込まれたイギリスは，1783年のパリ条約で13植民地のアメリカ合衆国としての独立を認めざるを得なかった。

1789年にワシントンが初代大統領に就任した。(2)第3代大統領のジェファソンはワシントンとは異なり反連邦主義を唱えた。(3)第5代大統領モンローは，1823年のモンロー教書でラテンアメリカ諸国の独立を支援し，第7代大統領のジャクソンは初の西部出身の大統領となった。その後，(4)南部と北部の対立が深まっていき，リンカンが第16代大統領になると，南北戦争が始まった。

南北戦争後，アメリカ合衆国は世界一の工業国に発展し，（　5　）大統領の時代にはアメリカ＝スペイン（米西）戦争に勝利してフィリピンなどを獲得し，続くセオドア＝ローズヴェルトは日露戦争に際してポーツマス条約を斡旋するなど，アメリカ合衆国の国際的な影響力は大きくなっていった。

第一次世界大戦にアメリカ合衆国が参戦した時の大統領であるウィルソンは民主党であったが，1921年からは共和党の大統領が3人続いた。1929年にはフーヴァーが大統領となったが，同年10月に発生した大恐慌は世界に拡大していった。1933年に大統領に就任したフランクリン＝ローズヴェルトは大恐慌対策として(6)ニューディールを実施した。

1939年に第二次世界大戦が勃発したが，ローズヴェルト政権のアメリカ合衆国は当初参戦しなかった。しかし，1941年12月には日本との戦争（太平洋戦争）が始まり，日本の同盟国であるドイツ・イタリアとの戦争も始まって，イギリスなどの連合国側で参戦することになった。1945年2月にローズヴェルト大統領は重病をおして(7)ヤルタ会談に参加したが，4月には没したので，副大統領のトルーマンが大統領となった。そして5月にドイツが，8月に日本が降伏した。

(8)トルーマン政権はソヴィエト連邦（ソ連）に対する封じ込め政策を行い，米ソ冷戦が始まった。1961年のベルリンの壁建設，1962年のキューバ危機は，第三次世界大戦に至ることが最も懸念された事件であった。当時の大統領は第35代大統領ケネディであり，ソ連との交渉によって世界大戦は回避された。しかし，ケネディは1963年に暗殺された。

ベトナム戦争最中の1969年に大統領に就任した（　9　）は，1971年に(10)金とドルの交換停止を宣言し，ドル＝ショックを引き起こした。また，1972年には社会主義国である中華人民共和国を訪問して世界を驚かせた。1973年にはパリ和平協定によりアメリカ軍のベトナム撤退を実現させたが，1974年にはウォーターゲート事件により辞任を余儀なくされた。

問1　下線部(1)に関連して，アメリカ独立戦争当時のフランスの国王として正しいものを，次の①～④のうちから一つ選びなさい。 21

① アンリ4世　　② シャルル10世

③ フィリップ4世　　④ ルイ16世

問2　下線部(2)について述べた文として正しいものを，次の①～④のうちから一つ選びなさい。 22

① 科学者としても有名で，駐仏公使としてフランスなどをアメリカ側に参戦させた。

② 抵抗権を明記したアメリカ独立宣言を起草した。

③ スペインからフロリダを買収した大統領である。

④ アメリカ=イギリス（米英）戦争を指導した大統領である。

問3　下線部(3)について述べた文A・Bの正誤の組合せとして正しいものを，次の①～④のうちから一つ選びなさい。 23

A　モンロー大統領の時代にハワイを併合した。

B　ジャクソン大統領は，先住民強制移住法を制定した。

① A―正　B―正　　② A―正　B―誤

③ A―誤　B―正　　④ A―誤　B―誤

問4　下線部(4)について述べた文として正しいものを，次の①～④のうちから一つ選びなさい。 24

① 北部は奴隷制度の拡大に反対であった。

② 北部は自由貿易政策を主張していた。

③ リンカン大統領は，民主党の政治家である。

④ 南北戦争はヨークタウンの戦いによって始まった。

問5　空欄（　5　）に入る大統領として正しいものを，次の①～④のうちから一つ選びなさい。 25

① クーリッジ　② タフト　③ ハーディング　④ マッキンリー

問6　下線部(6)について述べた文として**誤っているもの**を，次の①～④のうちから一つ選びなさい。 26

① 人種差別を撤廃するために公民権法が制定された。

② 全国産業復興法（NIRA）が制定された。

③ 農業調整法（AAA）が制定された。

④ テネシー川流域開発公社（TVA）が設立された。

問7　下線部(7)に参加したイギリスの首相として正しいものを，次の①～④から一つ選びなさい。 27

① アトリー　　② チャーチル

③ マクドナルド　　④ ネヴィル＝チェンバレン

問8　下線部(8)について述べた文A～Cが年代の古い順に正しく配列されているものを，次の①～④のうちから一つ選びなさい。 28

A　トルコ・ギリシアへの援助の開始を表明した。

B　日米安全保障条約を成立させた。

C　北大西洋条約機構（NATO）を成立させた。

① A→B→C　　② A→C→B

③ B→A→C　　④ B→C→A

問9　空欄（　9　）に入る大統領として正しいものを，次の①～④のうちから一つ選びなさい。 29

① アイゼンハワー　　② カーター

③ ニクソン　　④ レーガン

問10　下線部(10)に関連して，金とドルの交換停止によって1944年の国際会議で構築した経済体制が崩壊することになった，その会議の開催地として正しいものを，次の①～④のうちから一つ選びなさい。 30

① オタワ　　② ダンバートン＝オークス

③ ブレトン＝ウッズ　　④ ワシントン

第4問　次の文章を読み，下の問い（**問1～10**）に答えなさい。

19世紀は，列強各国間の対立の変化や国内事情の変化，またその間にもアジア進出や(1)アフリカ分割への参加と，複雑な世界情勢を生んだ。以下は19世紀のヨーロッパ諸国の諸事情をみたものである。

まずフランスでは，フランス革命以降，王政・共和政・(2)帝政と政体がめまぐるしく変化した。その一方で，(3)積極的に対外進出も行っていた。イギリスについていえば，国内では市民社会の成熟とともに(4)自由主義的改革がすすんだが，対外的には(5)ロシアの南下政策に対処しつつ，中国への進出を強化し，同時に(6)インドの植民地化を完成した。アフリカ分割には先頭を切って参加していた。

ドイツは統一国家の樹立が急務であり，プロイセンがそれを主導した。ドイツ統一はプロイセンの（　7　）首相の下で達成された。その後は1880年代には植民地獲得にのりだした。イタリアもドイツと事情は似ており，国内統一が最大の目標であった。これはサルデーニャ王国とガリバルディの協働によって，(8)一応の完成をみた。その後イタリアもアフリカ分割に参加することになる。

しかし，19世紀の終わりに近づき，ドイツでヴィルヘルム２世が即位すると（　7　）は引退し，(9)列強間の同盟関係に変化が生じ，次の世紀の大戦の構図が出来上がっていった。そして19世紀は科学の世紀でもあった。人文・社会科学，自然科学の世界で多くの成果が上げられたが，その両分野に大きな影響を与えたものの一つはダーウィンの（　10　）の発表による進化論の提唱である。

問１　下線部(1)について述べた文として正しいものを，次の①～④のうちから一つ選びなさい。 31

① チュニジアはイタリアの保護国となった。

② ドイツはアフリカに植民地を領有しなかった。

③ イギリスとフランスによるファショダ事件はフランスの譲歩により解決した。

④ ロシアはナイジェリアを領有した。

問２　下線部(2)に関連して，第二帝政期のフランスについて述べた文として**誤っているもの**を，次の①～④のうちから一つ選びなさい。 32

① イギリス・ロシアとともにギリシアの独立を支援した。

② イギリスとともにアロー戦争を起こして清と戦った。

③ サルデーニャ王国と秘密同盟を結んで，イタリア統一を支援した。

④ セーヌ県知事オスマンによるパリ大改造が行われた。

問3　下線部(3)に関連して，東南アジアでフランスの植民地に**ならなかった**地域を，次の①～④のうちから一つ選びなさい。 33

① ラオス　② ベトナム　③ インドネシア　④ カンボジア

問4　下線部(4)について述べた文A・Bの正誤の組合せとして正しいものを，次の①～④のうちから一つ選びなさい。 34

A　第3回選挙法改正で農業労働者などが選挙権を獲得した。

B　労働組合法が制定され労働組合の法的地位が認められた。

① A―正　B―正　② A―正　B―誤

③ A―誤　B―正　④ A―誤　B―誤

問5　下線部(5)について述べた文として正しいものを，次の①～④のうちから一つ選びなさい。 35

① ロシアの南下政策の目的の一つとして不凍港の獲得が挙げられる。

② エジプト＝トルコ戦争に際して，ダーダネルス・ボスフォラス両海峡の自由通航権獲得を期待したロシアはエジプトを支持した。

③ ロシアは1878年のベルリン条約でバルカン半島での勢力拡大に成功した。

④ ペルシア湾への進出を目指したロシアは，バグダード鉄道の敷設を開始した。

問6　下線部(6)について述べた文として**誤っているもの**を，次の①～④のうちから一つ選びなさい。 36

① シパーヒーによるインド大反乱が鎮圧される過程でムガル帝国が滅びた。

② シパーヒーによるインド大反乱中にイギリス東インド会社は解散した。

③ 1877年にヴィクトリア女王を皇帝としてインド帝国が成立した。

④ インドの植民地化を推進したのはケープ植民地首相のローズ（セシル＝ローズ）であった。

問7 空欄（ 7 ）に入る人物名として正しいものを，次の①～④のうちから一つ選びなさい。 37

① メッテルニヒ ② ビスマルク ③ リシュリュー ④ マザラン

問8 下線部(8)に関連して，イタリア統一後も“未回収のイタリア”と呼ばれ併合を望んだ地として正しいものを，次の地図中の①～④のうちから一つ選びなさい。 38

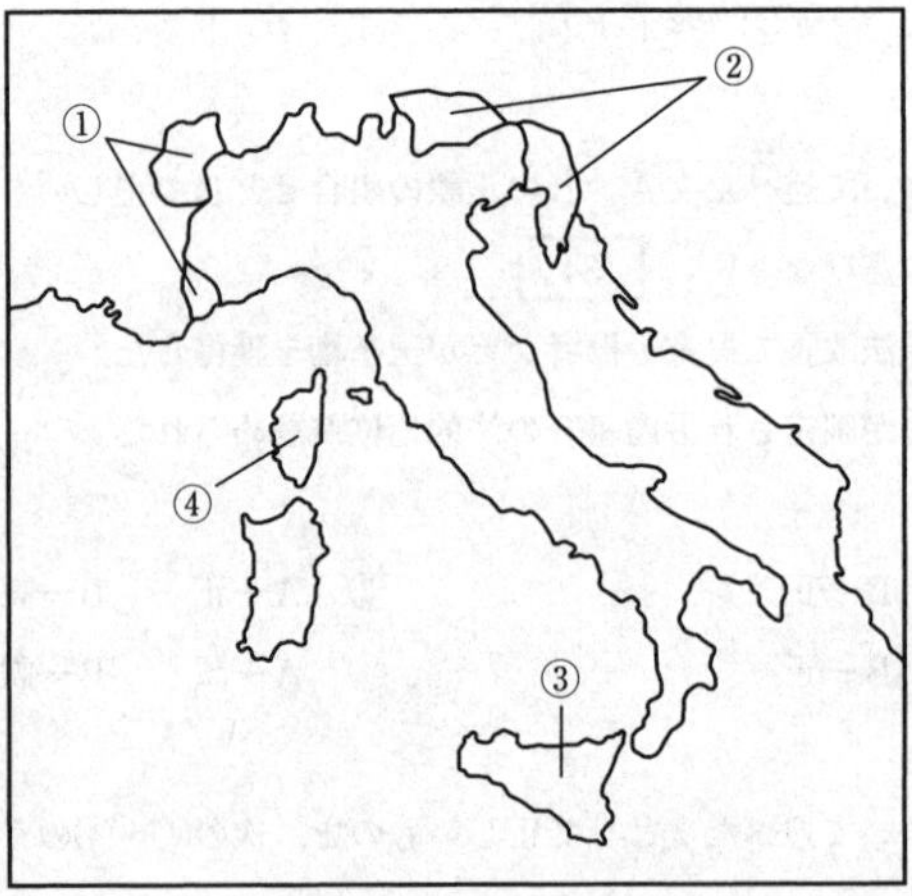

問9 下線部(9)に関連して，19世紀中に結ばれ，20世紀になるまで続いた同盟関係として正しいものを，次の①～④のうちから一つ選びなさい。 39

① ドイツ・ロシアの再保障条約

② ドイツ・ロシア・オーストリアの三帝同盟

③ ドイツ・オーストリア・イタリアの三国同盟

④ 日英同盟

問10 空欄（ 10 ）に入る書名として正しいものを，次の①～④のうちから一つ選びなさい。 40

① 『種の起源』 ② 『プリンキピア』

③ 『資本論』 ④ 『リヴァイアサン』

政治・経済

(60分)

第1問　次の文章を読み，下の問い（**問1～10**）に答えなさい。

2020年 [A] 月3日，アメリカ大統領選挙の一般投票が行われた。この選挙では，候補者は州ごとの勝敗に応じて各州に割り当てられた「選挙人」を獲得していき，合計 [B] 人の選挙人のうち，過半数を得た候補者が当選となる。今回は，バイデンがトランプを上回る過半数を獲得し，勝利した。

アメリカの政治制度は，立法権・行政権・司法権の三権が厳格に分立している [1] が提唱した三権分立の考え方に最も近いといわれる。三権の明確な区別と，相互の抑制と均衡が制度化されたものである。

日本では，長きにわたった安倍政権の後，比較的短期で政治のリーダーが代わった。2020年9月には前政権で内閣官房長官を務めていた菅義偉が，21年10月には岸田文雄が，内閣総理大臣に指名された。しかし，日本はアメリカと異なり，ⓐ議院内閣制を採用している。これは，行政権を担う内閣を，主権者たる国民の代表である国会の信任の下に置く制度である。国会が内閣総理大臣を指名することにより，内閣に信任を与えるのである。

国会は，ⓑ衆議院と参議院の二院で組織されている。すべての法律は国会で議決されねばならず，立法は国会の最も重要な権限である。なお，法律案の議決などいくつかの事項でⓒ衆議院が優越する。

国会を構成する議員は国民の選挙で選ばれる。日本の選挙制度は，一定の年齢に達した国民すべてに選挙権・被選挙権を認めるⓓ普通選挙の原則が憲法で保障されている。

選挙制度は，投票方法や選挙区の仕組みにより分類される。ⓔ小選挙区制，大選挙区制，ⓕ比例代表制の分類がその代表的なものである。

衆議院議員選挙では，戦後長らく大選挙区制の一つである中選挙区制が採用されていたが，1994年に政治改革の一環として，ⓖ小選挙区比例代表並立制へと変更された。参議院議員選挙では，都道府県単位を原則とする選挙区選出制と全国単位の非拘束名簿式比例代表制に分かれている。このように制度改革は行われているものの，ⓗ一票の格差や選挙運動における規制の問題など，解決しなければならない問題は数多く残っている。

問1　文中の [1] に入る人物名を，次の①～④のうちから一つ選びなさい。 [1]

①　グロティウス　②　モンテスキュー

③　ルソー　④　ロック

問2　文中の [A] と [B] に入る数字の組合せとして最も適当なものを，次の①～④のうちから一つ選びなさい。 [2]

①　A　11　B　1538　②　A　11　B　538

③　A　5　B　1538　④　A　5　B　538

問3　下線部ⓐの議院内閣制に関する記述として最も適当なものを，次の①～④のうちから一つ選びなさい。 [3]

①　議院内閣制の母国であるイギリスでは，首相は，上下両院で指名された者が就任する。

②　明治憲法の下でも議院内閣制が採用され，衆議院と貴族院から構成される帝国議会では，衆議院の優越が定められていた。

③　日本国憲法下においては，衆議院の優越に照らして，首相は衆議院議員から選出されると定められている。

④　日本国憲法下においては，衆議院の優越に照らして，内閣不信任決議権を有しているのは衆議院だけである。

問4　下線部ⓑの二院制採用の理由に関する記述として**適当でないもの**を，次の①～④のうちから一つ選びなさい。 [4]

①　2回審議を行うのだから，一院制よりも慎重な審議が行われやすい。

②　さまざまな意見が反映されるから，二院にすることで政局が安定しやすい。

③　解散で衆議院が活動できないとき，参議院が臨時の措置をとることができる。

④　衆議院の行き過ぎを，参議院が抑制することが期待されている。

問5　下線部ⓒの衆議院の優越に関する記述として最も適当なものを，次の①～④のうちから一つ選びなさい。 [5]

①　法律案は，国会議員のほか内閣も提出権をもつが，いずれも先に衆議院に提出しなければならない。

②　衆議院が可決した法律案を参議院が受け取った後，国会休会中の期間を除いて30日以内に議決しない場合は，衆議院の議決が国会の議決となる。

③　衆議院が可決し，参議院が否決した予算案は，衆議院で出席議員の３分の２以上の多数で再び可決したときは，予算となる。

④　条約の承認について，参議院が衆議院と異なった議決をした場合に，両院協議会を開いても意見が一致しないときは，衆議院の議決が国会の議決となる。

問６　下線部ⓓに関連して，普通選挙により広まった大衆民主主義は多数の人々の支持を得るために大衆迎合的な政治に陥りやすい。このような政治現象を表す用語として最も適当なものを，次の①～④のうちから一つ選びなさい。 6

①　リベラリズム　　②　リージョナリズム

③　ポピュリズム　　④　エスノセントリズム

問７　下線部ⓔの小選挙区制に関して，大選挙区制と比較した特徴の記述として最も適当なものを，次の①～④のうちから一つ選びなさい。 7

①　１選挙区に１人の当選者であるから，小党の乱立をまねきやすい。

②　１選挙区に１人の当選者であるから，選挙区域は広くなる傾向がある。

③　１選挙区に１人の当選者であるから，死票が多くなりやすい。

④　１選挙区に１人の当選者であるから，有権者の候補者理解が難しくなりやすい。

問８　下線部ⓕの比例代表制に関して，小選挙区制と比較した特徴の記述として最も適当なものを，次の①～④のうちから一つ選びなさい。 8

①　政党の得票数に比例して議席を配分するので，国民のさまざまな意見をより正確に反映しやすい。

②　政党の得票数に比例して議席を配分するので，二大政党制となることが多い。

③　政党の得票数に比例して議席を配分するので，死票がまったく生じない。

④　政党の得票数に比例して議席を配分するので，政党に属さない無所属候補が生じやすい。

問９　下線部ⓖの小選挙区比例代表並立制に関連して，日本の衆議院議員の比例代表選挙では，各政党の当選者の数を決定するための方法として，ドント方式が採用されている。衆議院議員の比例代表選挙において，仮想の比例代表区における獲得票がＡ党60000票，Ｂ党36000票，Ｃ党6600票，Ｄ党54000票であった場合，ドント方式によるＢ党の獲得議席数として最も適当なものを，次の①～④のうちから一つ選びなさい。ただし，この比例代表区の定数は８名であり，名簿届出政党はＡ党，Ｂ党，Ｃ党，Ｄ

党のみであるとする。[9]

① 1　② 2　③ 3　④ 4

問10　下線部ⓗに関連して，日本における一票の格差の問題に関する記述として**適当でないもの**を，次の①～④のうちから一つ選びなさい。[10]

① 一票の格差とは，選挙区の間で有権者数と議員定数の比に大きな差があり，投票価値に軽重が生じていることをいう。

② 一票の格差は，多くの場合，人口の移動に応じた適切な定数再配分が行われてこなかったことにより生じてきた。

③ 参議院議員選挙では，半数改選制などの憲法上の制約から，衆議院議員選挙よりも一票の格差が大きくなりやすい。

④ 憲法は，選挙制度の定めを法律に委ねているから，法律により生じた一票の格差は大きな政治問題だが，憲法そのものに違反することはない。

第2問　次の文章を読み，下の問い（**問1～8**）に答えなさい。

今日の日本経済は，「失われた10年」とか「失われた20年」とも言われる経済の停滞と，2020年からの新型コロナウィルス感染症による不況が重なって，深刻な不安にさらされている。1980年代には“ジャパン・アズ・ナンバーワン”と世界で讃えられていた日本に，いったい何が起こったのだろうか。

1985年，アメリカの景気を回復させるために行われたⓐ「プラザ合意」により，日本は円高不況に陥ることとなる。その不況に対して，政府・日銀は大規模な金融緩和政策を行った。例えば公定歩合の引き下げにより，企業や個人が融資を受けやすくした。その結果，土地への投資を行う企業や個人が続出して地価は暴騰し，また株式投資に手を出す人も急増して株式市場が活発化し，株価も高騰した。いわゆるⓑバブル景気の始まりである。1986年から数年間，地価や株価は高騰し続ける。

しかしそれは，本来の価値にまったく見合わない価格であった。やがて政府・日銀は，地価や株価の異常な高騰を抑えるために数々の金融引き締め政策を行った。その一つである総量規制は，「土地を買う目的での融資額を減らせ」という内容の，金融機関に対する行政指導であった。さらに公定歩合は2.5％から6％台までに引き上げられ，融資を受けることがきわめて困難になる。1991年には，所有している土地に応じて課税される「地価税法」も施行され，土地神話は崩壊する。土地や株は一気に売却され，地価や株価は大暴落した。買い手が付かなくなったことで，資金を借りていた企業の多くが倒産し，不良債権が生じて銀行の経営も悪化した。これらの政策は，過熱した資産価格の高騰を抑えるために行われたものであったが，予想をはるかに超えた急激な景気後退，すなわちバブル崩壊を招いてしまう。バブル崩壊以降も，1997年の A ，2008年の B とほぼ10年に1度のペースで大規模な経済危機が起こっている。

日本では，2012年，自公連立の安倍政権が誕生する。安倍首相はⓒ三本の矢を柱とするⓓアベノミクス政策を掲げ，その年の年末から緩やかな景気回復の局面に入ったが，それも2018年10月のⓔ消費税増税の頃には終わりを告げ，2020年になるとⓕ新型コロナウィルス感染症の影響により急速な景気悪化を経験する。この対策のための経済的援助も不可欠であり，そのためには多額の国費が必要となる。平成からの停滞経済の下での貧富の格差の拡大と，2020年からのコロナ禍で露呈した公衆衛生対策やⓖ医療提供体制の不備など課題が山積している。

問1　文中の A と B に入る語句の組合せとして最も適当なものを，次の①～⑥のうちから一つ選びなさい。 11

① A　アジア通貨危機　　B　ＩＴバブル崩壊
② A　ＩＴバブル崩壊　　B　アジア通貨危機
③ A　アジア通貨危機　　B　リーマンショック
④ A　リーマンショック　B　アジア通貨危機
⑤ A　ＩＴバブル崩壊　　B　リーマンショック
⑥ A　リーマンショック　B　ＩＴバブル崩壊

問2　下線部ⓐのプラザ合意に関する記述として最も適当なものを，次の①～④のうちから一つ選びなさい。 12

① アメリカが，通貨防衛のために金とドルとの交換停止及び10%の輸入課徴金を実施することを発表した。
② 外国為替市場における投機的な資金流入を禁止する合意がなされた。
③ アメリカによる外国為替市場への介入を行わないという合意がなされた。
④ 各国当局が外国為替市場に協調介入することで，ドル高を是正することが合意された。

問3　下線部ⓑのバブル景気に関する記述として最も適当なものを，次の①～④のうちから一つ選びなさい。 13

① バブル景気の時期には，景気の行き過ぎにもかかわらず，消費者物価上昇率は5％を上回ることはなかった。

② バブル景気の時期には，実質経済成長率が年平均10％前後に達した。

③ バブル景気の時期には，企業や個人が競って土地や株式への投機を行い，その結果資産格差が縮小した。

④ バブル景気の一因は，日本銀行がゼロ金利政策を実施したことにある。

問4　下線部ⓒの三本の矢の具体的内容として**適当でないもの**を，次の①～④のうちから一つ選びなさい。 14

① 大胆な金融政策

② 機動的な財政政策

③ 民間投資を喚起する成長戦略

④ 国から地方への財源の移譲

問5　下線部ⓓのアベノミクスには直接には**関係のない**政策として最も適当なものを，次の①～④のうちから一つ選びなさい。 15

① 公共投資抑制　② 地方創生

③ デフレ脱却　④ 女性の活躍推進

問6　下線部ⓔに関連して，1997年に消費税を3％から5％に増税した時の内閣総理大臣として最も適当な人物名を，次の①～④のうちから一つ選びなさい。 16

① 海部俊樹　② 福田康夫　③ 橋本龍太郎　④ 森喜朗

問7　下線部ⓕに関連して，世界での不況や金融危機，景気対策の仕組みに関する記述として最も適当なものを，次の①～④のうちから一つ選びなさい。 17

① 景気安定のために財政政策と金融政策などを併用することを，ガバメントポリシーという。

② 2009年から2010年にかけて，ギリシャの財政赤字が公表されていた数値よりも悪化していることが明らかになり，ギリシャの国債が暴落し，経済危機を招いた。

③ 第一次石油危機のあと，不況と物価下落が同時に進行するスタグフレーションという現象が，先進国にほぼ共通して見られた。

④ 日本では，2020年に，新型コロナウィルス感染症を原因とする不況対策として，国民1人当たり5万円の特別定額給付金が支給された。

問8　下線部ⓖに関連して，日本の医療制度や医療保険に関する記述として**適当でないもの**を，次の①～④のうちから一つ選びなさい。[18]

①　医療提供体制の整備を行う主たる行政機関は，厚生労働省である。

②　国民健康保険は，主に農業や自営業の従事者を対象にしている。

③　国民健康保険の財政運営の責任主体は，2018年度に，市町村から都道府県に移行された。

④　後期高齢者医療制度の対象年齢は，2020年度に，75歳以上から70歳以上に引き下げられた。

第3問　次の対話文を読み，下の問い（**問1～8**）に答えなさい。

生徒：先生，異例づくしの東京オリンピックがとにかく無事に終わりましたね。

先生：そうだね。でも，過去のオリンピックもいろいろあったよ。

生徒：そうなのですか。教えてください。

先生：例えば，第6回大会は1916年にドイツのⓐベルリンで開催予定だった。

生徒：えー，それってⓑ第一次世界大戦の真っただ中ですよね。

先生：そう。直前に大戦が始まり，中止になった。戦争が終わった翌年，ⓒＩＯＣは1920年のオリンピックを，第一次世界大戦からの復興を象徴するものとして，ベルギーのアントワープに決定した。

生徒：でも，ベルリン大会は聞いたことがあります。

先生：そう，それは1936年の第11回大会だね。オリンピック史上初めての聖火リレーが行われた大会です。

生徒：へー，そうだったのですか。

先生：そして，ベルリン大会の次の1940年の第12回大会は東京で開催される予定だった。

生徒：でも，1937年には日中戦争が勃発したのですよね。

先生：そう。結局，中止になった。第13回大会もロンドンが開催地として決定したものの，ドイツによる [A] 侵攻を引き金にⓓ第二次世界大戦が始まり，再び中止になった。

生徒：戦前は大変だったのですね。戦後は無事に開催されたのでしょうか。

先生：いやいや，そうでもない。1979年12月には，ソビエト軍が [B] に侵攻し，それに対する制裁措置として，1980年のモスクワオリンピックは日本や西側諸国が不参加となった。

生徒：やはり，戦後も戦争でトラブルが発生したのですね。

先生：戦争だけではないよ。ⓔテロも起こった。

生徒：怖いです。

先生：さらに，ⓕ人種差別問題も，オリンピックに大きな影響を及ぼしてきた。例えば，ⓖアパルトヘイトを行っていた南アフリカ共和国は，1964年の東京大会以降参加が認められず，復帰したのは1992年のバルセロナ大会からだった。

生徒：平和の祭典などといいますが，なかなか難しいのですね。

問1　文中の [A] ，[B] に入る国名の組合せとして最も適当なものを，次の①～⑥のうちから一つ選びなさい。 [19]

①　A　フィンランド　　B　ポーランド

②　A　ポーランド　　B　フィンランド

③　A　ポーランド　　B　アフガニスタン

④　A　アフガニスタン　　B　ポーランド

⑤　A　フィンランド　　B　アフガニスタン

⑥　A　アフガニスタン　　B　フィンランド

問2　下線部ⓐのベルリンに関する記述として最も適当なものを，次の①～④のうちから一つ選びなさい。 [20]

①　1948年に，アメリカによってベルリンと東ドイツとの交通を遮断するベルリン封鎖が行われた。

②　ベルリン封鎖が解除された1949年に，東ドイツ政府は東西ベルリンを遮断するベルリンの壁を構築した。

③　1975年に，ベルリンで東西両陣営が参加してヨーロッパ安全保障協力会議（ＣＳＣＥ）が開かれた。

④　1989年に始まった東欧革命で，多くの社会主義政権が倒されるなか，ベルリンの壁も崩壊した。

問3　下線部ⓑの第一次世界大戦に関する記述として最も適当なものを，次の①～④のうちから一つ選びなさい。 [21]

①　この戦争中に，ロシア革命が起こり，長年続いた社会主義政権が倒された。

②　この戦争の後に設立された国際連盟は，ヘーゲルの著書『永久平和のために』の影響を受けたものである。

③　この戦争中に，Ｆ・ルーズベルトの平和原則14か条が発表された。

④　この戦争の後に設立された国際連盟は，1920年に42か国の参加で発足し，本部はジュネーブに置かれた。

問4　下線部ⓒに関連して，ＩＯＣと同様にＮＧＯ（非政府組織）とされる組織として最も適当なものを，次の①～④のうちから一つ選びなさい。 22

①　経済協力開発機構　②　国際赤十字

③　世界保健機関　④　国連貿易開発会議

問5　下線部ⓓの第二次世界大戦に関する記述として**適当でないもの**を，次の①～④のうちから一つ選びなさい。 23

①　この戦争中に開催されたモスクワ会議で，国連憲章の原案が討議された。

②　連合国と枢軸国との間で戦われた世界戦争であった。

③　主要国が自国の経済を保護するために行ったブロック経済政策が，この戦争の一因とされた。

④　この戦争中に，イギリスでは“ゆりかごから墓場まで”をスローガンにしたベバリッジ報告が発表された。

問6　下線部ⓔのテロ（テロリズム）に関する記述として**適当でないもの**を，次の①～④のうちから一つ選びなさい。 24

①　オリンピックに際して発生したテロとしては，1972年のミュンヘン大会や1996年のアトランタ大会の例がある。

②　アメリカは，同時多発テロ事件の実行犯をイスラム過激派のアルカイダであるとし，それを支援するタリバン政権下のアフガニスタンを攻撃した。

③　日本では同時多発テロ事件を受けて，2001年にテロ対策特別措置法が制定され，これに基づいてアフガニスタンに自衛隊が派遣された。

④　2010年，核テロを防ぐための核セキュリティ・サミット（核安全保障サミット）がワシントンで開催された。

問7　下線部ⓕの人種差別に関連して，日本が**批准していない**人権に関する条約として最も適当なものを，次の①～④のうちから一つ選びなさい。 25

①　ジェノサイド防止条約　②　難民条約

③　子どもの権利条約　④　人種差別撤廃条約

問8　下線部ⓖのアパルトヘイト撤廃の方針が出され解放された，28年間投獄されていた黒人解放闘争の指導者の人物名として最も適当なものを，次の①～④のうちから一つ選びなさい。[26]

①　デクラーク　　②　アラファト　　③　マンデラ　　④　ガンジー

第4問　次の文章を読み，下の問い（問1～7）に答えなさい。

2011年の東日本大震災によって福島原子力発電所の稼働が止まり，計画停電が行われたのは記憶に新しいことかと思われる。震災前の原子力発電を含めたエネルギー自給率は，2010年は約20％と現在より高い水準であった。しかし，東日本大震災後に火力発電所の稼働が大きく増えたため，エネルギー自給率が大きく低下した。こうした中，国内で自給する発電電力量のうち伸びているのがⓐ再生可能エネルギーである。

発電電力量のうち再生可能エネルギー（水力発電を除く）が占める割合は，2010年には約2％であったが，2017年には約8％まで伸びた。これは2012年に [27] （固定価格買取制度）が施行され，太陽光発電等の再生可能エネルギーを使った発電施設が増えたことによるものである。

元来，地球の気温は，太陽光によって地表に届いた熱が宇宙空間に放出されてバランスを保ってきた。ところが産業革命以降，ⓑ温室効果ガスの排出量が急激に増えた。それによって生じたとされるⓒ地球温暖化問題について，ⓓ1992年の地球サミットを機に国際的な動きが具体化していくこととなる。その後1997年の気候変動枠組条約第3回締約国会議（ＣＯＰ３）において，ⓔ京都議定書が採択された。さらに2015年12月に開かれた第21回締約国会議（ＣＯＰ21）において「パリ協定」が採択される。パリ協定では「低炭素」ではなく「脱炭素」が掲げられた。また，地球の平均気温の上昇を２℃未満，できれば1.5℃未満に抑制することを目標とした。

日本では，低炭素社会の実現のために2012年から [28] を導入した。温室効果ガスの排出は化石燃料の大量消費から生じる問題であり，これは日本におけるエネルギー選択の問題と深く関連している。日本の戦後の経済発展のために，エネルギーの大量消費は必須条件であり，その多くを再生産不可能な枯渇性資源に依存してきた。近年では化石燃料への依存は地球温暖化を促進するとされ，ⓕ世界的にも原子力発電への依存度を高めつつあったが，福島第一原発事故による放射性物質の放出や高レベル放射性廃棄物の最終処分場が決まっていないなど問題が多い。日本政府は，再生可能エネルギーの主力電源化を進めはじめているが，その導入を先進的に進めているヨーロッパ諸国からは遅れをとっている。

問1　文中の 27 と 28 に入れるのに最も適当なものを，次の①～④のうちからそれぞれ一つずつ選びなさい。

27　①　ＰＰＰ　②　ＰＯＳ　③　ＦＴＡ　④　ＦＩＴ

28　①　環境税　②　揮発油税　③　自動車税　④　核燃料税

問2　下線部ⓐの再生可能エネルギーとして**適当でないもの**を，次の①～④のうちから一つ選びなさい。 29

①　天然ガス　②　地熱　③　風力　④　波力

問3　下線部ⓑの温室効果ガスとして**適当でないもの**を，次の①～④のうちから一つ選びなさい。 30

①　二酸化炭素　②　水素　③　フロン　④　メタン

問4　下線部ⓒの地球温暖化問題に関する記述として最も適当なものを，次の①～④のうちから一つ選びなさい。 31

①　地球温暖化は，オゾン層の破壊も原因の一つである。

②　現在，日本でも全国的に排出量（権）取引制度を導入した結果，温室効果ガス削減に成功している。

③　気候変動に関する諸問題を科学的に分析するための機関として，1988年にＩＰＣＣが設立された。

④　2018年現在，二酸化炭素の排出割合が最も多いのはアメリカである。

問5　下線部ⓓの地球サミットに関する記述として最も適当なものを，次の①～④のうちから一つ選びなさい。 32

①　この会議で，「持続可能な開発」を共通の理念として多くの条約が採択された。

②　この会議で，「かけがえのない地球」をスローガンに人間環境宣言が採択された。

③　この会議ののち，国連総会は，目的を実現する機関としてＵＮＥＰを設置した。

④　この会議で，砂漠化対処条約が採択され，日本もこれを批准している。

問6 下線部ⓔの京都議定書に関する記述として最も適当なものを，次の①～④のうちから一つ選びなさい。 33

① 京都議定書では，先進国の温室効果ガス排出量については法的拘束力のない目標としての数値が設定された。

② 排出枠を持つ先進国間の共同プロジェクトで生じた温室効果ガス削減量を，その当事国間で移転することができる共同実施の制度は見送られた。

③ 先進国が数値目標のない途上国で行った事業活動で生じた温室効果ガス排出削減量は，数値目標の遵守のために使えないと定められた。

④ 先進国は，数値目標の履行のために排出量取引に参加することができると定められた。

問7 下線部ⓕに関連して，各国での原子力発電の現状の記述として**適当でないもの**を，次の①～④のうちから一つ選びなさい。 34

① ロシアは，旧ソ連時代の1986年にチェルノブイリ原発事故を経験したが，現在でも原発建設を推進している。

② アメリカでは，1979年にスリーマイル島で原発事故を経験したが，発電量に占める原子力発電の割合は世界一である。

③ 現在，原発を稼働させているドイツでは，メルケル政権が，2022年までの脱原発を目指すことを決定した。

④ 電力の多くを原子力発電に依存しているフランスは，近隣諸国に対して電力を輸出している。

数学

(60 分)

1

(1)　$a = \sqrt{3} + 1$，$b = \sqrt{3} - 1$ のとき

$$a^2 + b^2 = \boxed{1},\quad \frac{a^2}{b^2} + \frac{b^2}{a^2} = \boxed{2}\boxed{3}$$

である。

(2)　a を実数の定数とする。2 次方程式 $x^2 - (a + 3)x + 2a + 6 = 0$ が実数解をもつ a の値の範囲は

$$a \leqq \boxed{4}\boxed{5},\quad \boxed{6} \leqq a$$

である。また，正の重解をもつとき，その重解は

$$x = \boxed{7}$$

である。

(3)　$0° \leqq \theta \leqq 180°$ とする。$\cos\theta = \dfrac{2}{3}$ のとき

$$\sin\theta = \frac{\sqrt{\boxed{8}}}{\boxed{9}},\quad \tan\theta = \frac{\sqrt{\boxed{10}}}{\boxed{11}}$$

である。

(4)　三角形 ABC で AB = 4，AC = 6，∠BAC = 60° のとき，辺 BC の長さと三角形 ABC の面積は

$$\mathrm{BC} = \boxed{12}\sqrt{\boxed{13}},\quad \triangle\mathrm{ABC} = \boxed{14}\sqrt{\boxed{15}}$$

である。

2　2次関数 $y = f(x) = x^2 - 4x + 1$ のグラフを C とする。

(1)　C の頂点の座標は

(16 , 17 18)

である。また，C が x 軸から切り取る線分の長さ l の値は

$l =$ 19 $\sqrt{\boxed{20}}$

である。

(2)　2次関数 $y = x^2 + ax + b$ のグラフを x 軸方向に4，y 軸方向に -4 だけ平行移動すると C と一致した。このとき，定数 a，b の値は

$a =$ 21 ，$b =$ 22

である。

(3)　p を実数の定数とし，2次関数 $y = g(x) = -x^2 + p$ のグラフを D とする。

(i)　C と D が異なる2点で交わるときの p の値の範囲は

$p >$ 23 24

である。

(ii)　$-2 \leqq x \leqq 2$ でつねに $f(x) \leqq g(x)$ が成り立つときの p の値の範囲は

$p \geqq$ 25 26

である。

3　1から12までの数字を1つずつ記入した12枚のカードがある。

(1)　12枚のカードから，任意に1枚のカードを取り出す。

(i)　4の倍数のカードを取り出す確率は $\frac{\boxed{27}}{\boxed{28}}$ である。

(ii)　4の倍数，または，6の倍数のカードを取り出す確率は $\frac{\boxed{29}}{\boxed{30}}$ である。

(2)　12枚のカードから，任意に2枚のカードを取り出す。

(i)　取り出したカードの2つの数の和が7である確率は $\frac{\boxed{31}}{\boxed{32}\boxed{33}}$ である。

(ii)　取り出したカードの2つの数の和が7の倍数である確率は $\frac{\boxed{34}}{\boxed{35}\boxed{36}}$ である。

(3)　12枚のカードを任意に6枚ずつの2組に分ける。

(i)　分け方は全部で $\boxed{37}\boxed{38}\boxed{39}$ 通りある。

(ii)　1のカードと12のカードが異なる組に入る確率は $\frac{\boxed{40}}{\boxed{41}\boxed{42}}$ である。

4　3つの都市A市，B市，C市について，月平均気温と月平均湿度の1月から12月までのデータがある。下の表はそのうちのA市のデータであり，3つの都市について月平均気温と月平均湿度の散布図が下の図に示されている。

A市の月平均気温と月平均湿度

月	1月	2月	3月	4月	5月	6月	7月	8月	9月	10月	11月	12月
月平均気温℃	2.6	2.8	5.7	11.4	16.5	20.4	23.0	24.1	21.9	15.8	10.6	5.7
月平均湿度％	80	75	73	71	74	80	81	79	77	78	77	79

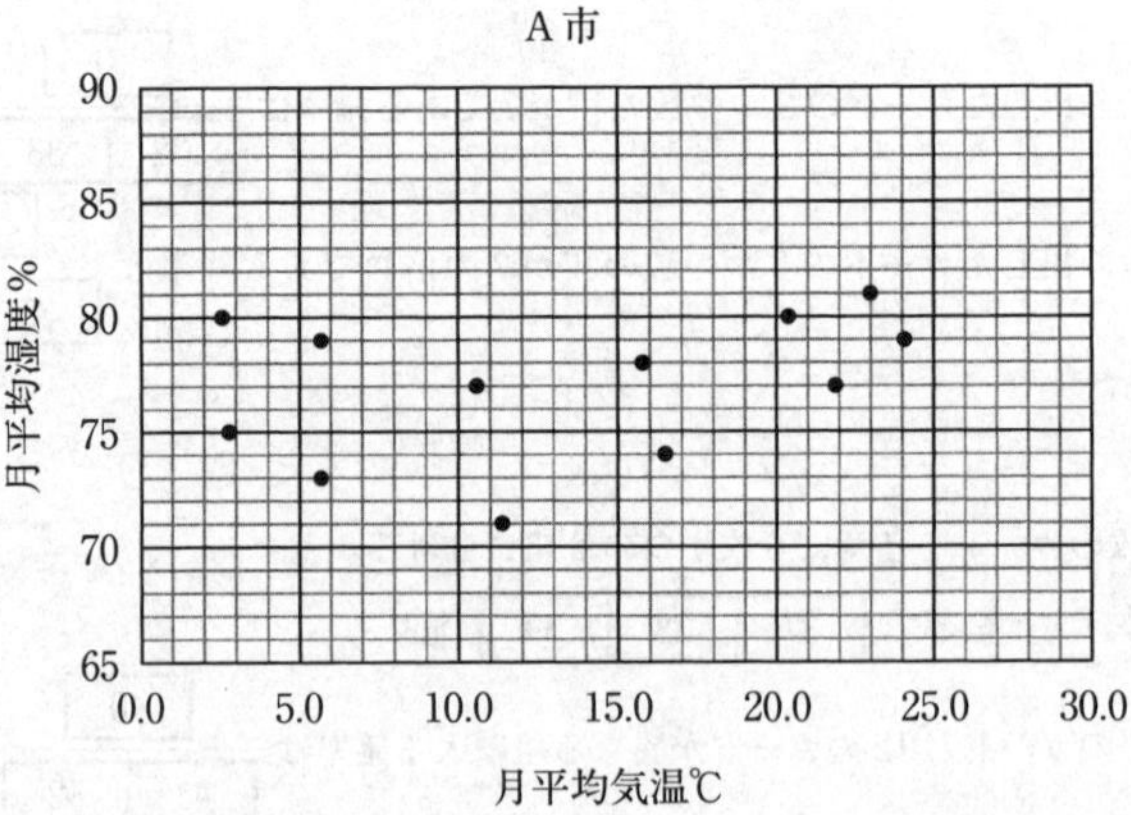

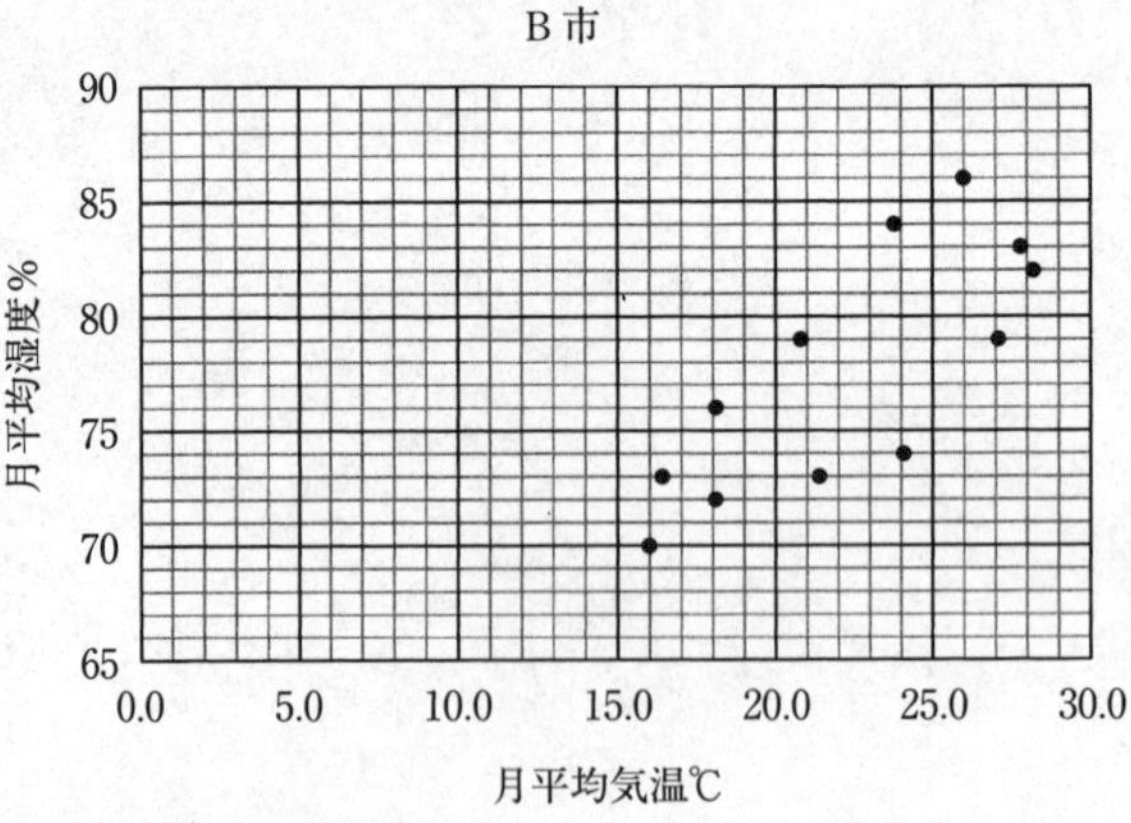

C 市

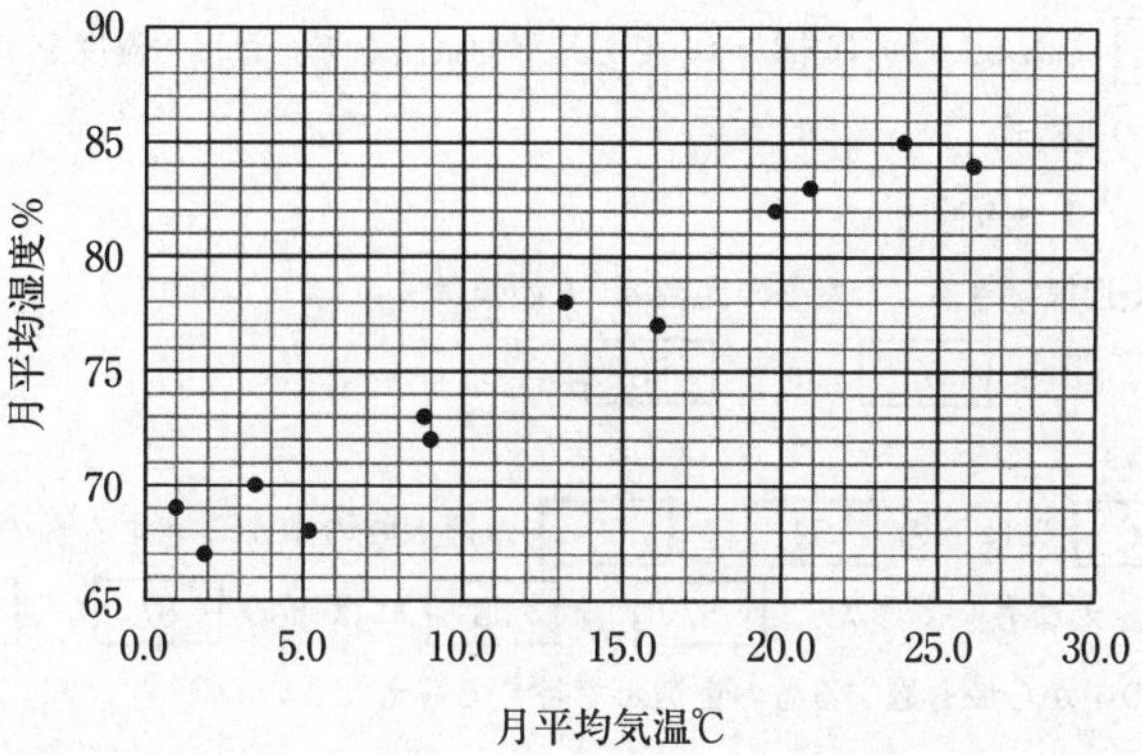

(1) A 市について，月平均気温の中央値は [43][44].[45] ℃であり，気温の年較差（月平均気温の最大値と最小値の差）は [46][47].[48] ℃である。

(2) A 市について，月平均湿度の平均値は [49][50] %であり，標準偏差は [51] %である。

(3) 3 つの都市のうちで月平均気温の中央値が最も大きいのは [52] である。また，気温の年較差が小さいものから順に並べると [53]，[54]，[55] となる。

[52] ～ [55] には下の [52] ～ [56] の選択肢の中から適するものを選んで番号で答えなさい。

(4)　3つの都市のうちで，月平均気温と月平均湿度が最も強い相関関係を示すのは［56］である。この都市について，月平均気温をX，月平均湿度をYとするとYはXの1次式

$$Y = aX + b$$

でよく近似できる。ただし，定数a，bの値は

$$a = \boxed{57}, \quad b = \boxed{58}$$

である。

［56］には下の［52］～［56］の選択肢の中から適するものを選んで番号で答えなさい。また，［57］，［58］には下の［57］，［58］の選択肢の中から最も適するものを選んで番号で答えなさい。

［52］～［56］の選択肢

①　A市　　②　B市　　③　C市

［57］，［58］の選択肢

①　−0.5　②　0.8　③　1.5　④　66　⑤　75　⑥　84

Ⅳ　麻の中の蓬《よもぎ》

1　日々の食べ物の心配をすることよりも、まず身だしなみを整えるのが大切だということ。

2　人は良い環境で良い教育を受け、良い人と出会えば真っすぐで立派な人間になれるということ。

3　厳格すぎる環境で育つと、人はかえってねじくれた人間になってしまう場合があるということ。

4　見かけだけを整えるのではなく、まず心映えを大事に育てるのが何よりも大切だということ。

Ⅴ　奇貨居くべし

1　不思議な事件に出会った時は、周囲をよく見渡すべきだということ。

2　災難にあった時こそ、冷静に対処すべきだということ。

3　珍奇な品物の場合は、よく考えてからそれを買うべきだということ。

4　好機は逃さず、それをうまく利用するべきだということ。

Ⅱ　一蓮托生

1　結果はどうなろうと、同じ仲間と行動や運命をともにすること。

2　同じ故郷を持つ者同士には、離れて暮らしていても深い絆があるということ。

3　同じ気性を持った者同士は、しばしば切ないまでの連帯感を持つということ。

4　一緒にいるうちに、知らず知らず同じ趣味嗜好を持ってしまうようになるということ。

Ⅲ　鳴かず飛ばず

1　人目に付くような活躍をしないでいること。

2　敵の目に気付かれないように静かに身を隠していること。

3　相手に猛反撃するための機会をうかがっていること。

4　何をやっても失敗ばかりしていること。

1 口　2 あご　3 つむじ　4 通常　5 都合　6 曖昧　7 裁定　8 確執
9 不測　10 画策　11 精　12 強情　13 たむろ　14 どん底　15 呆然と

問(四)　次に挙げることわざ・故事成語の説明として最適なものをそれぞれ一つずつ選び、番号をマークせよ。

I　三つ子の魂百まで

1　幼いときに得た不幸な体験は、大人になったときに悪影響を及ぼすということ。
2　三つ子が生まれると家族の仲が良くなり、生涯幸せになるということ。
3　幼い頃の性格は、年をとって大人になっても変わらないということ。
4　幼い頃の性格のあり方に、すでに将来の立身出世の萌《きざ》しが読みとれるということ。

と［f］する。だが、そんな派閥の［g］の結果、当然ながら公共のためには何もなされず、これから見ていくように、派閥争いは命を奪いあう反目へと硬化してゆく。

ロンドンの法学院が入っている建物に接した庭で、ヨーク公とサマセット公という二人の強力な貴族が、法の解釈をめぐって議論している。二人はまわりで議論を聞いていた人々に、どちらの言い分が正しいか［h］を求めるが、人々は賢くも議論に加わるのを避ける。劇は、二人が言い争っている法的問題が何であるのか詳細を明らかにしていないが、恐らくシェイクスピアは、そこは結局あまり重要でないと考えたのだろう。問題は、互いに妥協を拒みあい、どちらも自分の立場だけが正しいと信じて喧嘩《けんか》腰になっている点にある。「真実が私の側にあることは明々白々であり、／どんな盲人にだってわかるはずだ」とヨーク公が言うと、サマセット公が「私の側が正しいことは、あまりにはっきりと／輝かんばかりに明らかであるから、／盲人の目に光となって理解されよう」（第二幕）と返す。［i］な領域は認められず、分別のある人が反対するなどありえないとされる。どちらも、これほどまでに「明白」なことを認めないのは［j］曲がりでしかないと考えている。

（スティーブン・グリーンブラット著・河合《かわい》祥一郎《しょういちろう》訳『暴君——シェイクスピアの政治学』岩波書店による。ただし出題に際して一部表記を変更し、省略した箇所がある。）

問㈢　次の文章中の空欄に当てはまる最も適切な語を、それぞれ後の1～15の中から一つずつ選び、番号をマークせよ。
(なお、同じ番号を重複して用いないこと。)

『ヘンリー六世』三部作は、かなり初期にシェイクスピアが恐らく他の劇作家と共同で執筆したと考えられる作品だが、この三部作には、[a]の政治が専制政治へ変わってしまう歪んだ道が描かれている。三部作は、今ではシェイクスピアの最も知られていない部類の戯曲となっているが、シェイクスピアはこの作品で有名になったのであり、この劇は社会が暴君をどのように受け容れていくかを鋭く描いている。

出発点は、王国の核にある弱さだ。ヘンリー六世王は、父親の[b]の死により王座に就くことになった何の経験もない子供であり、国を統治するのは摂政の叔父ハンフリー公だ。この叔父は無私無欲で政治に[c]を出すが、その力はひどく限られており、まわりには自分勝手な悪党のような貴族たちが[d]している。王がまだ子供であることに貴族らが不平を漏らすと、摂政は、貴族らが昔を懐かしむような態度をとるのは見せかけにすぎないと暴いてみせる。本当のところは、弱い王のほうが「小学生のように言うことを聞かせられる」から[e]がよかろうと言うのだ(『ヘンリー六世第一部』第一幕)。中心に権力の空洞があるがゆえに、貴族らは牽制《けんせい》しあい、互いを貶《おとし》めよう

1　あけび　2　びわ　3　ざくろ　4　いちじく　5　すもも

問㈡　次の各文の空欄に当てはまる最も適切な語を、それぞれ後の1～5の中から一つずつ選び、番号をマークせよ。

a　衣食【　】りて礼節を知る。

1　計　2　残　3　降　4　足　5　凝

b　会議に必要な大事な書類を【　】失した。

1　自　2　紛　3　過　4　得　5　粉

c　彼の計画は、まるで砂上の【　】のごときだ。

1　箱船　2　高塔　3　伽藍　4　楼閣　5　陋屋《ろうおく》

d　世界を【　】断していた東西冷戦は二十世紀のうちに終了した。

1　分　2　道　3　同　4　英　5　決

e　エジソンに【　】する大発明家はなかなか現れない。

1　傑出　2　連携　3　類型　4　膠着《こうちゃく》　5　匹敵

二、問㈠～問㈣の設問に答えよ。

問㈠　次に挙げる語句の漢字（傍線部分）の最も適切な読みを、それぞれ後の1～5の中から一つずつ選び、番号をマークせよ。

a　強ち。　1　たちま　2　あなが　3　すなわ　4　やきも　5　ありが

b　与する。　1　くみ　2　ろう　3　り　4　よ　5　かい

c　徐に。　1　のどか　2　ねんごろ　3　じょ　4　ついで　5　おもむろ

d　漫ろに。　1　おぼ　2　うつ　3　そぞ　4　まひ　5　ないがし

e　無花果の木。

1　平均寿命が六〇歳前後であった時代は、大学まで進学した人々は、人生のおおむね四分の一を学びに充当していたが、人生がそこから二〇～三〇年延びるとすると、仕事も学びもその占有時間の比率を計算し直さなければならない。

2　これまでの人生には通常、「学習→仕事」「仕事→老後」という二回の大きな移行があったが、人生の節目や転機は一律ではなくなり、どの順番でどのステージに移行するかという見当も失われ、移行それ自体が重点化する。

3　人生が長くなったとき、就職や結婚が個人の一生を大きく左右するものとなるので、選択肢を保持しておくことの価値が大きくなり、若者たちはモラトリアム的な生き方を選び、行動パターンの固定を忌避するようになる。

4　スキルアップや労働力調整ではない、人々のキャリアの質的転換を実現するリカレント教育のために、大学と社会の間でそれがうまく循環するような、融通のきく関係を構築し、制度や内容を企画開発していくことが肝要である。

4　基礎学力を身につけるという小中学校教育の主目的が、多元的であるべき大学教育にまで持ち越されているから。

問㈧　傍線部Ｅ「そもそも大学に求められるのは（中略）人生における様々なキャリアや認識地平の転轍機としての役割」とは、どのような意味か。最も適切な説明を、次の選択肢1～4のうちから一つ選び、番号をマークせよ。

1　人生はいまや直線的ではなく、段階的な舞台となっているので、そこでの職能の更新を担う義務が、大学にはあるということ。

2　一流大学を卒業し、大企業に就職すれば、地球規模で進行しているキャリアの流動化から逃れられるということ。

3　大学は高卒者が一度入学して卒業すればすむ機関ではなくなり、人生で三回入学するのが不思議ではない未来が近づいているということ。

4　大学は、すでに就職し、一通り職場経験を積んだ者たちや、職場で一定の責務を果たした人々にとっても、人生のパラダイム転換を媒介する装置になりうるということ。

問㈨　本文の内容に最もよく合致するものを、次の選択肢1～4のうちから一つ選び、番号をマークせよ。

1 経済的低成長にともなう混乱を耐え抜く生き方の模索

2 単線的でなくなった人生の、長期的・持久的な再構成

3 ポスト近代社会における、多面的で柔軟な人生設計

4 あるキャリアから別のキャリアへの間断のない転職

問(七) 傍線部D「学生の多様性や高い能力や意欲を持つ学生への配慮を欠いている」のはなぜか。その理由として最も適切な選択肢を、次の1～4のうちから一つ選んで、番号をマークせよ。

1 日本の大学では、「学年」を絶対視し、各学年の全学生に同一の学びを与え、同じように四年間で卒業させる方針を徹底しているから。

2 要件を満たすならば、いつでも学生それぞれが個別に次の段階に移行できるような、厳密な単位制のカリキュラムとなっていないから。

3 各学年における成績評価が厳密に体系化されていて、その学年ごとの指針からはずれると、「留年」という事態を招いてしまうから。

問㈤　傍線部B「消費社会における人々の社会的性格の変容」の、日本における表出はどのようであったと、著者は説明しているか。最も適切なものを、次の選択肢1〜4のうちから一つ選び、番号をマークせよ。

1　自らの内部で社会的な方向性を決定する「内部指向型」から、つねに外部からのフィードバックに依存し、他者の決定に従う「他人指向型」に転換した。

2　世界的に「内部指向型」から「他人指向型」への移行が起きたが、日本ではもともとタテ型社会の同調圧力が強く、そうした移行が同様におこなわれたかどうかは疑わしい。

3　消費社会における「内部指向型」の性向は、人々の人生の歩みを同じ方向へとまとめさせたが、長寿化による「他人指向型」は逆にそれをばらばらにした。

4　消費社会の発達が、人々を「内部指向型」から「外部指向型」へといやおうなく駆り立てたが、他方ではタテ型社会の同調圧力がそれを引き止めようとした。

問㈥　傍線部C「水平的に多数のキャリアが並行」するということの言い換えとして、最も適切なものを、次の選択肢1〜4のうちから一つ選び、番号をマークせよ。

1　一八世紀末以降、人々は「学習」から「仕事」、「仕事」から「老後」という二段階の硬直した移行を人生においておこなっていたが、人生一〇〇年時代に入るとこのライフステージモデルは崩壊し、人々は多彩な転機と選択肢を享受するようになったという状況。

2　かつては人々の人生に存在したステージは「学習」と「仕事」であったが、一九世紀に入って「老後」という段階が発生し、現在では年齢に対応した選択肢の開発と、人生モデルの更新と整合が、新たな問題として浮上したという状況。

3　近代化以降、同世代の人々が同じように「学習」「仕事」「老後」という人生の三段階をたどるというモデルが産業社会を支えてきたが、「老後」が長期化してくると、人生モデルの確実性や予測可能性が動揺し、産業社会の生産力を弱体化させたという状況。

4　二〇世紀を通じて、人々は「仕事」に就く前の「学習」、そのあとの「老後」という人生の段階をこの順番で過ごしてきたが、長寿化により、これらの人生の歩みがマルチステージ化し、人生構造の転換が起き、年齢とライフステージの対応が崩れてきたという状況。

どれが最も適切か。一つを選び、番号をマークせよ。

1　d→e→b→f→c→a
2　a→c→e→d→b→f
3　d→c→b→f→a→e
4　d→c→e→b→f→a

問㈢　本文中から次の一文が抜けている。本文中の（1）〜（4）のうち、どこに挿入すればよいか。最も適切な箇所を一つ選び、番号をマークせよ。

そしてこの学びそのものへの社会的関心の不在が、日本の大学のありようを呪縛し続ける最大の桎梏《しっこく》となってきた。

問㈣　傍線部A「長寿化によって「老後」とされてきた人生段階のありようが根本的に変わ」るとあるが、それはどのような状況であると著者は説明しているか。最も適切なものを、次の選択肢1〜4のうちから一つ選び、番号をマークせよ。

七七・七歳、女性八四・六歳と大幅に長寿化し、二〇五〇年には男性が約八四歳、女性が九〇歳超になると予測されている。

※　ハビトゥス　＝個々人にその自覚のないまま、人々の日常経験において蓄積されていく、知覚・思考・行為を生み出す性向を指す。

問㈠　空欄ア〜エにあてはまる最も適切な表現を、次の選択肢1〜4のうちから一つずつ選び、番号をマークせよ。

ア　1　変身　2　転向　3　顕現　4　脱皮

イ　1　モチーフ　2　マニュアル　3　シナリオ　4　ディスクール

ウ　1　劇作　2　俳優　3　仮面　4　声優

エ　1　立会人　2　観客　3　来賓　4　招待客

問㈡　本文中の枠に囲まれたa〜fの文は順序通りに並んでいない。正しく並べ替えるとすれば、次の選択肢1〜4のうちジョンに転進していくのかの分かれ目だろう。有職者が新しい人生のパラダイムに転換していくために、大学や大学院に入り直す。さらに人は、五〇代の終わりにも大学に入り直す。すでに職場で一定の地位を得ているが、まだ人生にやり残したことがあると感じており、残りの人生でそれをやり遂げる余地がある。大学には、こうした三種類の入学者を受け入れ、それぞれを新しい人生に転換させていく媒介装置となるポテンシャルがある。

ここに含意されているのは、大学と社会の間で営まれるリカレント教育の革新である。日本ではいまだに、社会の側でも大学の側でも、単なるスキルアップや労働力調整という目的を超えて、キャリアの質的転換のための「リカレント＝循環」の回路が根づいていない。そして問題は、社会と大学のつなぎ目で起きているわけだから、この構造的袋小路を打開していく決め手は、つなぎ目の風通しを徹底的に良くすることである。つまり、大学と社会の関係を、人生上のキャリアでも、学生層の広がりでも、徹底的にフレクシブルにしていくような大学教育をデザインしていくことが必要なのである。

(吉見《よしみ》俊哉《しゅんや》『大学は何処へ――未来への設計』による。ただし出題に際して表記・表現を変更し、一部省略した箇所がある。)

※　八〇～九〇歳　＝一九五〇年時点の日本人男性の平均寿命は五八・〇歳、同女性は六一・五歳だったが、二〇〇〇年までに男性

学力を身につけることが主目的の小中学校の教育と、事象を深く考え、課題解決や新しい発見に向かう力を育むことが主目的の大学教育では、本来教育の仕組みは大きく異なるのである。

　このような状況のなかで、大学の未来、そして当然ながら大学と社会の関係の未来的な結び直しを構想するのなら、いかなるビジョンが可能なのか？　その答えのポイントは、人生で大学に三回入るのが当たり前の社会をいかに作っていくかである。だから大学でなされるべき本来の学びからするならば、大学生になるのは高校卒業後の若者ばかりでなくていい。Eそもそも大学に求められるのは、高校生と社会人の間をつなぐ中間点の役割ではなく、人生における様々なキャリアや認識地平の転轍機《てんてつき》としての役割である。地球規模でキャリアの流動化が進むなかで、大学は直線的な人生上のある区間としてではなく、非連続的な人生のマルチステージをつなぐ媒介的な仕組みとなる。一流大学を出て大企業に就職すれば、安穏と一生を送れる時代はすでに終わっているのである。

　当然、大学は、高卒者が人生で一度だけ入ればいい機関ではなくなっていく。おそらく未来の大学に、人は人生で三度入る機会を持つことになるはずである。まずはこれまで同様、高校を卒業した若者たちが入学してくる。次に、だいたい三〇代前半の年齢で、人はもう一度大学に入り直す。三〇代前半は、就職した者たちが職場での経験を一通り積んだ段階である。既存の職場の仕組みにはほぼ習熟し、ただその延長線上で同じ職場にとどまるのか、それとも新しい職能や人生のビもしもここで、日本の大学も欧米の大学と同じ出口管理、すなわち入学するのは容易でも、在学者の限られた割合しか卒業できない仕組みに転換できるのなら話は簡単である。しかし現実には、大学経営の実態、社会通念、大学教員のハビトゥス※などの面で、この転換は不可能に近い。

だから、せめて成績評価を厳密化し、学修の体系化や個々の授業の質向上に努めていくというのが文科省の推進する教育改革の指針なのだが、それすらも容易ではない。たとえば、成績評価の適正化は諸々の改善の前提となる課題だが、日本の多くの大学では、これすらも長く疎かにされてきた。学生たちが「ラクタン（楽単）」と呼ぶ科目では、出席もとらず、試験も課さず、たった一回のレポート提出で履修者の大部分を合格にしてきた。

しかも、日本の大多数の大学では、高校までの教育と同様、「学年」がカリキュラム編成の基本枠である。したがって、それぞれの学生には、一年生から四年生までの各学年で何を学ぶかが決められており、それを満たさなければ「留年」となる。これは、すべての学生に同じ学びを与え、同じように四年間で卒業させていくには効率的な仕組みだが、D学生の多様性や高い能力や意欲を持つ学生への配慮を欠いている。大学での学びを多元的に開き、優秀で意欲のある学生が能力を十分に伸ばしていくには、学年制ではなく厳密な意味での単位制、つまり構造化されたカリキュラムのなかで学生一人ひとりの目的に合わせて科目が選択され、学生は一定の要件を満たせばいつでも次の段階に移行できる仕組みのほうが望ましい。基礎しかし、日本の大学の現状は、このような学びの未来に向けた展望からはほど遠い。日本では、大学での学びが極端に高校を卒業したばかりの同質的な集団に限定され、社会的キャリアのなかでのその価値が重視されてこなかったのである。

しかも、このような日本の大学の極端な年齢的同質性は、近年になっても変化の兆しを見せてはいない。

結局のところ、日本で大学は、いまだに高校生が受験勉強の苦労を乗り越えて「入試」に合格し、やがて「就活」を経て社会に出ていく間の通過儀礼でしかない。（1）大学に期待されるのは、一定の基礎学力がある若者を選抜し、思い出深い人生経験の場となることだ。（2）大学生活は、それまでの高校と同じように一つずつ学年の階段を上っていく過程であると理解され、その途上での学修の中身が本気で問われることはないのである。（3）要するに、入試による若者の学力の選別機関としての大学の役割への社会的期待は大きくても、入学後の大学教育に、社会はそれほど大きな期待を抱いてこなかったし、今もそうなのである。（4）

この社会では、大学が学生に課す最大のハードルは入試となる。日本の大学を成り立たせているのは、厳密な入口管理、そして実質的な出口管理の不在である。大学に入るのは大変だが出るのは簡単という仕組みをこれほど徹底させてきた国はない。そして九〇年代以降の量的拡大により、この入口の管理もタガが外れ、日本の高等教育のレベル低下は深刻である。

他方、異なる年齢層の人々が同一のステージで交友していくのは、大学においてだけではない。職場でも、遊びの場でも、同じ変化が徐々に進行する。

a　しかし、大学は厳しい評価の場であり続ける。

b　だから、大学の学びにとって重要なのは入試ではない。

c　様々な世代の、異なる文化的背景を持った人々が、いくつかの専門性の高い領域において、また時にはそのような領域の既存の価値を越境して、創造的なパフォーマンスを実現していくことを大学は支援し、その結果を厳しく評価する。

d　しかし大学は、個々の学生の知的能力や創造性を伸ばし、同時にそれらを評価する仕組みを発達させてきた組織である。

e　個々の科目での学生の努力に対する成績、卒業や修了についての評価は厳しいものでなくてはならない。

f　むしろ入試のハードルはできるだけ低く、多様な階層、年齢、国籍、性向の人が入れることが望ましい。

そして社会は、その大学による評価を信頼し、卒業生たちの知的な［ア］を受け入れていくのである。

テージを生きるようになって、世代を越えた交友が多く生まれる」（同書）。つまり、マルチステージ化した社会とは、世代の関係構造が根底から変化していく社会なのである。

要点は、個人の人生も社会の仕組みも柔軟化していくことであり、そのために社会には世代を越えた風通しのよさが、個人には変化に対応できる［ア］術が求められていく。そしてまさにここにおいて、二一世紀の大学も根底から再定義を迫られていくことになる。

なぜならば、一方で個人に求められる［ア］術は、単なる職業再訓練的なものではない。そのような「再訓練」は、すでに確立した既存の社会機能や職能に対応したものでしかなく、二一世紀を通じてその機能や職能が変化していこうとしているときに、既存の仕組みを前提にした「再訓練」では、新しい社会でイニシアティブを発揮できる人材は育たない。グラットンらも述べていたように、求められるのは、「新しい思考様式を模索し、新しい視点で世界を見て、力の所在の変化に対応」していく力である。新たに与えられる役割を忠実にこなす優等生ではなく、新たな状況や［イ］のなかで、それまで多くの人が思いもしなかったような役柄を組み立てていける柔軟な［ウ］術が期待されていくのである。真に優れた［ウ］は、どんな役にも［エ］の思いもしない仕方で［ア］することができる。そして、人々がそのような［ア］術を身に着ける道場のような場になり得るところは、現存の社会では大学以外にあまりない。

型」への転換として特徴づけた。日本にそもそも「内部指向型」がどれほどいたのかは微妙だが、この国ではタテ型社会の同調圧力が結果的に人々をまるで羅針盤に従っているかのように同方向の人生に仕向けてきた。ところがそのような社会の仕組みが、長寿社会では徐々に無効化するのである。

長寿社会で人々が獲得するように促されるのは、もはや羅針盤でもレーダーでもなく多面的な複数の役をこなせる[ア]術である。産業化による経済成長期が終わり、低成長のなかで人生の長さが大幅に延びていくと、これまでのような単線的な人生設計は不可能になっていく。ポスト近代の社会ではC水平的に多数のキャリアが並行し、流動的な状況のなかで人々はその一つのキャリアから別のキャリアへと移動する柔軟性を身につけなければならなくなっていく。

その結果、一方で個人の側では、「人生が長くなり、人々が人生で多くの変化を経験し、多くの選択をおこなうようになれば、選択肢をもっておくことの価値が大きくなる」。私たちは何かを選択するとき、同時に何かをしないことも選択しているのだが、それを固定的にするのではなく、他方のオプションを残しておこうとし始める。たとえば、就職も結婚も必ずしも一生を決めるものとはならなくなっていく可能性が高い。こうして若者たちは、「選択肢を狭めないように、将来の道筋を固定せずに柔軟な生き方を長期間続け」、その先でも自分の人生が「一定の行動パターンにはまり込むのを避ける」ようになる。他方、社会的には、年齢とライフステージが一致しなくなることにより、「異なる年齢層の人たちが同一のス多くの移行を経験するようになる」と、グラットンらは言う。これまでは「学習→仕事」「仕事→老後」という二回だった移行が、三回、四回と増えていくのである。多くの人に、何度も「新しい人生の節目と転機が出現し、どのステージをどの順番で経験するかという選択肢」が劇的に拡大するのだ。人々は「仕事を長期間中断したり、転身を重ねたりしながら、生涯を通じてさまざまなキャリアを経験」していく。この人生構造の転換がもたらす最大の変化は、「年齢とステージがあまり一致しなくなる」ことである。これは大きな変化で、この対応が崩れると、これまで年齢とライフステージがある程度は対応することを前提に構築されてきた様々な制度が根底から怪しくなる（『ＬＩＦＥ　ＳＨＩＦＴ　一〇〇年時代の人生戦略』）。

個人のレベルでも、大きな問題が浮上する。「マルチステージ化する長い人生の恩恵を最大化するためには、上手に移行を重ねること」がポイントとなるにもかかわらず、現状では「ほとんどの人が生涯で何度も移行を遂げるための能力とスキルをもっていない」のである。移行を上手に重ねるには、それぞれの人が「柔軟性をもち、新しい知識を獲得し、新しい思考様式を模索し、新しい視点で世界を見て、力の所在の変化に対応し、ときには古い友人を手放して新しい人的ネットワークを築く」ことができなければならない（同書）。

かつてデイヴィッド・リースマンは、B消費社会における人々の社会的性格の変容を、自らの「羅針盤」に従って一方向に歩み続ける「内部指向型」から他者たちの評価を絶えず気にしながら「レーダー」を働かせて軌道修正していく「他人指向な問いなのだ。

リンダ・グラットンとアンドリュー・スコットの『LIFE SHIFT 一〇〇年時代の人生戦略』は、この寿命が一〇〇歳近くまで延びる社会の人生戦略について影響力のあるビジョンを示した著作である。同書はA長寿化によって「老後」とされてきた人生段階のありようが根本的に変わり、人々は「マルチステージの人生」を過ごすようになるという。

近代化以降、多くの人々が「学習」「仕事」「老後」という三つのステージの間の移行を当たり前のものとして受け入れてきた。しかし、こうして三つのステージで分節化される人生があまねく浸透したのはそう古いことではない。一八世紀までの世界では、多くの人々に「学習」や「老後」という段階は存在しなかった。ところが一九世紀末以降、社会全体の産業化と寿命の延び、学校教育の長期化によって「仕事」の前と後に比較的長い「学習」や「老後」の期間が誕生した。二〇世紀を通じてこの「学習→仕事→老後」という順番に人生を歩んでいくモデルが全世界化し、「同世代の人たちが隊列を乱さずに一斉行進することにより、確実性と予測可能性が生まれ」ていった。この確実性や予測可能性こそが産業社会の生産力を支えていたのであり、人々も「機会と選択肢の多さに戸惑う」ことなしに済んでいた。

このような人生サイクルが、人生一〇〇年時代には崩壊する。「マルチステージの人生が普通になれば、私たちは人生で

国語

（六〇分）

一、次の文章を読んで以下の設問に答えよ。

　二一世紀初頭、日本の大学の行く末を枠づける大きな歴史的条件のうちの一つに、少子高齢化がある。

　かつて平均寿命が六〇歳程度であった時代、小学校から大学までの約一六年の修学期間は、人生の約四分の一を占めていた。大学卒業後、仕事を始めたり家庭を持ったりした人が、五〇代後半まで働き続ければ三〇年余となる。つまり、大学まで進んだ者は人生の四分の一を学びに、半分を仕事や家庭生活に当てていた。この比率を※八〇～九〇歳にまで延びるとされる人生に当てはめるなら、学びの時間は約二一～二二年となり、平均でも五～六年は延びる。これは、もちろん同じような比率で仕事の期間も延びた場合で、仕事の期間の延びがもっと少ないなら、学びに当てられる人生の時間はもっと長くなる。つまり、長寿化する人生のなかで学びの時間をどう設計するかは、二一世紀の私たちの人生の帰趨《きすう》を決めるほどに重要

解答編

英語

Ⅰ　解答

(1)―①　(2)―①　(3)―④　(4)―②　(5)―①　(6)―③
(7)―④　(8)―②　(9)―④　(10)―②

解説　(1)「次の4月でここに10年勤めていることになる」の意。未来完了形または未来完了進行形を用いるのが適当。

(3)What sportsが主語なので受動態になる。

(5)「今より幸福だったことはない」つまり「今が一番幸福だ」の意。

(7)have no idea「まったくわからない」

(9)ask *A* to *do*「*A*に～するよう頼む」

(10)「急がなければならない。もう仕事に行かなければ」の意。have got to *do*＝have to *do*　should have *done*「～すべきだった（のに～しなかった）」は，過去の行為に対する非難や後悔を示す。この文にはnowがあるので矛盾する。

Ⅱ　解答

(1)―①　(2)―④　(3)―③　(4)―②　(5)―①　(6)―③
(7)―④　(8)―①　(9)―②　(10)―④

解説　(3)commentsを目的語とする他動詞が入ると考える。resent「～に憤慨する」

(4)lengthy delaysで「長時間の遅延」の意となる。

(5)outdoは「～にまさる」の意。outdo *oneself*で「(これまでの）自分を超える，腕を上げる」の意。

(6)remarkは「意見，発言」の意。「君の言いたいことがわからない」と続くことから，clarify「～を明らかにする」が適当。

(7)「政府の政策の変更」となる④が適当。markは「示す」の意。

(8)work out ～で「～を苦労して解決する」の意。

(9)get〔be〕fed up with ～で「～にうんざりする〔している〕」の意。

解答編

Ⅲ 解答 (A)—② (B)—④ (C)—② (D)—③ (E)—①

解説 ≪ルームメイトとの夕食についての会話≫

(A)「今夜，何が食べたい？」と尋ねたスティーブが，ケビンの返事に対して「それじゃ困るんだよね」と発言していることから，ケビンの返事は②「何でもいいよ」が適当。

(B)空欄(B)の直後に「あまり手をかけたくないよ」と続けているので，④「それは大変だよ」が適当。

(E)空欄(E)の直後にケビンが「なぜぼくが？」と答えていることから，①「君が払ってくれるといいな」が適当。

Ⅳ 解答 1—① 2—④ 3—② 4—① 5—③

解説 2. look into ～ は「～を研究する，調査する」の意。a bit more「もう少し」

3.「これを調べてもらってもいいかな？」に対して，「もちろん。具体的には何を調べて欲しいの？」という返答になる②が適当。check on ～「～を調べる」

5.「最近（調子は）どう？」に対する返答としては，Not bad.「悪くはない，まあまあ」が適当。

Ⅴ 解答 (1)—③ (2)—④ (3)—③ (4)—④ (5)—③

解説 ≪台湾の野良猫事情≫

英文(A)～(C)は，いずれも同じテーマを扱ったものである。

(1)英文(A)の第2文（The plump, …）後半に，…, where volunteers have fed and taken care of strays for yearsとあることから，③が適当。また質問文の主語がpeopleであることもヒントになる。

(2)英文(A)の最終文（“You can be …）の内容と④が一致する。個人が一度にできることは小さくても，積み重ねると大きなことができるということが述べられている。

(3)英文(B)の第2文（For five years, …）前半と③が一致する。

(4)英文(C)の第3文（“In Taiwan …）の中盤に「だが猫たちは（えさを）散らかしたままにすることがよくあり，人々を困らせている」と書かれている。これに最も近いのは④である。

(5)英文(C)の第5文（Chen applied for …）に「チェンは，プロジェクトの資金を得るためにタイペイ市の行政に助成金を申請し」とあり，③が最も近い。

VI 解答 (A)―② (B)―④ (C)―①

解説 ≪世界最古のビール工房≫

(A)「現在わかっている中で，最古のビール工房であるかもしれないもの」となる②が適当。可能性を示す用法のcanの過去形である。

(B)「ナルメル王」を先行詞とする，関係代名詞whoの非制限用法である。

(C) given that ～ で「～を考慮に入れると，～と仮定すると」の意。

日本史

1

解答　問1．④　問2．①　問3．②　問4．①　問5．①
問6．③　問7．②　問8．④　問9．④　問10．②
問11．④

解説　≪地方統治機構の歴史的変遷≫

問2．①が正解。670年に天智天皇のもとで作成された戸籍は庚午年籍。②庚寅年籍は持統天皇の時代の690年に，③壬申戸籍は明治政府によって1872年につくられた戸籍。

問4．①誤文。多賀城は724年に築かれた城柵で，陸奥国府と鎮守府が置かれ，奈良時代の東北経営の拠点であった。桓武天皇の時代には坂上田村麻呂が北方に胆沢城を築き，多賀城にあった鎮守府が胆沢城に移された。

問6．南北朝動乱期の守護の権限の拡大に関する問題。

③誤文。1352年に出された半済令では，適用地域・期間は限られたが，守護が荘園・公領の年貢の半分を徴発することを認めた。「加徴米」とは，年貢とは別に徴収される米のこと。鎌倉時代の新補率法では，段別5升の加徴米などが地頭の得分の基準として定められている。

①正文。守護は，刈田狼藉（他人の田地の稲を不法に刈り取る行為）の取り締まりの権限を与えられることにより所領紛争にも介入できるようになった。

②正文。幕府の判決を強制執行する権限を使節遵行権という。

④正文。南北朝期に戦乱が続くなかで，守護は敵方からの没収地を預けおくことなどを通じて任国内の武士と主従関係を結んでいった。

問9．④誤文。山県有朋とドイツ人顧問モッセは地方制度の整備に尽力し，その結果，市制・町村制や府県制・郡制が公布された。ベルツは政府に招かれて東京大学などで講義を行ったドイツ人医師。『ベルツの日記』が日本滞在中の記録として知られる。

問10．②誤文。戊申詔書は，第2次桂太郎内閣のときの1908年に発布された。

2 解答

問1．④　問2．④　問3．③　問4．②　問5．①
問6．①　問7．④

解説　≪古代～中世初頭の仏教文化≫

問2．④誤文。道鏡を寵愛し，法王の地位につけたのは称徳天皇。

③正文。743年，聖武天皇は近江の紫香楽宮で大仏造立の詔を出した。盧舎那仏（現在の東大寺の大仏）は当初，この地で造営が進められた。

問5．①誤文。『往生要集』を著したのは源信（恵心僧都）。法然（源空）の著作には，専修念仏の教えを説いた『選択本願念仏集』がある。

問7．④誤文。後白河法皇の命をうけて蓮華王院を建立したのは平清盛。火災で焼失した後，鎌倉時代に再建された蓮華王院の本堂は，三十三間堂とも呼ばれている。

3 解答

問1．②　問2．②　問3．②　問4．③　問5．①
問6．④　問7．③

解説　≪中世の惣村と都市≫

問2．②誤文。1441年，室町幕府の6代将軍足利義教が謀殺された変（嘉吉の変）による混乱のさなか，京都を中心に嘉吉の徳政一揆が起こった。播磨の土一揆は1429年に守護赤松氏の軍勢の退去などを要求して蜂起したもの。なお，播磨の土一揆を鎮圧した人物と足利義教を謀殺した人物は，ともに播磨守護の赤松満祐である。

問3．②正文。『朝倉孝景条々』には「惣別分限あらん者，一乗谷へ引越，郷村には代官ばかり置かるべき事」とあり，重臣たちは一乗谷の城下へ引越すように命じられた。

①誤文。相模の小田原は15世紀末に北条早雲（伊勢宗瑞）が制圧した。長尾景虎（上杉謙信）のもとで城下町として栄えたのは越後の春日山。

③誤文。「芦田川」で発掘された「洪水跡遺跡」とは，備後（広島県）の草戸千軒のことである。

④誤文。戦国時代，豊後の府内は大友義鎮（宗麟）の本拠地であった。大村純忠は肥前の戦国大名。純忠が長崎をイエズス会の教会へ寄進したことは，豊臣秀吉のバテレン追放令発布の一因とされている。

問4．③が正解。浄土真宗（一向宗）の本願寺派の寺院を中心とした寺内町は摂津の石山。石山本願寺は織田信長との11年にもおよぶ石山戦争で屈服し，本願寺勢力は石山を退去した。①奈良は興福寺などの，②伊勢の宇治・山田は伊勢神宮の，④近江の坂本は延暦寺などの門前町として知られる。

問５．①が正解。長野は，信濃の善光寺の門前町。②武蔵の品川と④若狭の小浜は港町，③河内の富田林は寺内町として栄えた。

問７．③正文。写真は首里城全景を写したもの。「戦国時代」「豊かな国際性を際立たせた都市」から，15〜16 世紀に日本・中国・朝鮮・東南アジア諸国との活発な貿易を推進した琉球王国の首里を想起したい。

①誤文。首里城は，琉球王国の王家である尚氏の居城。宗氏は対馬の島主である。

②誤文。琉球王国で貿易港として栄えたのは那覇である。

④誤文。2019 年の火災により，首里城の正殿を含む 9 施設が焼失した。

4　解答

問１．④　問２．①　問３．③　問４．②　問５．③
問６．②　問７．②

解説　≪立憲国家への歩み≫

問１．④が正解。征韓論争で敗れ参議を辞職した板垣退助・後藤象二郎・江藤新平・副島種臣らは，東京で愛国公党を結成し，民撰議院設立の建白書を左院に提出した。このとき辞職した参議の中には②の西郷隆盛もいたが，西郷はこの建白書の提出には参加していない。

問２．①誤文。「期限を決めた」が誤り。漸次立憲政体樹立の詔の「漸次」とは「しだいに」という意味であり，この詔では立憲政体へ緩やかに移行する方針が示された。

問４．②正文。明治維新後の政府は藩閥政府と呼ばれ，1885 年に内閣制度が創設された後も閣僚の多くは薩摩や長州の出身者で占められた。

①誤文。総裁・議定・参与の三職は，1867 年の王政復古の大号令によって設けられた暫定的な官職で，この翌年には廃止された。

③誤文。三条実美は内閣制度が創設された 1885 年，内大臣に就任した。

④誤文。日清戦争時の内閣は第 2 次伊藤博文内閣である。

問５．③が正解。大日本帝国憲法の中で「君主の権力」が「憲法の規制を受ける」ということを示す箇所を選ぶ問題。第 4 条は天皇が統治権の総攬者であることを定めたものであるが，「此ノ憲法ノ条規ニ依リ之ヲ行フ」

として，天皇の統治権が憲法の規定の範囲内で行使されるとしている。①第1条と②第3条は天皇の地位の根拠（万世一系の皇統）や性格，国務上の責任を問われないという立場（神聖不可侵），④第11条は統帥権（軍隊の指揮・統率権）という天皇大権の1つを示したものである。

問7．②誤文。「主権線」ではなく利益線が正しい。「主権線」とは主権が及ぶ範囲のことで国境線をさす。当時の山県有朋首相は朝鮮を「利益線」と呼び，日本の国土（主権線）防衛に密接に関係する地域として位置づけた。

世界史

1　解答

問1．①　問2．④　問3．①　問4．③　問5．②
問6．②　問7．④　問8．②　問9．③　問10．③

解説　≪イスラーム教の成立と広がり≫

問1．②誤文。ゾロアスター教の創始はササン朝以前である。

③誤文。軍人皇帝ウァレリアヌスを捕虜にしたのはシャープール1世である。

④誤文。安息はパルティアのこと。

問4．A．誤文。「マワーリー」は非アラブ人ムスリムを指す言葉。B．正文。

問6．②のフワーリズミーは，「知恵の館」で研究し，代数学や三角法を確立した。

問7．①誤文。契丹はモンゴル系とされている。

②誤文。ムワッヒド朝はベルベル系王朝である。中央アジア初のトルコ系イスラーム王朝はカラ＝ハン朝。

③誤文。ロディー朝はアフガン系王朝であり，インドのデリーを拠点とした。

問8．①誤文。イル＝ハン国の都はタブリーズ。サライはキプチャク＝ハン国の都。

③誤文。イクター制を創始したのはイラン系のブワイフ朝。

④誤文。ニザーミーヤ学院は，セルジューク朝のニザーム＝アルムルクによって設立された。

2　解答

問1．④　問2．②　問3．③　問4．①　問5．④
問6．③　問7．①　問8．②　問9．④　問10．③

解説　≪儒学・東南アジアの宗教≫

問2．①誤文。科挙は隋の文帝によって創始された。

③誤文。元は1314年に科挙を復活させた。

④誤文。科挙は清王朝でも継続され，光緒新政の一項目として1905年に

なって廃止された。

問4．②王守仁は陽明学者。③顧炎武は考証学者。④鄭玄は訓詁学者。

問5．①誤文。朝鮮王朝の建国者は李成桂である。

②誤文。朝鮮王朝の都は漢陽。

③誤文。仏国寺は新羅の時代に創建された。

問6．A．誤文。南越を滅ぼしたのは前漢の武帝。B．正文。

問10. ①誤文。タウングー（トゥングー）朝はミャンマーの王朝。

②誤文。チュノムは大越国の陳朝で作られ，使用された。

④誤文。ラタナコーシン朝は保護国化されることはなく現在に続いている。

3 解答

問1．④　問2．②　問3．③　問4．①　問5．④
問6．①　問7．②　問8．②　問9．③　問10. ③

解説　≪18～20世紀のアメリカ≫

問1．アメリカ独立戦争は，レキシントンの戦い（1775年）からパリ条約（1783年）の間の戦争。フランスはこの独立戦争に反英の立場で介入しているが，当時のフランス国王はルイ16世（在位：1774～92年）。

問2．①誤文。科学者であり駐仏大使として活躍したのはフランクリン。

③誤文。フロリダ買収はモンロー大統領の時代の出来事。

④誤文。アメリカ＝イギリス（米英）戦争を指導したのはマディソン大統領。

問3．A．誤文。ハワイ併合時の大統領はマッキンリー。B．正文。

問4．②誤文。北部は保護貿易政策を主張していた。

③誤文。リンカン大統領は共和党の政治家である。

④誤文。ヨークタウンの戦いはアメリカ独立戦争で植民地側の勝利を決定づけた戦い。

問6．①誤文。公民権法の制定はジョンソン大統領の1964年の出来事。

問8．Aのトルコ・ギリシアへの援助開始は1947年。Bの日米安全保障条約締結は1951年。Cの北大西洋条約機構（NATO）の成立は1949年。したがって，A→C→Bが正答となる。

4 解答

問1．③　問2．①　問3．③　問4．①　問5．①
問6．④　問7．②　問8．②　問9．③　問10．①

解説　≪19世紀のヨーロッパ≫

問1．①誤文。チュニジアはフランスの保護国となった。

②誤文。ドイツはカメルーン・トーゴのほか，ドイツ領東アフリカなどの植民地を領有した。

④誤文。ナイジェリアを領有したのはイギリス。

問2．①誤文。ギリシア独立戦争（1821～29年）時，フランスは第二帝政ではなくブルボン朝であった。当時の王はシャルル10世（在位：1824～30年）である。

問5．②誤文。エジプト＝トルコ戦争で，ロシアはオスマン帝国を支援した。

③誤文。ベルリン条約でロシアはバルカン半島での勢力拡大に失敗した。

④誤文。バグダード鉄道の敷設権を獲得したのはドイツ。

問6．④誤文。セシル＝ローズは，ローデシアの植民地化を推進した。インドの植民地化には無関係である。

問8．地図中で②が示しているのは南チロルとトリエステ。

問9．①の再保障条約は1887～90年。

②の三帝同盟は1873年に締結され，解消と復活を経て1887年に完全に失効した。

③の三国同盟（1882～1915年）は，第一次世界大戦中にイタリアが破棄して終了した。

④第1次日英同盟が1902年に締結された。

政治・経済

1

解答　問1．②　問2．②　問3．④　問4．②　問5．④
問6．③　問7．③　問8．①　問9．②　問10．④

解　説　≪アメリカと日本の政治制度≫

問2．A．アメリカ大統領選挙の投票日は連邦法で11月の第一月曜の翌日であると規定されている。

B．大統領選挙人の数は，上下両院の議員定数（上院100名，下院435名）に3名を加えた合計538名である。

問3．④正文。内閣不信任決議権は，日本国憲法第69条によって与えられた，衆議院だけの専権事項である。

①誤文。イギリスの首相は下院の多数党の党首が国王に任命されて就任する。

②誤文。明治憲法下では衆議院と貴族院の権限は，衆議院の予算先議権を除いてほぼ対等であった。

③誤文。日本国憲法第67条より，首相は国会議員の中から国会の指名で選出される。ただし戦後の首相はすべて衆議院議員から選出されている。

問4．②誤文。現在まで，二院制の下で衆議院の議決と参議院の議決が異なることもよくあり，衆議院の優越規定に基づき衆議院本会議での再可決あるいは衆議院の議決を国会の議決とすることで解決をはかってきた。したがって政局が安定しやすいとは言いがたい。

①・③・④は二院制採用の理由として適当である。

問8．①正文。比例代表制は小政党も議席獲得の可能性が高く，少数派を含めて様々な国民の意見を反映しやすい。

②誤文。比例代表制では小政党も議席獲得の可能性があるので，結果として小党分立になりやすい。

③誤文。比例代表制の下でも死票は発生する。

④誤文。比例代表制は政党の獲得議席をその政党が選挙管理委員会に提出した名簿の登載者に分配していくので，政党に所属しない候補者が当選することはない。

問９．各党の得票数を整数で割っていき，ドント式で議席配分の計算をすると，下のような結果になる。

除数	A党（60000）	B党（36000）	C党（6600）	D党（54000）
1	60000(i)	36000(iii)	6600	54000(ii)
2	30000(iv)	18000(vii)	3300	27000(v)
3	20000(vi)	12000	2200	18000(vii)
4	15000	9000	1650	13500

商の大きいものから順に(i)〜(viii)（今回はB党，D党の 18000 票がともに(vii)）までナンバリングする。そしてナンバリングした数字の個数が各党の獲得議席になる。結果，A党は３議席，B党は２議席，C党は０議席，D党は３議席獲得となる。

問 10．④誤文。最高裁判所は，1972 年と 1983 年の衆議院議員総選挙における一票の格差をめぐる裁判で，２度にわたり違憲判決を下した。

2　解答

問１．③　問２．④　問３．①　問４．④　問５．①
問６．③　問７．②　問８．④

解説　≪プラザ合意後の日本経済≫

問２．④正文。1985 年９月の G5（先進５カ国財務相・中央銀行総裁会議）でドル高是正のために各国の通貨当局が外国為替市場でドル売りの協調介入に合意した。

①誤文。ドル防衛のためにニクソン大統領が 1971 年８月に発表した経済政策である。

問３．①正文。バブル景気の時期は市場の余剰通貨が株や土地の購入に充てられ，株価や地価が高騰した。しかし，それ以外の一般消費財の価格は比較的安定していた。

②誤文。バブル期の実質経済成長率は年平均５％前後で推移した。

③誤文。バブル期には，株や土地へ投機した人とそうでない人との間の資産格差が拡大した。

④誤文。バブル景気の一因は，日銀が行った公定歩合を段階的に 2.5% まで引き下げるという超低金利政策であった。

問７．②正文。2009 年のギリシャにおける政権交代をきっかけとして発覚した。その後，この財政危機はポルトガルなどにも広がった。
①誤文。フィスカルポリシーの説明である。
③誤文。スタグフレーションは不況とインフレ（物価上昇）が共存する状態を表す。
④誤文。特別定額給付金は国民1人当たり10万円であった。
問8．④誤文。後期高齢者医療制度の対象年齢は，2008年4月の制度開始時から変わらず満75歳以上である。

3 解答

問1．③　問2．④　問3．④　問4．②　問5．①
問6．③　問7．①　問8．③

解説　≪オリンピックの歴史と国際政治≫

問2．④正文。1989年に始まった東欧革命の流れで，11月に東西冷戦の象徴であったベルリンの壁が崩壊した。
①誤文。ベルリン封鎖はソ連が西ベルリンと西側占領諸国との陸上交通網を遮断した出来事。
②誤文。ベルリンの壁は1961年に構築された。
③誤文。1975年に東西陣営が参加したCSCEはヘルシンキで開催された。
問3．④正文。1920年1月に国際連盟は発足した。イギリスやフランス，日本など42カ国が原加盟国になった。
①誤文。ロシア革命は1917年で確かに第一次世界大戦中に起こったが，倒されたのはニコライ2世のロマノフ王朝であり，この後，1922年に社会主義政権ソ連が誕生する。
②誤文。『永久平和のために』はドイツの哲学者カントの著書である。
③誤文。平和原則14カ条はウィルソンが発表した。
問5．①誤文。国連憲章の原案を討議したのは1944年のダンバートン＝オークス会議。モスクワ会議は1943年に開催され，新しい国際平和機構の設立について大筋で合意された。

問8．③正しい。マンデラは南アフリカの黒人解放運動の指導者。1964年に国家転覆罪で終身刑の判決を受けたが，獄中28年を経て1990年2月に釈放された。1994年に南アフリカの黒人初の大統領に選出された。
①誤り。デクラークはアパルトヘイト撤廃に貢献した南アフリカの大統領。
②誤り。アラファトはPLO（パレスチナ解放機構）の議長としてパレス

チナ解放運動に貢献した。

④誤り。ガンジーは非暴力・不服従の方法で，インドの独立運動を指導した。

4 解答

問1．27―④　28―①　問2．①　問3．②　問4．③
問5．①　問6．④　問7．②

解説　≪エネルギーと環境問題≫

問1．27．固定価格買取制度（Feed-in Tariff: FIT）は2012年に施行された再生可能エネルギー特別措置法に基づき，再生可能エネルギーで発電した電力を固定価格で一定期間電力会社が買い取る仕組み。

28．2012年に日本で石油・石炭・天然ガスなどの化石燃料に課税する環境税が導入された。別名地球温暖化対策税ともいう。

問6．④正文。先進国は京都議定書で掲げた数値目標を達成するために排出量取引に参加できる。

①誤文。京都議定書では先進国の温室効果ガス排出量について法的拘束力のある数値目標が設定された。

②誤文。選択肢の共同実施（JI）は認められている。

③誤文。クリーン開発メカニズムは京都メカニズムとして実行することが可能である。

問7．②誤文。発電量に占める原子力発電の割合が世界一なのはフランスである。

数学

1 解答

(1) 1．8　2・3．14

(2) 4・5．-3　6．5　7．4

(3) 8．5　9．3　10．5　11．2

(4) 12．2　13．7　14．6　15．3

解説　≪小問4問≫

(1)　$a=\sqrt{3}+1$, $b=\sqrt{3}-1$ より

$$a+b=(\sqrt{3}+1)+(\sqrt{3}-1)=2\sqrt{3}$$

$$ab=(\sqrt{3}+1)(\sqrt{3}-1)=3-1=2$$

したがって

$$a^2+b^2=(a+b)^2-2ab=(2\sqrt{3})^2-2\times2=12-4=8 \quad \to 1$$

$$\frac{a^2}{b^2}+\frac{b^2}{a^2}=\frac{a^4+b^4}{a^2b^2}=\frac{(a^2+b^2)^2-2a^2b^2}{a^2b^2}=\frac{8^2-2\cdot2^2}{2^2}=14$$

→2・3

(2)　2次方程式 $x^2-(a+3)x+2a+6=0$ の判別式を D とおくと，実数解をもつための必要十分条件は $D\geqq0$ であるから

$$D=(a+3)^2-4(2a+6)=a^2-2a-15=(a+3)(a-5)\geqq0$$

よって，求める a の値の範囲は

$$a\leqq-3,\ 5\leqq a \quad \to 4 \cdot 5,\ 6$$

また，重解をもつのは $D=0$ のときであるから

$$D=(a+3)(a-5)=0$$

よって　$a=-3,\ 5$

$a=-3$ のとき

$$x^2=0$$

より，重解は　$x=0$

$a=5$ のとき

$$x^2-8x+16=(x-4)^2=0$$

より，重解は　$x=4$

したがって，求める正の重解は

$x=4 \quad \rightarrow 7$

参考 2次方程式 $ax^2+bx+c=0$ の重解は $-\dfrac{b}{2a}$ となるから，本問の重解は $\dfrac{a+3}{2}$ で与えられる。したがって，$a=5$ のとき $x=\dfrac{5+3}{2}=4$ としてもよい。

(3) $0° \leqq \theta \leqq 180°$ より，$\sin\theta \geqq 0$ であるから

$$\sin\theta=\sqrt{1-\cos^2\theta}=\sqrt{1-\left(\frac{2}{3}\right)^2}=\frac{\sqrt{5}}{3} \quad \rightarrow 8,\ 9$$

また

$$\tan\theta=\frac{\sin\theta}{\cos\theta}=\frac{\frac{\sqrt{5}}{3}}{\frac{2}{3}}=\frac{\sqrt{5}}{2} \quad \rightarrow 10,\ 11$$

(4) 余弦定理より

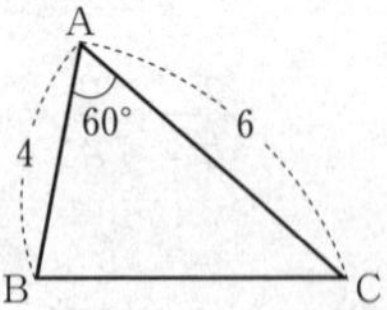

$$BC^2=4^2+6^2-2\cdot 4\cdot 6\cos 60°$$
$$=16+36-24=28$$

$BC>0$ より

$BC=2\sqrt{7} \quad \rightarrow 12,\ 13$

△ABC の面積は

$$\triangle ABC=\frac{1}{2}\cdot 4\cdot 6\sin 60°=6\sqrt{3} \quad \rightarrow 14,\ 15$$

2 解答

(1)16. 2 17・18. −3 19. 2 20. 3

(2)21. 4 22. 5 (3)23・24. −1 25・26. 17

解説 ≪放物線の頂点の座標，x 軸から切り取る線分の長さ，平行移動，2次不等式≫

(1) $f(x)=x^2-4x+1=(x-2)^2-3$ より，放物線 C の頂点の座標は

$(2,\ -3) \quad \rightarrow 16,\ 17\cdot 18$

2次方程式 $x^2-4x+1=0$ を解いて，放物線 C と x 軸との交点の x 座標を求めると

$x=2\pm\sqrt{3}$

したがって，求める線分の長さ l は

$$l=(2+\sqrt{3})-(2-\sqrt{3})=2\sqrt{3}\quad \to 19,\ 20$$

(2)　題意より，放物線 C を x 軸方向に -4，y 軸方向に 4 だけ平行移動すると，$y=x^2+ax+b$ のグラフになることから

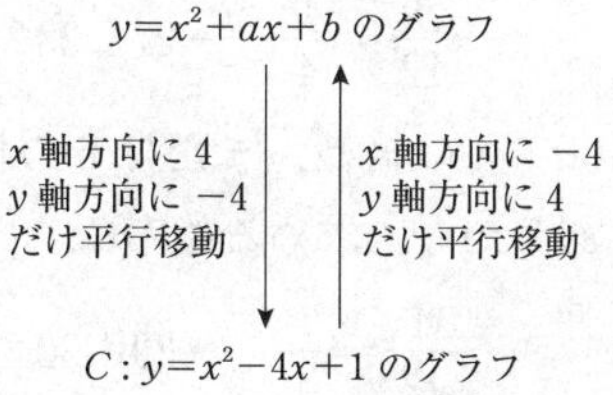

$$y-4=(x+4)^2-4(x+4)+1$$

整理すると

$$y=x^2+4x+5$$

これが $y=x^2+ax+b$ と一致することから

$$a=4,\ b=5\quad \to 21,\ 22$$

(3)(i)　C と D が異なる 2 点で交わるためには，方程式 $x^2-4x+1=-x^2+p$，すなわち $2x^2-4x+1-p=0$　……①が異なる 2 実数解をもてばよい。

よって，①の判別式を T とおくと

$$\frac{T}{4}=4-2(1-p)=2p+2>0$$

よって　　$p>-1\quad \to 23\cdot 24$

(ii)　　$h(x)=g(x)-f(x)=(-x^2+p)-(x^2-4x+1)$

$$=-2x^2+4x+p-1=-2(x-1)^2+p+1$$

より，2 次関数 $h(x)$ のグラフは頂点 $(1,\ p+1)$，軸は直線 $x=1$，上に凸の放物線である。

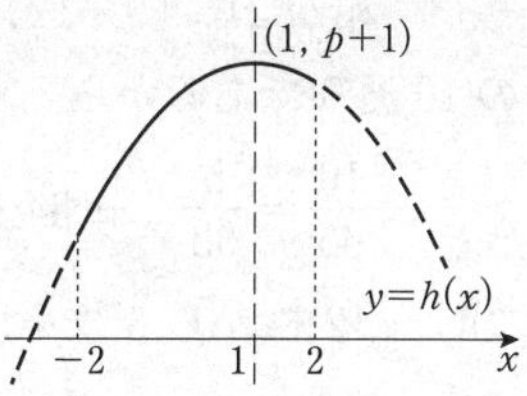

したがって，$-2\leqq x\leqq 2$ でつねに $f(x)\leqq g(x)$，すなわち $h(x)\geqq 0$ であるためには

$$h(-2)=p-17\geqq 0$$

よって　　$p\geqq 17\quad \to 25\cdot 26$

3　解答

(1)27.　1　28.　4　29.　1　30.　3

(2)31.　1　32・33.　22　34.　5　35・36.　33

(3)37・38・39.　462　40.　6　41・42.　11

解説　≪数字が書かれたカードを取り出すときの確率と場合の数≫

(1)　起こり得るすべての場合の数は 12 通りである。

(i)　4の倍数のカードは，4，8，12の3通りがあるから，求める確率は

$$\frac{3}{12}=\frac{1}{4}\quad\to 27,\ 28$$

(ii)　4の倍数，または6の倍数のカードは，4，6，8，12の4通りであるから，求める確率は

$$\frac{4}{12}=\frac{1}{3}\quad\to 29,\ 30$$

(2)　起こり得るすべての場合の数は

$${}_{12}C_2=\frac{12!}{10!2!}=66\text{通り}$$

である。

(i)　取り出したカードの2つの数の和が7となるのは

(1，6)，(2，5)，(3，4)

の3通りであるから，求める確率は

$$\frac{3}{66}=\frac{1}{22}\quad\to 31\sim 33$$

(ii)　取り出した2つの数の和が7の倍数となるのは

和が7：(1，6)，(2，5)，(3，4)

和が14：(2，12)，(3，11)，(4，10)，(5，9)，(6，8)

和が21：(9，12)，(10，11)

の10通りであるから，求める確率は

$$\frac{10}{66}=\frac{5}{33}\quad\to 34\sim 36$$

(3)(i)　12枚から6枚を取り出し2組に分けるが，この2組に区別がないことから

$$\frac{{}_{12}C_6\times{}_6C_6}{2!}=\frac{\frac{12!}{6!6!}\times 1}{2}=\frac{924}{2}=462\text{通り}\quad\to 37\sim 39$$

(ii)　1のカードの入った組には，12以外の10枚のカードから5枚取り出し，残りのカード5枚を12のカードの入った組に入れるとよい。

したがって，求める確率は

$$\frac{{}_{10}C_5\times{}_5C_5}{462}=\frac{\frac{10!}{5!5!}\times 1}{462}=\frac{252}{462}=\frac{6}{11}\quad \rightarrow 40\sim 42$$

4 **解答** (1)43・44. 13　45. 6　46・47. 21　48. 5
(2)49・50. 77　51. 3
(3)52―②　53―②　54―①　55―③　(4)56―③　57―②　58―④

解説 ≪中央値，データの範囲，平均値，標準偏差，相関関係≫

(1) A 市の月平均気温の中央値は，気温の低い方から 6 番目 11.4°C と 7 番目 15.8°C の平均値

$$\frac{11.4+15.8}{2}=13.6〔°C〕\quad \rightarrow 43\sim 45$$

である。

A 市の月平均気温の最大値は 24.1°C，最小値は 2.6°C であるから，年較差は

$$24.1-2.6=21.5〔°C〕\quad \rightarrow 46\sim 48$$

(2) A 市の月平均湿度の平均値は

$$\frac{80+75+73+71+74+80+81+79+77+78+77+79}{12}=77〔\%〕$$

$\rightarrow 49\cdot 50$

標準偏差は

$$\sqrt{\frac{(80-77)^2+(75-77)^2+(73-77)^2+(71-77)^2+(74-77)^2+(80-77)^2+(81-77)^2+(79-77)^2+(77-77)^2+(78-77)^2+(77-77)^2+(79-77)^2}{12}}$$

$$=\sqrt{\frac{9+4+16+36+9+9+16+4+0+1+0+4}{12}}=\sqrt{9}=3〔\%〕\quad \rightarrow 51$$

(3) A 市の月平均気温の中央値は 13.6° である。B 市の中央値は散布図より，気温の低い方から 6 番目はおよそ 21.4°C，7 番目はおよそ 23.8°C より $\dfrac{21.4+23.8}{2}=22.6$〔°C〕である。C 市についても同様にして，およそ $\dfrac{8.9+13.3}{2}=11.1$〔°C〕となるから，中央値が最も大きいのは

B 市，すなわち　② $\rightarrow 52$

となる。

A市の気温の年較差は21.5°Cである。B市，C市については散布図から読み取ると，およそ

　　B市：28.3−16.0＝12.3〔°C〕

　　C市：26.2−1.0＝25.2〔°C〕

したがって，年較差が小さいものから順に並べると

　　B市，A市，C市，すなわち　②，①，③　→53，54，55

(4)　3つの散布図において，各データが直線の付近に集まっており，ばらつきの最も少ないものはC市である。したがって，3つの都市の中で最も強い相関関係を示すものは

　　C市，すなわち　③　→56

である。

また，月平均気温をX，月平均湿度をYとし，C市についてYをXの1次式で表すと，与えられた選択肢の中で

$$Y=0.8X+66$$

が最も適する。

したがって

　　$a=0.8$，すなわち　②　→57

　　$b=66$，すなわち　④　→58

「多くの選択」「固定的にするのではなく」「柔軟な生き方」等と述べられている。3が正解。1は「混乱を耐え抜く生き方」、2は「持久的」、4は「間断のない転職」の部分で不適。

問㈦　傍線部Dの次の文に「優秀で意欲のある学生が能力を十分に伸ばしていく」ための方策が述べられている。それがないということだから、2に決まる。

問㈧　傍線部Eの次の文に「大学は直線的な……媒介的な仕組みとなる」とある。そこをおさえている4が正解。1は「段階的」が不適。傍線部の後に「非連続的」とある。2・3はそもそも「役割」の説明ではない。

問㈨　1、第二段落に「この比率を……当てはめるなら」とある。比率は同じであり、「計算し直」してはいない。合致しない。

2、傍線部A以降の文脈に注目する。当たり前だった移行がそうではなくなり、ステージを経験する順番の選択肢が拡大し、年齢とライフステージがあまり一致しなくなる、とある。そして傍線部C以降で「流動的」「柔軟」「選択肢を狭めない」「道筋を固定せず」等の言及が続く。「見当も失われ……重点化する」の部分で合致しない。

3、傍線部Cの次の段落に「就職も結婚も……可能性が高い」とある。合致しない。

4、最後の三つの段落の内容に合致する。本文の「フレクシブル」・「デザイン」を、選択肢ではそれぞれ「融通のきく」・「企画開発」と言い換えられている。

二

出典　スティーブン・グリーンブラット『暴君―シェイクスピアの政治学』〈第2章　党利党略〉（河合祥一郎訳、岩波新書）

解答

問㈠　a―2　b―1　c―5　d―3　e―4

問㈡　a―4　b―2　c―4　d―1　e―5

問㈢　a―4　b―9　c―11　d―13　e―5　f―10　g―8　h―7　i―6　j―3

問㈣　Ⅰ―3　Ⅱ―1　Ⅲ―1　Ⅳ―2　Ⅴ―4

エ、役者に例えている文脈であるところから考える。

問㈡　枠の前には、職場も遊びの場も大学と同様とあり、枠の中では評価に言及している。枠に続く文で、社会がその評価を信頼する、とある。選択肢を見れば最初はaかdであると考えられるが、いきなりaでは何を評価するのかが不明。そこで最初はdになる。aの前には厳しくないことへの言及があるはず。bとfは入試への言及で「b→f」は選択肢すべてで共通。cでは、dで評価する中身が説明されている。「創造」にも注目。eは厳しく評価するもの。以上から3に決まる。

問㈢　指示語の「この」に注目する。挿入箇所の前には「学びそのものへの社会的関心の不在」に当たる内容があるはずである。(3)の前の「学修の中身が本気で問われることはない」がそれである。

問㈣　傍線部Aの後の二つの段落の内容をふまえた4が正解。

1・2、「仕事」の前後に「学習」と「老後」が誕生したのは「十九世紀末以降」である。

3、「人生モデル……弱体化させた」という言及はない。

問㈤　傍線部の直後に、「内部指向型」は「一方向」とあり、「他人指向型」については「他者たちの評価を絶えず気にしながら」「軌道修正していく」と説明されている。「日本」においても「同方向の人生」が無効化したと述べられていることから、1が正解。

2、タテ型社会の同調圧力によっても羅針盤に従う一方向だったわけで、その仕組みが無効化したのだから、移行は起きたと言える。

3、「逆にそれをばらばらにした」が不可。「個人の人生も社会の仕組みも柔軟化していく」とあるが、「柔軟化」は「ばらばら」とは違うし、「世代を越えた交友が多く生まれる」ともある。

4、「外部」ではなく「他人」であり、「同調圧力」が移行を「引き止めようとした」という言及もない。

問㈥　傍線部Cを含む文に、ポスト近代の社会で多数のキャリアの中で移動する柔軟性への言及がある。続く段落でも

国語

一

出典　吉見俊哉『大学は何処へ―未来への設計』〈第五章　日本の大学はなぜこれほど均質なのか―少子高齢化の先へ〉（岩波新書）

解答

問㈠　ア―1　イ―3　ウ―2　エ―2
問㈡　3
問㈢　（3）
問㈣　4
問㈤　1
問㈥　3
問㈦　2
問㈧　4
問㈨　4

解説

問㈠　ア、六箇所あるので、つかみやすいところから見てゆく。「多面的な複数の役をこなせる」術、「変化に対応できる」術、「どんな役にも」なることができる、等々の部分からわかる。
イ、一箇所のみである。「新たな状況」と並んでいる。その中で「思いもしなかったような役柄を組み立て」るのである。
ウ、どんな役柄にもなれる人である。

■全学統一入試：前期

問題編

▶試験科目・配点

教　科	科　　　目	配　点*
外国語	コミュニケーション英語Ⅰ・Ⅱ・Ⅲ，英語表現Ⅰ・Ⅱ	100 点
国　語	国語総合（古文・漢文を除く）	100 点

▶備　考

＊経営学部ホスピタリティ・マネジメント学科は，英語 200 点（100 点×2），国語 100 点の計 300 点満点で判定。その他は各 100 点計 200 点満点で判定。

英語

（60分）

Ⅰ．次の1～10の英文の（　　　）に入るものとして最も適当なものを、①～④から1つずつ選び、マークしなさい。

1．Mr. and Mrs. Williams hope to stay fit, so they prefer walking (　　　) driving.

① for　② rather　③ to　④ as not to

2．It's not only her friends that Ms. Murakami is kind to. She helps (　　　) needs her assistance.

① those　② however　③ whoever　④ whom

3．Do you think our boss will give my proposal serious (　　　)?

① considerable　② consider

③ considered　④ consideration

4．As (　　　) as the bell rang, the pupils rushed out of the classroom to go get lunch.

① soon　② far　③ wide　④ quick

5．By the end of this month, my parents (　　　) for forty years. What shall we get for their ruby wedding anniversary?

① will be married　　② will marry

③ will be marrying　　④ will have been married

6. It's really loud in here, isn't it? That makes it (　　　) impossible to talk.

① hardly　② slightly　③ freely　④ practically

7. She (　　　) if ever eats out. It probably has to do with the fact that she loves to cook and is also a very good chef.

① often　② seldom　③ always　④ sometimes

8. I threw out a pair of shoes, (　　　) I didn't like.

① whichever color　　② of which color

③ the color of which　　④ whose color of

9. It was discovered that (　　　) foods taste exactly the same to all people. Coriander, which is a type of herb used in lots of different ethnic cooking, tastes normal to many people, but for some it apparently tastes like soap.

① not all　② not some　③ not until　④ not necessarily

10. I know nothing about him (　　　) that he is a neighbor that lives on a floor below me. He always gets off the elevator a few floors before ours.

① other for　② except　③ else　④ without

Ⅱ. 次の1～10の英文の下線部の意味に最も近いものを、①～④から1つずつ選び、マークしなさい。

1. The driver kept insisting that he did not hit my car at all. Little did he know that I have a recording device installed in my car.

① recommending ② arguing

③ reserving ④ arresting

2. Luckily, no one was hurt in the accident.

① Calmly ② Generally ③ Fortunately ④ Sadly

3. She decided to step down from her job as the manager of the restaurant.

① soar ② expire ③ hire below ④ quit

4. He tried to make up for the time lost by working extra hard on his project. It was delayed due to things that were beyond his control.

① compensate ② complain

③ compromise ④ commission

5. I don't expect any major interruptions during the process. However, let's play it safe and have an alternative plan ready.

① anticipate ② accept ③ count on ④ confront with

6. There is an old saying that only time can mend a broken heart. Jeremy broke up with his girlfriend three months ago, but he still looks really sad.

① tear ② release ③ heal ④ earn

7. It looks like we need to do away with all of these magazines. There must be thousands of them here in the garage.

① disclose　② delete　③ discard　④ document

8. This latest battery is a marvel of modern engineering. If your battery overheats and catches fire, it will automatically extinguish itself.

① celebrity　② wonder　③ specialist　④ failure

9. Could you try looking into the matter?

① withdrawing　② checking off

③ investigating　④ signing out

10. The new drug will be tested in a new experimental program.

① pilot　② reliable　③ inexpensive　④ spiritual

Ⅲ. 次の1～5の英文とほぼ同じ意味のものを①～④から1つずつ選び、マークしなさい。

1. My mother said to me, "Why don't you go take a walk in the park near our house?"

① My mother told me to get my act together and take a walk in the park that was nearby our home.

② My mother suggested that I take a walk in the local park that was near our residence.

③ My mother gave me instructions to transport in the park that was within walking distance of our home.

④ My mother recommended that I subject myself to the harsh realities of the park in our neighborhood.

2. Let's all meet at half past noon tomorrow.

① Our plan for tomorrow is to get the group together at 11:30.

② We all decided to part our ways until 6:00 in the evening tomorrow.

③ Our arrangement for tomorrow will be to separate everyone thirty minutes after midday.

④ Everyone in our group agreed to meet at 12:30 tomorrow.

3. A recent survey has shown many people think that global warming is actually happening.

① A recent poll has shown that numerous people believe global warming to be a real phenomenon.

② A latest study has disclosed that the effects of global warming often do not reach the conscience of the average person.

③ A recent questionnaire has revealed that an overwhelming number of people consider global warming as a true threat to humanity.

④ The phenomenon of global warming can be denied through the reports of a latest poll by the majority of consumer groups.

4. His application for a mortgage was turned down by the bank.

① He was taken to court by the bank on grounds of a false application.

② The bank rejected his application for a loan to purchase a home.

③ His request for debt application was collected by the bank owner.

④ The bank invited him to utilize his knowledge of the application for the loan.

5. There are no artificial ingredients in this product.

① The product only contains natural ingredients.

② The genuine product is all valid in its original ingredients.

③ This product is made of 100% chemical ingredients.

④ Every single artificial element is produced to make these ingredients.

Ⅳ. 次の対話文の（　A　）～（　E　）に入る最も適当なものを、①～④から1つずつ選び、マークしなさい。

A brother and a sister are talking about what to eat out for dinner. Their parents are gone for the evening and have left 3,000 yen on the table.

Tetsuko : Hey, guess what time it is?

Jiro : I don't know… time for the live broadcast of your favorite demon-fighting animation?

Tetsuko : Nope. This time, look at the time and guess again.

Jiro : [*checks the clock on the wall*] Well, it's five-forty-five and it's close to dinner time.

Tetsuko : (　　A　　) So, what do you want to have for dinner? Mom and dad left us some cash on the table.

Jiro : (　B　)

Tetsuko : A couple thousand yen. I'm feeling like it's a great night for some steak or meat! What do you think about *yakiniku*, then?

Jiro : The *yakiniku* restaurant near the station isn't necessarily that cheap, you know… We'll manage to eat just a few slices and then, if we order some more we'll (　　C　　).

Tetsuko : How about the fast food joint then? Some burgers and fries would be nice!

Jiro : We just had that for lunch a couple days ago. Plus it's a little chilly outside today. I want something that warms me up from the inside.

Tetsuko : Well, how about the new *ramen* place near the station, then? I saw lots and lots of pictures up on different SNS accounts. I also saw it on a TV program last week. The red hot soup and slices of pork look so delicious.

Jiro : (D)

Tetsuko : What do you mean? Price-wise, it shouldn't be a problem.

Jiro : Yes, I know. We can probably both get large servings of noodles and even a side-dish to share. On the other hand, we'll start to freeze in the cold.

Tetsuko : (E)

Jiro : Definitely. If this was two years ago, we would wait for maybe thirty minutes or an hour. But nowadays with businesses having to space out their seats and serving fewer people at a time, it'll mean we'll be standing there for even longer. Who knows... maybe even two hours because it's so popular!

Tetsuko : That doesn't sound too appealing, does it?

Jiro : Nope, not at all. Why don't we eat at that other *ramen* shop that's down the road. It'll just be a couple of minutes by bike.

Tetsuko : Sure. It's not the most extraordinary place, but it'll do.

Jiro : [*grabbing his coat, wallet and keys*] Don't forget the bills that mom and dad left us!

(A) ① That's not true!

② No big deal!

③ Exactly!

④ Me too!

(B) ① Is it in a pair?

② How much did they leave?

③ Where did you dig that up?

④ Are we going to have to fight over the bills?

(C) ① soon be ordering seconds

② rapidly drain our energy source

③ quickly grow tired of the taste

④ immediately be over our budget

(D) ① That probably means it isn't a good idea to go there.

② Hot and spicy might be good for you but I like it even hotter.

③ The fans are going to bid for a higher price than last year.

④ Let's stay warm and comfortable inside.

(E) ① Do you think the place is the same as it was two years ago?

② Do you think there's going to be a long line of customers?

③ Do you think we'll be able to take out from the place?

④ Do you think we'll need to bring a stopwatch to time ourselves?

V. 次の英文の（　A　）～（　E　）に入る最も適当なものを①～④から１つずつ選び、マークしなさい。

How have the most successful people in the world overcome their challenges? Was there a "key" to unlocking their abilities and path towards success? Former U.S. president Barack Obama's speech that （　A　） *American students in 2009, may contain some valuable insight. Here is an *excerpt from his speech.*

I know that sometimes you get that sense from TV that you can be rich and successful without any hard work—that your ticket to success is through *rapping or basketball or being a reality TV star. Chances are you're not going to be any of those things.

The truth is, being successful is hard. You won't love every subject that you study. You won't click with every teacher that you have. Not every homework assignment will seem completely relevant to your life right at this minute. And you won't necessarily succeed at everything the first time you try.

That's okay. Some of the most successful people in the world are the ones who've had the most failures. J. K. Rowling—who wrote *Harry Potter*—her first *Harry Potter* book was （　B　） twelve times before it was finally published. Michael Jordan was cut from his high school basketball team. He lost hundreds of games and missed thousands of shots during his career. But he once said, "I have failed over and over and over again in my life. And that's why I succeed."

These people succeeded because they understood that you can't let your failures define you—you have to let your failures teach you. You have to let them show you what to do differently the next time. So if you get into trouble, that doesn't mean you're a troublemaker. It means you need to try harder to act right. If you get a bad grade, that doesn't mean you're stupid. It just means you need to spend more time studying.

No one is born being good at all things. You become good at things through hard work. You're not a *varsity athlete the first time you play a new sport. You don't hit every note the first time you sing a song. You've got to practice. The same (　C　) applies to your schoolwork. You might have to do a math problem a few times before you get it right. You might have to read something a few times before you understand it. You definitely have to do a few drafts of a paper before it's good enough to (　D　).

Don't be afraid to ask questions. Don't be afraid to ask for help when you need it. I do that every day. Asking for help isn't a sign of weakness. It's a sign of (　E　) because it shows you have the courage to admit when you don't know something, and that then allows you to learn something new. So find an adult that you trust—a parent, a grandparent or teacher, a coach or a counselor—and ask them to help you stay on track to meet your goals. And even when you're struggling, even when you're discouraged, and you feel like other people have given up on you, don't ever give up on yourself.

*excerpt 「(スピーチ原稿の) 抜粋」　rapping 「ラップを歌うこと」
varsity 「(高校・大学などの) 代表チームの」

(A)　① addressed　② fed　③ interpreted　④ orbited

(B)　① traded　② erased　③ rejected　④ accomplished

(C) ① location ② harbor ③ principle ④ clash

(D) ① cut up ② hand in ③ run out of ④ look down

(E) ① strength ② architecture ③ tension ④ privacy

Ⅵ. 次の英文［A］～［E］を読んで、それぞれの内容と合うように、1～5の英文を完成するために最も適当なものを①～④から1つずつ選び、マークしなさい。

［A］ Most of us are familiar with the achievements of successful figures such as Thomas Edison, Helen Keller, and Isaac Newton. Few of us, however, know much about special people who motivated these people to greatness—their teachers.

Take Thomas Edison, inventor of the first sound recorder and mass producer of the electric lightbulb. As a child, Edison suffered from what is now known as attention deficit disorder. He was bright but found it difficult to concentrate in class. He could not sit still and asked too many questions. Not understanding his condition, his teachers labeled him "confused" and "impossible to teach". Despite what others said, Nancy Edison who was Thomas's mother, was determined to provide her son with practical opportunities for learning. It was Nancy Edison who saw great potential in her son and decided to take him under her own wing. She patiently worked with Thomas and continued to encourage him to learn and pursue his scientific interests.

1．According to passage［A］, remarkable teachers can

① inspire people to seek approval in every single thing they do so as not to fail.

② stimulate students to search for answers to the deficit in inventing new records for the good of confused instruction.

③ suffer from the fate of becoming more famous than their pupil's shadow.

④ prompt some individuals to overcome personal challenges and accomplish amazing things.

［B］ Thus, Edison's mother, who also happened to be a school teacher, decided to take young Thomas out of school and teach him herself. Nancy Edison knew that he asked many questions because he wanted to understand things fully. She also knew that he preferred discovering things for himself rather than memorizing what he was told. Nancy also realized that Thomas was highly interested in chemistry and electronics, so she bought him books to read on the subjects. In one of the chemistry books, it described how to conduct different kinds of experiments. She encouraged her son to experiment and even allowed him to set up a laboratory in the basement. Amazingly, he ended up trying out every single experiment that was outlined in the book.

Her method of educating her son—and student—paid off: Edison's experiments led him to become one of the greatest inventors in American history. Later, when Thomas Edison was much older, he described his mother as a hero and someone who helped him become who he was.

2. According to passage [B], Thomas Edison's mother can be described as

① a courageous woman who believed in her son's abilities and provided him with a stimulating learning environment that was suitable for self-discovery and inquiry.

② a bold pioneer who ventured out to the broad academic fields that no one had ever been to before on behalf of her son's preference for heroic books and inventions.

③ a lost soul who pursued comfort and a sense of relief by developing her son into a master designer of memorial research and scientific findings that rocked the future world.

④ a polite mother who knew that it would take everything in the world to make her son become accepted as an outstanding prospect for dreaming up newly fashioned items that shaped memorized history.

[C] Many of us know of Helen Keller. Even though she was deaf and blind, Keller became a great author and speaker and even won the U.S. Presidential Medal of Freedom in 1964 for her humanitarian work in helping others. She also received honorary degrees from Harvard University and other institutions from around the world. Helen also won an academy award for a film that documented her life in 1955. But without her tutor and lifelong friend, Annie Sullivan, Keller may never have overcome her disabilities and achieved what she did.

Annie Sullivan had been temporarily blind when she was younger. The experience made her a perfect tutor for blind people because a good teacher knows how to look at things from a student's point of view—which is especially important if the student cannot see.

3. According to passage [C], Helen Keller's life

① led her to become a world famous scholar, political speaker, filmmaker and aid worker who achieved everything on her own accord.

② would likely have remained the same regardless of meeting Annie Sullivan or not.

③ allowed Annie Sullivan to develop into a reliable trainer for other blind and deaf students that wanted to study at universities around the world because of her keen ability to see things from another person's perspective.

④ turned out the way it did because she was fortunate enough to meet the ideal teacher that could relate to and be considerate of Helen's permanent condition.

[D] When Annie Sullivan began to work with Helen Keller, the frustrated six-year-old was very badly behaved and would often scream and cry. But Sullivan was very patient and never gave up on her student. Instead, she thought up a clever way of helping the deaf and blind girl understand the meaning of words. She held one of Helen's hands under a flowing water pump while signing the word water on the other. It worked; the girl finally understood and immediately became eager to learn more. Because of her teacher's patience, Helen could now begin her education, and start her road to success. Keller showed her appreciation of how Sullivan came into her life by once saying, "It was my teacher's genius, her quick sympathy, her loving *tact which made the first years of my education so beautiful. It was because she seized the right moment to *impart knowledge that made it so pleasant and acceptable to me."

*tact「機転、こつ」 impart「〔…を〕与える」

4．According to passage［D］, Annie Sullivan helped Helen realize that

① the precisely gestured words of pumping water indicated a valid meaning which in turn caused her to scream in excitement.

② the traced out word for water on one hand meant it was the sensation of raw frustration for the both of them.

③ the signed word for water on her hand was in fact the very thing she was feeling on her other hand.

④ the kindly carved out token of appreciation for liquid was a way to represent the very definition of freely flowing water on Helen's hand.

［E］ There are not many who know about Isaac Barrow or Martin Holbeach, the *educators behind Isaac Newton's achievements. Barrow was a badly behaved schoolboy with terrible grades—until he came under the supervision of *schoolmaster Holbeach.

Holbeach, a teacher who was known for using strict discipline, achieved what nobody else could: he brought Barrow's behavior under control. He taught his student how to direct all his energy toward study. Thanks to Holbeach's guidance, Barrow excelled. He even went on to hold the mathematics chair at the University of Cambridge. This in turn, helped determine the fate of Isaac Newton.

One of his students there was a nineteen-year-old Isaac Newton; like so many fast learners, he was easily bored, and it showed in his schoolwork. However, Barrow saw past the bad grades, recognizing his student's huge potential, just as Holbeach had recognized his. He set about cultivating Newton's genius, not only teaching the young man everything he knew but encouraging his student to improve on what Newton had learned. With his teacher's help, Newton went on to become one of the greatest thinkers of his time and in the history of humanity.

*educator「教育者」　schoolmaster「（私立学校の）男性教師」

5. According to passage［E］, Isaac Barrow's younger self
   ① had qualities that were quite similar to that of Isaac Newton at a younger age.
   ② quickly realized that cruelty was the answer to many of his problems.
   ③ had showed great promise in chairing a genius system of supervising his grades.
   ④ was the only link between Isaac Newton's success and Martin Holbeach's command of control.

3　何かを言ったが早いか、それとは反対のことを言ったり、行なったりすること。

4　あえて下品なことばや言い回しを用いることで、強い不満や怒りの意をあらわすこと。

③　前門の虎後門の狼

1　いくつもの危難に同時に見舞われて、どれから対処したらよいかわからない状況に立たされること。

2　行動を起こすにあたって、堅固でしっかりとした備えが整っており、心配がない状態であること。

3　周囲がすべて自分を害する敵ばかりで、だれも助けてくれない孤立した状況に陥ること。

4　一つの危難や災いから身を守り逃れられても、さらにまた別の危難や災いに見舞われること。

④　目から鼻へ抜ける

1　よいものかそうでないか、物の価値を見きわめる能力がとても高いこと。

2　物事の新しい面や、これまで見えなかったものに気づき、納得すること。

3　頭の回転が早くて抜け目がなく、物事の判断などもすばやくて賢いこと。

4　ある特定の物事に心を奪われてしまって、正常な判断ができなくなること。

⑤　舌を巻く

1　もはや反撃ができないくらいに完全にやりこめられて、その場からひたすら逃げること。

2　あまりに優れた行為や達成などにふれ、ことばも出ないほどに驚き、感嘆すること。

問㈣ 次の慣用的な表現の意味の説明として最も適切なものを、それぞれ次の1～4の選択肢から一つずつ選び、番号をマークせよ。

① 掣肘《せいちゅう》を加える

1 かたわらから干渉して、人の自由をさまたげること。

2 人が話している最中に、よけいな口をはさむこと。

3 相手の欠点や縁起でもないことばかりを言いつのること。

4 人が言ったことやしたことを、ちゃかしたりやじったりすること。

② 耳学問

1 自分で直接確かめて獲得したのではない、人の言うことを聞いて得た聞きかじりの知識。

2 わからなかったことをわずかな縁故もたどって人づてにたずね続けて、ついに得ることのできた知識。

3 期限や必要時までに時間が足りなくて、まに合わせのために大急ぎで短時間でおぼえこんだ知識。

4 ある事柄をめぐっての、人に知られていないいきさつや事情などに関する、ひそかに聞きこんだ知識。

1 成長	2 系譜	3 共同体	4 恩恵	5 トランスナショナル
6 歴史的	7 線引き	8 分裂	9 格差	10 グローバル
11 流派	12 産業構造	13 断片的	14 効率性	15 自治

問㈢　次の四字熟語の空欄に入る最も適切な字を、次の1～10の選択肢から一つずつ選び、番号をマークせよ。（同じものを重複して用いないこと。）

①　□風駘蕩　②　信□必罰　③　馬耳□風　④　一視同□　⑤　山紫□明

1 水	2 温	3 心	4 秋	5 賞
6 春	7 知	8 東	9 清	10 仁

が失われつつあると考える人びととの間で、分断や亀裂が広がっている。

　この分断と関連する大きなうねりが、国境を越えた人の移動に対する反感や反発の広がりである。これらは「ポピュリズム」と呼ばれたり「排外主義」と呼ばれたりするが、まだ十分な学問的検討がなされているわけではない。いずれにせよ、［D］化が進む現代の先進国では、移民や難民によって自らの生活が脅かされていると考える人が増えている。移民・難民の排斥、国境管理の強化を訴える政治勢力が力を増し、今や主要政党の地位を脅かすまでになった。こうした傾向はリベラルにとっても脅威である。誰もが個人として尊重され、自らの生き方を自由に選べる権利を持つと考えるのではなく、民族、宗教、出自などによって個々人の間に［J］を行い、一部の人にだけ権利を認め、別の人には認めないことにつながるからである。

　こうしてリベラルな立場は、新自由主義、ポスト工業化、排外主義などから幾重もの挑戦を受けている。

（田中拓道《たなかたくじ》『リベラルとは何か　17世紀の自由主義から現代日本まで』による。ただし出題に際して表記・表現を変更し、一部省略した箇所がある。）

させ、他の人びとの自由を脅かす。すべての個人に自由に生きる機会を保障するためには、国家が行きすぎた[C]を抑制し、一定の再分配を行うべきだと考えるのである。

しかし、こうした立場は今日さまざまな形で挑戦を受けている。一つの挑戦は、[D]化に由来するものである。国境を超えた経済的なつながりが深まるにつれて、「新自由主義」と呼ばれる考え方が広がってきた。この考え方によれば、国家が弱い立場の人を保護したり、[C]を抑制したりすると、経済的な[E]が損なわれ、社会全体が貧しくなってしまう。国家間の[D]な競争にも後れをとってしまう。むしろ保護を最小限にして、人びとに自助努力を促すべきだとされる。

もう一つの挑戦は、情報通信技術やインターネットの発達等による[F]の変化に由来するものである。これらの変化は「ポスト工業化」とも呼ばれる。アマゾンやグーグルなど新興のハイテク企業が世界中に進出し、人びとの生活や働き方が大きく変わろうとしている。人びとはますます便利な生活を享受する一方で、先進国では安定した職、長期間働ける職が少なくなり、不安定な労働、短時間の[G]な労働が広がっている。不安定な立場に置かれた人びとは、自由よりも保護を、開かれた世界よりも閉じた[H]を求めがちになる。どの国でも、新しい技術の[I]を受け、より自由な機会を手にする人びとと、そうした[I]を受けられず、かつての安定した暮らし問(二)　次の文章の空欄A～Jに入る最も適切な表現を、それぞれ後の1～15の選択肢から一つずつ選び、番号をマークせよ。(同じものを重複して用いないこと。)

現代のリベラルとは、「価値の多元性を前提として、すべての個人が自分の生き方を自由に選択でき、人生の目標を自由に追求できる機会を保障するために、国家が一定の再分配を行うべきだと考える政治的思想と立場」を指す。この立場によれば、国家、民族、家族のような集団が個人を超える価値を持つわけではない。逆にそれらの集団の目的は、個人の自由な生き方を保障することにある。また伝統や宗教は、個人の生き方にヒントを与えるものであっても、それらが特定の生き方を個人に強いることは望ましくないと考える。

こうした考えは、西ヨーロッパを中心とする地域で［ A ］に少しずつ形成され、世界に広まっていった。内部にはいくつもの［ B ］が存在するが、大きく言えば、個人の尊厳と自律、価値の多元性、法の支配といった基本的な価値を共有している。

現代のリベラルのもっとも大きな特徴は、市場と国家のバランスをとる必要があると考えることである。市場の自由や経済的自由は重要だが、行きすぎた市場の自由は社会の中に［ C ］を生み出し、一握りの個人や集団に富を集中

⑤　今回のミスは【　　】問に付すことにする。

⑥　混乱を【　　】長する不適切な対応。

⑦　窓辺にひとり【　　】然とたたずむ婦人。

⑧　一【　　】の不安を感じる。

⑨　状況の的確な理解のために、この本を【　　】める。

⑩　感【　　】まって涙を流す。

1 気　2 難　3 容　4 好　5 物

1 不　2 疑　3 訪　4 諮　5 自

1 増　2 助　3 成　4 冗　5 悠

1 忽　2 公　3 自　4 整　5 端

1 末　2 待　3 抹　4 俟　5 沫

1 進　2 絡　3 推　4 薦　5 戒

1 鎮　2 極　3 高　4 際　5 昂

分野だと述べ、とある書店の棚がひとつ丸ごと少女に関連する本で埋められていたことに感激した。

二、次の問㈠～問㈣の設問に答えよ。

問㈠　次の各文の空欄に入る最も適切な字を、それぞれ次の1～5の選択肢から一つずつ選び、番号をマークせよ。

①　平和維持部隊の撤収に伴い、権限を移【　　】する。

1 植　2 譲　3 嘱　4 任　5 職

②　【　　】え木を用いて補強する。

1 貼　2 反　3 沿　4 担　5 添

③　暗【　　】な政治指導者の失政で生じた社会不安。

1 黒　2 雲　3 然　4 礁　5 愚

④　彼はその提案に【　　】色を示した。

問㈩　空欄Kに入る最適の語を次の1～6の中から一つ選び、番号をマークせよ。

1　風流　2　花鳥風月　3　明鏡止水　4　以心伝心　5　いとをかし　6　もののあはれ

問㈪　本文の内容に最もよく合致するものを次の1～5の中から一つ選び、番号をマークせよ。

1　二十一世紀の日本の美学は、伝統的な美学の枠をはるかに超えて全世界に跨るイデオロギーとして蔓延しつつあるので、日本人は通時的な認識すなわち歴史にこだわる必要はほとんどない。

2　「かわいい」を好む現象は、明らかに二十一世紀の後期資本主義社会から生まれた世界的な現象であり、それが経済大国日本から発信されたということの意味はきわめて大きい。

3　現代のアメリカでは、女性を不用意に cute すなわち「かわいい」と呼びなすことは非常に危険であるが、それは cute に固有の支配の力学があるからだ。したがってアメリカでは少年も cute と呼ぶべきではない。

4　日本の「かわいい」文化は脱政治性がその特徴であるが、その文化に秘められた力は無罪性と安逸さに守られた独自のユートピアを形成し、そして人間の知的情操を高める作用を確実に備えている。

5　アメリカ東部の大学で教鞭を執っているある女性は、来日の際、日本の少女文化こそまさしく研究のしがいのある問(九) 空欄H、I、Jに当てはまる最も適切な表現をそれぞれ後に続く1〜4の中から一つずつ選び、番号をマークせよ。

H
1 日本列島を崩壊させる一大産業
2 全世界の視聴を独占する一大ユートピア
3 全世界を覆い尽くす一大産業
4 日本列島に深く根を下ろした一大ユートピア

I
1 ロマンティックだが、どこか母性的な表情
2 ロマンティックだが、どこか不安をかき立てる表情
3 親密感に溢《あふ》れた、好意的な表情
4 親密感に溢れた、官能的な表情

J
1 古代の天照大神のような存在に昇華させるための
2 旧式のおてんばな女性という存在に復帰させるための
3 旧来の依存的存在に押し留めておくための
4 旧来の大和撫子的存在に戻らせないための

問㈦　空欄Fに当てはまる最も適切な表現を次の1～4の中から一つ選び、番号をマークせよ。

1　そのものが批難の対象になるなどという

2　それ自体が社会において客観視される

3　そのものが歪んだ性的欲求の対象とされる

4　それ自体が社会のなかで価値付けられる

問㈧　傍線G「対抗文化の持つ政治性をいっさい感じさせない」のはなぜか。その理由として最も適切な説明を次の1～4の中から一つ選び、番号をマークせよ。

1　日本の「かわいい」文化はサブカルチャーであるため、対抗文化である必要性を持たないと言えるから。

2　日本の「かわいい」文化は脱政治性を目指しており、批判や主張を持たないことを狙いとしているから。

3　台北人や買い物に夢中になっている通行人のように、「かわいい」を求める人たちは、常に自己中心的で他者性を欠いているから。

4　「かわいい」文化を求める人たちは、何らかの批判や主義主張のためにそれを求めているのではないから。

1　ロ＝Ⅰ　ハ＝Ⅲ　ニ＝Ⅱ　ホ＝Ⅳ
2　ロ＝Ⅳ　ハ＝Ⅰ　ニ＝Ⅱ　ホ＝Ⅲ
3　ロ＝Ⅲ　ハ＝Ⅱ　ニ＝Ⅰ　ホ＝Ⅳ
4　ロ＝Ⅰ　ハ＝Ⅳ　ニ＝Ⅱ　ホ＝Ⅲ
5　ロ＝Ⅳ　ハ＝Ⅱ　ニ＝Ⅲ　ホ＝Ⅰ

問㈥　傍線Ｅ「従来の狭小な範囲の言葉」の説明として最も適切なものを次の1〜4の中から一つ選び、番号をマークせよ。

1　子供やヌイグルミのような、小さな愛らしい対象に対して「かわいい」の言葉を使うということ。
2　少女だけが偏愛するセーラームーンのようなキャラクターに対して「かわいい」の言葉を使うということ。
3　戦中派や左翼、民族主義者には理解できないおっとりした形姿に対して「かわいい」の言葉を使うということ。
4　「かわいい」の言葉を日本の伝統的な美学から逸脱して解釈し、それ以外の意味内容を排除してしまうということ。

問㈣　傍線Ｄ「そしてそれはたまたま日本文化だった。」とはどういう意味か。最も適切な説明を次の１～４の中から一つ選び、番号をマークせよ。

１　「日本なるもの」の本質を探し求めていた人が、偶然の機会でそれに出会えたということ。

２　世界中いたるところに日本の文化は広がっているので、わざわざ探さなくても「かわいい」に出会うことは可能だということ。

３　「かわいい」は、日本の文化としてまず認識されているとは限らず、偶然に出会ったそれが結果的に日本の文化だったということ。

４　「かわいい」は、日本の文化というよりも偶然に出会った世界のグローバルな文化と呼ぶべきだということ。

問㈤　空欄ロ～ホに入るべき語を次のⅠ～Ⅳの中から一つずつ選択した上で、その組み合わせとして最も適切なものを次の１～５の中から一つ選び、番号をマークせよ。

Ⅰ　あるいは　　Ⅱ　単に　　Ⅲ　いずれに　　Ⅳ　けっして

問㈠ 傍線A「あやかって」の「あやか」を漢字に直すとどうなるか。次の1～5の中から最も適切な漢字を一つ選び、番号をマークせよ。

1 預　2 与　3 関　4 肖　5 授

問㈡ 空欄B、Cに入る最も適切な語をそれぞれ次の1～5の中から一つずつ選び、番号をマークせよ。

B 1 映り　2 陥り　3 籠り　4 侍り　5 潜り

C 1 遂げる　2 捧げる　3 告げる　4 絡げる　5 研げる

問㈢ 傍線イ「さもありなん」の意味として最も適切なものを次の1～5の中から一つ選び、番号をマークせよ。

1 それはあってはならないことだ。
2 それはもっともなことだ。
3 それはもっとも過ぎることだ。
4 それはありえないことだ。
5 それはあってほしいことだ。

※　奥崎謙三（一九二〇―二〇〇五）＝日本の元陸軍軍人、アナーキスト（無政府主義者）。原一男監督のドキュメンタリー映画『ゆきゆきて、神軍』への出演で知られる。

※　恰日族＝正式には哈日族（ハーリージュー）と書く。日本の現代大衆文化を好む台湾の若者を総称した言葉。

※　本稿が執筆されたのは二〇〇五年である。

※　中上健次（一九四六―九二）＝日本の小説家。代表作に『枯木灘』『鳳仙花』『地の果て　至上の時』などがある。

※　モッズ＝イギリスの若い労働者の間で一九五〇年代後半から一九六〇年代中頃にかけて流行した音楽やファッション。若者たちはレアな黒人音楽やR&Bを好み、ファッションにおいてもオリジナリティを追求することで独自の世界観を生み出した。

※　タイムズスクウェア＝ニューヨーク市マンハッタン区ミッドタウンにある繁華街・交差点の名称。

※　上野千鶴子（一九四八―）＝日本の社会学者。専攻は、家族社会学、ジェンダー論、女性学。東京大学名誉教授。

※　毀誉褒貶＝ほめたりけなしたりする世間の評判のこと。

という美学を説いた。十三世紀の歌人は、あえて感情を明示せず、暗示に富んだ表現に徹することを「幽玄」と呼んだ。十六世紀の茶人は色彩を極度に抑制し、偶然と不規則性を愛し、豪奢《ごうしゃ》の不在を想像力で補うところに「わび」の顕現を見た。そして十八世紀の遊女は、意地と媚態と諦念からなる「いき」を洗練された行動原理とした。であるとすれば、小さな物、どこかしら懐かしく、また幼げである物を「かわいい」と呼び、それを二十一世紀の日本の美学だと見なしたところで、どうしていけないことがあるだろう。しかもその美学は、美学の枠をはるかに超えて、全世界に跨《またが》るイデオロギーとして蔓延しつつあるのである。

（四方《よも》田犬彦《たいぬひこ》『「かわいい」論』による。ただし出題に際して一部表記・表現を改め、省略した箇所がある。）

※　コソヴォ　＝コソヴォ共和国。バルカン半島の中部内陸部に位置する国家。ユーゴスラビア解体の過程でコソヴォ紛争を経て独立したが、コソヴォを自国領土の一部とみなしているセルビア及びその友好国からは独立を承認されていない。

でしかない。老人と子供が「かわいい」と呼ばれるのは、いずれもが責任能力を欠落させた存在であるためであり、厄介者、お荷物扱いされる点では、変わるところがない。このように立論する上野は、人から「かわいくない女」と呼ばれていることを得意げに披露し、老後にあっても「かわいいお婆ちゃん」であることを拒否したいと、堂々と抱負を述べている。

「かわいい」現象がこうして※毀誉褒貶《きよほうへん》のただなかにあることは、それが現代日本の神話としてきわめて大きな意味を担っていることを物語っている。事実それは天蓋《てんがい》のように、日本という社会を覆っているのだ。だが、そうした状況は一朝一夕に準備されたものではない。わたしは文化本質論を気取るつもりはないが、十一世紀の『枕草子』に有名な叙述があるように、日本文化の内側に小さなもの、幼げなものを肯定的に賞味する伝統が確固として存続してきたことは、やはり心に留めておくべきだと考えている。それは欧米のように未成熟を成熟への発展途上の段階と見なし、貶下《へんげ》して裁断する態度とは、まったく異なっている。「かわいい」を二十一世紀の後期資本主義社会の世界的現象とのみ理解するだけでは、それが日本から発信されたことの理由が理解できなくなってしまうだろう。共時的な認識と通時的な認識とを同時に働かせないかぎり、「かわいい」の美学、神話学に接近することはできないのだ。

思い出してみようではないか。かつて十一世紀の日本の貴族社会は、すべての物が移りゆくという無常を前に「［K］」

ティに口がないのはアジアの男性優越主義が女性に沈黙を強要していることの証であると告発したと、研究者は報告している。

これに関連して、個人的な思い出を話しておきたい。わたしはある時、ニューヨークの女性編集者と「かわいい」をめぐる話をしていたとき、現在のアメリカでは女性を不用意にcuteと呼ぶことは、政治的公正さを無視した差別擁護の運用に当たることになると、強い詰問口調でいわれたことがあった。もっとも彼女は奇妙なことに、女性が少年をとらえてa cute boyと呼ぶことにはいささかも疑問を感じていなかった。ともあれcuteには、それに固有の支配の力学があり、それはすぐれて政治的なものとなりうることを、わたしはこの時の対話から知った。わたしの友人に、日本人ではあるが「キューティ」というニックネームをもった美しい女性がいる。オペラや芝居の買い付けのために世界中を飛び回っている相当な経歴の持主なのだが、彼女は今の話をいったいどう思うだろうか。

わたしの見聞したかぎり、「かわいい」に対してもっとも深い憎悪を示したのは、社会学者の※上野千鶴子である。彼女は老人問題を扱った最近の著作のなかで、「かわいい」とは「女が生存戦略のために、ずっと採用してきた」媚態であると一刀両断し、子供や孫に面倒を見てもらうために「かわいい」老人であることが推奨されている今日の日本社会のあり方に、疑問を呈している。かわいければ得をする。かわいくなければ女じゃない。こうした認識はまさしくイデオロギー的なものであって、女性を［　J　］方便であり、またかかる状況にあって女性が生き抜いていくための生存戦略で販売され、その点数は五万点に及んでいるのだ。

小さなもの。どこかしら懐かしく感じられるもの。守ってあげないとたやすく壊れてしまうかもしれないほど、脆弱で儚《はかな》げなもの。どこかしらロマンティックで人をあてどない夢想の世界へと連れ去ってしまう力をもったもの。愛らしく、綺麗なもの。眺めているだけで愛くるしい感情で心がいっぱいになってしまうもの。不思議なもの。たやすく手が届くところにありながらも、どこかに謎を秘めたもの。ひとたび「かわいい」という魔法の粉を振りかけられてしまうと、いかなる凡庸な物体でさえ、急に【Ⅰ】をこちら側に向けてくれることになる。無罪性と安逸さに守られたユートピア。そこでは現実原則の桎梏《しっこく》から解放された者たちが、人形やヌイグルミからアニメの登場人物までに無限の愛情を注ぎながら、無時間的な幸福さに酔い痴《し》れることになる。

「かわいい」に対しては、批判がないわけではない。

ニューヨークのタイムズスクウェア※には、かつて大ポルノショップ街だったところが整理され、今では「ハローキティ」の専門店がドカンと建っている。文字通り「かわいい」子猫の人形からシール、文房具、ヴィデオ、その他ありとあらゆるグッズがここでは販売されている。このキティちゃんブームに反撥《はんぱつ》を覚えたアメリカのある女性パフォーマーが、ハローキグッズの探索に忙しい。そのバッグには小さなヌイグルミが結び付けられていたり、アニメのキャラが描かれていたりする。若者たちのストリートファッションは、ロンドンのパンクやモッズ※と違い、G対抗文化のもつ政治性をいっさい感じさせない。彼らは「かわいい」がゆえに、そうした服装を選択するのだ。八〇年代の丸文字と「のりP語」、九〇年代の「オタク」、そして二〇〇〇年代の「萌え」ブームまで、日本の「かわいい」文化は世界のサブカルチャーのなかでも、徹底した脱政治性において独自のものといえるだろう。

だが日本を離れれば「かわいい」文化から離脱できるかというと、事態は逆である。日本のTVアニメが放映されているところ、巨大な両眼のなかに星を浮かべた少女たちの漫画が読まれているところ、お気に入りのプリクラを作成するために少女たちが長蛇の列を作るところ、そして美少女を象ったフィギュアとキティちゃんグッズがショウウィンドウに陳列されているところ、そこには例外なく「かわいい」美学が君臨する空間がある。「かわいい」の美学は国境を越え、民族と言語の壁を越え、思いもよらぬところで人々に蒐集《しゅうしゅう》を呼びかけ、コスプレの変身原理となり、消費社会の重要な参照項目と化している。

そう、「かわいい」は今や［　H　］と化している。任天堂はポケモン・グッズで五〇〇〇億円を越すビジネスを商い、日本発のキャラクター商品の総売上は年間に二兆円を越している。キティちゃん関連のグッズは六〇カ国それからしばらくして、アメリカ東部の大学で教鞭を執っている※中上健次の英訳者が、休暇で東京にやって来たことがあった。次の研究課題を漠然と日本の少女文化にしようと考えていた彼女は、巨大な書店の棚がひとつ丸ごと、少女のための小説やエッセイ集、写真集、デザイン本、それにファッション関係の本で埋められ、英語で girl's culture と脇に記されているのを見て、感激のあまりに何枚も写真を撮影したと語った。アメリカでは、成熟の途上である少女［　F　］ことは、まずありえない事態である。しかし、こうした本棚があるということ自体が、日本文化のなかに少女的なるものの占める重要性を示している。加えて膨大な数の少女漫画。宝塚とアイドル・グループに関する写真集や書物。日本の少女文化こそは、まさしく研究のしがいのある分野ではないかと、彼女はいい、自分の娘のために山ほどのキティちゃんグッズをお土産に買い集めると、アメリカに戻っていった。

今日では「かわいい」は、世界のいたるところで出会うことになる現象である。ためしに渋谷でも原宿でもいい、東京で若者の集う繁華街を歩いてみよう。デジタルディスプレイから店先の広告まで、街角の映像と記号の多くには、「かわいい」の香辛料が振りまかれている。本来は厳粛な空間であるべき銀行ですら、漫画のキャラクターを大きくあしらっている。通行人はというと、細々《こまごま》としたストラップで飾り立てた携帯電話をひっきりなしに用い、友人に贈り物をするために小さなしを向けたのだろうか。[ハ] それは、無害な老人への敬愛の表現なのだろうか。それとも [ニ] 、TVニュースに繰り返し登場する、往時の天皇のおっとりとした容貌に、ヌイグルミに似た印象を感じ取ったのだろうか。[ホ] せよこの時期までに「かわいい」という形容詞は、E従来の狭小な範囲の言葉であることをやめ、より自由に、目的に応じて口にできる流行語のありかたを体現するようになっていた。「かわいい」は子供やヌイグルミばかりか、日本をかつて巨大な破壊へと導いていった老人をも含みこむ形容詞となったのである。ちなみに映画監督原一男の談によると、彼のドキュメンタリー『ゆきゆきて、神軍』を観終わった女性観客のなかに、現実の※奥崎謙三を目のあたりにして、「かわいい!」と歓声をあげた者がいたという。

二〇〇〇年にわたしは台北とソウルに滞在していた。台北では※恰日族《ハーリー》と呼ばれている、日本大好きを標榜《ひょうぼう》する若者たちと対話をする機会があった。どうして日本がそう好きなんだいとわたしが尋ねると、「だって日本では何もかもがかわいいからです」という答えが戻ってきた。「かわいくない物もじっとつきあっているうちに、段々かわいくなってゆく。その過程がかわいいんです」。釜山《プサン》映画祭では日本から浅野忠信が舞台挨拶に立った。その瞬間、会場にいあわせていた若い女性たちがいっせいに「か・わ・い・いっ!」と、日本語でシュプレヒコールを連発した。※わずか二年前まで日本の歌舞音曲を厳重に禁止していた韓国とは、とても思えない光景だった。

ヴォの難民キャンプに仮設されたプレハブ校舎の大学で、しばらくの間教鞭《きょうべん》を執ることとなった。セルビア人とアルバニア人が激しく反目しあっているこの地にあって、わたしは小学校の廃校校舎を転用したキャンプにいくたびに招待されたが、そこでもＴＶ画面から『セーラームーン』が流れていた。字幕や吹替えの予算がとれないため、アニメは原語のまま、説明抜きで放映されていた。それでも難民の子供たちは食い入るように、画面に見入っていた。

世界中いたるところで人々は、まず『セーラームーン』に代表されるアニメを通して、日本なるものに触れるのだった。彼らがはたしてそれを日本と認識しているかどうかは、別の問題である。何かひどく親しげで、かわいらしくて、ロマンティックで、感情的に同一化できるもの。少女の情熱を丸ごと包摂できるメディアに、多くの人たちは深い親近感を覚えていた。D<u>そしてそれはたまたま日本文化だった。</u>

「かわいい」という形容詞が気がかりに思えてきたのは、この『セーラームーン』体験より少し前、昭和天皇裕仁が八十七歳の生涯を終えようとしているときである。当時売り出し中の女性エッセイストが、週刊誌の連載コラムのなかで、「天皇って意外にかわいい」といった類の発言をしていることを、わたしは知った。これは戦中派にも、左翼にも、ましてや民族主義者にも、［ロ］口にできない類の発言であった。わたしは「えっ！」と驚いたが、その時はこの「かわいい」の具体的な意味合いを詳しく確かめることができなかった。彼女は裕仁を余命いくばくもない不憫な老人として、憐憫《れんびん》の眼差ボローニャは観光客がほとんど足を向けることのない、ひどく静かな町である。世界最古の大学のひとつがあるためか、古書店が多く、南瓜《かぼちゃ》色の柱廊の下を［B］ながら散歩をしていると、つい数カ月前まで東京の雑踏のなかで忙《せわ》しげに生きてきた自分が嘘のように思われてくる。だがそのボローニャにも二軒の漫画専門店があり、日本製のフィギュアが、まるで神棚に祀《まつ》られているかのように仰々しく、ディスプレイとして飾られていた。わたしが知り合いになった学生たちのなかには、日本の美少女アニメに夢中で、わたしよりもはるかに詳しい知識をもっている若者がいた。翌年、わたしはこの町を去り、東京へ戻った。風のたよりに、日本の有名な漫画古書店である「まんだらけ」のヨーロッパ一号店が、ボローニャに開店したという話を聞いた。パリでも、アムステルダムでもなく、ボローニャに。わたしは、イ さもありなんという気持ちを抱いた。

ボローニャで衝撃的な出会い方をして以来、わたしは世界のいたるところで、このセーラー服の五人組の少女たちに出くわすことになった。ある年の暮れに訪れた北京の街角では、彼女たちが満月の下で微睡《まどろ》んでいるようすを描いたクリスマスカードが売られていたし、ウィーン大学のキャンパスでは、サークルの募集を［C］立て看板に、月野うさぎやら、ルナ猫やら、タキシード仮面やらが描かれているさまを発見した。それからさらに歳月が経過し、二〇〇四年にわたしはコソ※

国語

（六〇分）

一、次の文章を読み、以下の設問に答えよ。

一九九四年のことであったが、イタリアのボローニャという大学町に滞在して映画史の勉強をしていたころ、夏休みの直前、鉄道駅の柱や壁に貼られているポスターがいっせいに変わったことがあった。貼り替え自体はどこでもあることだったが、わたしが驚いたのはポスターの中身だった。そこではセーラー服を着た金髪の女の子がイタリア語で「女の子たち、夏だよ！」と呼びかけている、日本の少女漫画が描かれていた。武内直子原作のアニメ『美少女戦士　セーラームーン』（以下、『セーラームーン』）がその少し前からイタリア全土でTV放映されていて、イタリア国有鉄道はその爆発的な人気にAあやかって、夏の旅行キャンペーンを開始したのだった。ポスターは駅構内のいたるところに貼られていて、わたしはその夏中、イタリア中を旅行するたびに、月野うさぎちゃんの笑顔に付き合わされることになった。

解答編

英語

I　解答　1—③　2—③　3—④　4—①　5—④　6—④
7—②　8—③　9—①　10—②

解説　1．prefer *A* to *B* で「*B* より *A* を好む」の意。

2．「助けが必要な人は誰でも」となる③が適当。

3．give *A* serious consideration で「*A* を真剣に考える」の意。

5．「今月末までで」とあるので，「結婚していることになる」の意の未来完了形である④が適当。

6．practically「ほとんど，実質的に」 ①hardly を用いると「不可能ではない」となるので不適。

7．seldom if ever で「めったに～ない」の意。

8．「その（靴の）色」の意にするためには，the color of which もしくは whose color とするのが適当。

II　解答　1—②　2—③　3—④　4—①　5—①　6—③
7—③　8—②　9—③　10—①

解説　3．step down from ～「～から辞職する」に最も近いのは quit。

4．make up for ～＝compensate for ～「～の埋め合わせをする」

6．mend「直す，癒やす」に最も近いのは heal である。

7．do away with ～ は「～を捨てる，廃止する」の意。これに最も近いのは discard「放棄する，見捨てる」である。

8．marvel「驚くべきこと」と wonder が同意である。

9．look into「研究する，調査する」に最も近いのは investigate。

10．experimental「実験の」に最も近いのは pilot「試験的な」（形容詞）である。

Ⅲ 解答　1－②　2－④　3－①　4－②　5－①

解説　1．Why don't you ～? は「～したらどうか，～しなさい」の意。My mother suggested that I (should) take a walk「母は私に散歩したらと勧めた」

3．survey「調査，アンケート」は poll「世論調査」と同意。numerous は「たくさんの，数多くの」の意。

4．「彼の住宅ローンの申し込みは銀行に断られた」と②「銀行は住宅購入のための彼のローンの申し込みを拒否した」が同意である。

Ⅳ 解答　(A)－③　(B)－②　(C)－④　(D)－①　(E)－②

解説　≪子供だけで外食≫

(C)焼肉屋に行っても2人で3,000円しかないので，「すぐに予算オーバーになる」の④が適当。①の seconds は「お代わり」の意。

(D)直前にテツコが「その新しいラーメン屋は今大人気だ」という内容の発言をしている。(D)に①「それは多分，その店に行くのは良い考えじゃないってことだよ」を入れると，次のテツコの「どういう意味？」と具体的説明を求める発言にうまくつながる。

(E)直後にジローが「全くそのとおりだ。2年前なら待つのは30分か1時間くらいだっただろう。だけど最近は席の間隔を空けていて一度に食べられる人が減っているから，もっと長くそこに立っていることになるだろう」と述べていることから，②が適当。

Ⅴ 解答　(A)－①　(B)－③　(C)－③　(D)－②　(E)－①

解説　≪成功へのカギ≫

(C)principle は「原理，法則」の意。「同じ原理があなたの学業にも当てはまる」となる③が適当。

(D)hand in は「提出する」の意。

(E)前文の weakness と対義である①が適当。

Ⅵ　解答　1－④　2－①　3－④　4－③　5－①

解説　≪偉人たちを支えた人々≫

1．第1段第2文（Few of us, …）後半と④が一致。prompt *A* to *do*「*A* に～するよう促す，かり立てる」

2．第1段第2文（Nancy Edison …），第6文（She encouraged …），第2段第2文（Later, when …）などから，①が適当。

3．第1段最終文（But without …），第2段第2文（The experience …）などから④が適当。permanent condition は「永続的な病気，状態」であるが，ここではヘレンの持つ障害のことである。

4．第4・5文（She held … learn more.）の内容と③が一致する。

5．第1段第2文（Barrow was a …），第3段第1・2文（One of … recognized his.）などから①が適当。see past は「～を無視する，～に惑わされない」の意。

本事項。

問㈩　1、最後から二つ目の段落に、「共時的」と「通時的」を同時に、とある。合致しない。
2、最後から二つ目の段落に「二十一世紀……とのみ理解するだけでは……」とある。合致しない。
3、空欄Jの前の段落に、少年をcuteと呼ぶことには疑問を感じないとある。合致しない。
4、空欄Iの段落にあるように、「かわいい」は「夢想の世界」「現実原則の桎梏から解放された者」「無時間的」等の言葉で表されるものである。「知的情操を高める」かどうかの言及はない。合致しない。
5、空欄Fの段落の内容に合致する。

二

出典　田中拓道『リベラルとは何か―17世紀の自由主義から現代日本まで』〈はじめに〉（中公新書）

解答

問㈠　①―2　②―5　③―5　④―2　⑤―1　⑥―2　⑦―5　⑧―3　⑨―4　⑩―2

問㈡　A―6　B―2　C―9　D―10　E―14　F―12　G―13　H―3　I―4　J―7

問㈢　①―6　②―5　③―8　④―10　⑤―1

問㈣　①―1　②―1　③―4　④―3　⑤―2

問㈣ 傍線Dの段落の文脈をおさえる。人々がアニメに触れる、それを日本と認識しているかどうかは不明、親近感を持ったものがたまたま日本文化だった、というのである。

問㈤ ロは、例に挙げられている人の誰にもできない、という文脈。ハは、「……だろうか」「……だろうか」「それとも……だろうか」という文脈の中にある。ホは、直前の三つの「だろうか」に答えを出さずに後へ続けてゆく文脈の中にある。

問㈥ 狭い範囲にとどまることをやめ、天皇にまで用いられるようになったのである。直後の文で言い換えてもいる。

問㈦ 直後の文は「しかし」で始まり、日本における少女的なものの重要性が述べられている。したがって、空欄Fの文は、アメリカでは少女が重要性を持つことはありえないという内容であるはず。

問㈧ 傍線Gの直後に「『かわいい』がゆえに……選択する」とある。つまり「主義主張のため」ではないのである。4が正解。1の「サブカルチャー……持たない」、2の「脱政治性を目指しており」、3の「常に自己中心的で……」の部分は、いずれも本文中に言及がない。

問㈨ H、空欄直前で「そう」とうなずいて前段落を受け、直後にはグッズの売上への言及がある。つまり国境を越えた産業と言える。3が正解。

I、「かわいい」の説明であるから、空欄にはプラスの表情が入るはずで、2の「不安をかき立てる」は不適。1の「母性的」、4の「官能的」は、空欄の段落の言及に合わない。

J、「かわいい」についての上野千鶴子の論を確認する。子や孫に面倒を見てもらうためのもの、得をする性質、生存戦略、責任能力を欠落させた老人や子供を形容する言葉、等々の言及をふまえて、「依存的存在」としている3に決まる。

問㈩ 空欄K直前の「すべての物が移りゆくという無常」は、〈諸行無常〉の考え方である。それを背景とした美意識を選ぶ。明るい華やかな趣を表す「をかし」と、しみじみと心に感じられる情緒を表す「あはれ」の対比は、古典の基

国語

一

出典　四方田犬彦『「かわいい」論』〈第1章　「かわいい」現象〉（ちくま新書）

解答

問㈠　4

問㈡　B―5　C―3

問㈢　2

問㈣　3

問㈤　2

問㈥　1

問㈦　4

問㈧　4

問㈨　H―3　I―3　J―3

問㈩　6

問(十一)　5

解説

問㈡　B、「柱廊の下」を「散歩をしている」ときの様子を表す動詞である。

C、「立て看板」に「サークルの募集」の言葉が書かれていたのである。

問㈢　慣用表現であるが、3のように「もっとも過ぎる」までの意味は含まないので注意。

教学社 刊行一覧

2024年版 大学入試シリーズ（赤本）

378大学555点
全都道府県を網羅

国公立大学（都道府県順）

全国の書店で取り扱っています。店頭にない場合は，お取り寄せができます。

No.	大学	
1	北海道大学（文系－前期日程）	
2	北海道大学（理系－前期日程）	医
3	北海道大学（後期日程）	
4	旭川医科大学（医学部〈医学科〉）	医
5	小樽商科大学	
6	帯広畜産大学	
7	北海道教育大学	
8	室蘭工業大学／北見工業大学	
9	釧路公立大学	
10	公立千歳科学技術大学	
11	公立はこだて未来大学	総推
12	札幌医科大学（医学部）	医
13	弘前大学	医
14	岩手大学	
15	岩手県立大学・盛岡短期大学部・宮古短期大学部	
16	東北大学（文系－前期日程）	
17	東北大学（理系－前期日程）	医
18	東北大学（後期日程）	
19	宮城教育大学	
20	宮城大学	
21	秋田大学	医
22	秋田県立大学	
23	国際教養大学	総推
24	山形大学	医
25	福島大学	
26	会津大学	
27	福島県立医科大学（医・保健科学部）	医
28	茨城大学（文系）	
29	茨城大学（理系）	
30	筑波大学（推薦入試）	医 総推
31	筑波大学（前期日程）	医
32	筑波大学（後期日程）	
33	宇都宮大学	
34	群馬大学	医
35	群馬県立女子大学	
36	高崎経済大学	
37	前橋工科大学	
38	埼玉大学（文系）	
39	埼玉大学（理系）	
40	千葉大学（文系－前期日程）	
41	千葉大学（理系－前期日程）	医
42	千葉大学（後期日程）	医
43	東京大学（文科）	DL
44	東京大学（理科）	DL 医
45	お茶の水女子大学	
46	電気通信大学	
47	東京医科歯科大学	医
48	東京外国語大学	DL
49	東京海洋大学	
50	東京学芸大学	
51	東京藝術大学	
52	東京工業大学	
53	東京農工大学	
54	一橋大学（前期日程）	DL
55	一橋大学（後期日程）	
56	東京都立大学（文系）	
57	東京都立大学（理系）	
58	横浜国立大学（文系）	
59	横浜国立大学（理系）	
60	横浜市立大学（国際教養・国際商・理・データサイエンス・医〈看護〉学部）	
61	横浜市立大学（医学部〈医学科〉）	医
62	新潟大学（人文・教育〈文系〉・法・経済科・医〈看護〉・創生学部）	
63	新潟大学（教育〈理系〉・理・医〈看護を除く〉・歯・工・農学部）	医
64	新潟県立大学	
65	富山大学（文系）	
66	富山大学（理系）	医
67	富山県立大学	
68	金沢大学（文系）	
69	金沢大学（理系）	医
70	福井大学（教育・医〈看護〉・工・国際地域学部）	
71	福井大学（医学部〈医学科〉）	医
72	福井県立大学	
73	山梨大学（教育・医〈看護〉・工・生命環境学部）	
74	山梨大学（医学部〈医学科〉）	医
75	都留文科大学	
76	信州大学（文系－前期日程）	
77	信州大学（理系－前期日程）	医
78	信州大学（後期日程）	
79	公立諏訪東京理科大学	総推
80	岐阜大学（前期日程）	医
81	岐阜大学（後期日程）	
82	岐阜薬科大学	
83	静岡大学（前期日程）	
84	静岡大学（後期日程）	
85	浜松医科大学（医学部〈医学科〉）	医
86	静岡県立大学	
87	静岡文化芸術大学	
88	名古屋大学（文系）	
89	名古屋大学（理系）	医
90	愛知教育大学	
91	名古屋工業大学	
92	愛知県立大学	
93	名古屋市立大学（経済・人文社会・芸術工・看護・総合生命理・データサイエンス学部）	
94	名古屋市立大学（医学部）	医
95	名古屋市立大学（薬学部）	
96	三重大学（人文・教育・医〈看護〉学部）	
97	三重大学（医〈医〉・工・生物資源学部）	医
98	滋賀大学	
99	滋賀医科大学（医学部〈医学科〉）	医
100	滋賀県立大学	
101	京都大学（文系）	
102	京都大学（理系）	医
103	京都教育大学	
104	京都工芸繊維大学	
105	京都府立大学	
106	京都府立医科大学（医学部〈医学科〉）	医
107	大阪大学（文系）	DL
108	大阪大学（理系）	医
109	大阪教育大学	
110	大阪公立大学（現代システム科学域〈文系〉・文・法・経済・商・看護・生活科〈居住環境・人間福祉〉学部－前期日程）	
111	大阪公立大学（現代システム科学域〈理系〉・理・工・農・獣医・医・生活科〈食栄養〉学部－前期日程）	医
112	大阪公立大学（中期日程）	
113	大阪公立大学（後期日程）	
114	神戸大学（文系－前期日程）	
115	神戸大学（理系－前期日程）	医
116	神戸大学（後期日程）	
117	神戸市外国語大学	DL
118	兵庫県立大学（国際商経・社会情報科・看護学部）	
119	兵庫県立大学（工・理・環境人間学部）	
120	奈良教育大学／奈良県立大学	
121	奈良女子大学	
122	奈良県立医科大学（医学部〈医学科〉）	医
123	和歌山大学	
124	和歌山県立医科大学（医・薬学部）	医
125	鳥取大学	医
126	公立鳥取環境大学	
127	島根大学	医
128	岡山大学（文系）	
129	岡山大学（理系）	医
130	岡山県立大学	
131	広島大学（文系－前期日程）	
132	広島大学（理系－前期日程）	医
133	広島大学（後期日程）	
134	尾道市立大学	総推
135	県立広島大学	
136	広島市立大学	
137	福山市立大学	総推
138	山口大学（人文・教育〈文系〉・経済・医〈看護〉・国際総合科学部）	
139	山口大学（教育〈理系〉・理・医〈看護を除く〉・工・農・共同獣医学部）	医
140	山陽小野田市立山口東京理科大学	総推
141	下関市立大学／山口県立大学	
142	徳島大学	医
143	香川大学	医
144	愛媛大学	医
145	高知大学	医
146	高知工科大学	
147	九州大学（文系－前期日程）	
148	九州大学（理系－前期日程）	医
149	九州大学（後期日程）	
150	九州工業大学	
151	福岡教育大学	
152	北九州市立大学	
153	九州歯科大学	
154	福岡県立大学／福岡女子大学	
155	佐賀大学	医
156	長崎大学（多文化社会・教育〈文系〉・経済・医〈保健〉・環境科〈文系〉学部）	
157	長崎大学（教育〈理系〉・医〈医〉・歯・薬・情報データ科・工・環境科〈理系〉・水産学部）	医
158	長崎県立大学	総推
159	熊本大学（文・教育・法・医〈看護〉学部）	
160	熊本大学（理・医〈看護を除く〉・薬・工学部）	医
161	熊本県立大学	
162	大分大学（教育・経済・医〈看護〉・理工・福祉健康科学部）	
163	大分大学（医学部〈医学科〉）	医
164	宮崎大学（教育・医〈看護〉・工・農・地域資源創成学部）	
165	宮崎大学（医学部〈医学科〉）	医
166	鹿児島大学（文系）	
167	鹿児島大学（理系）	医
168	琉球大学	医

2024年版　大学入試シリーズ（赤本）

国公立大学 その他

169 〔国公立大〕医学部医学科 総合型選抜・学校推薦型選抜 医 総推
170 看護・医療系大学〈国公立 東日本〉
171 看護・医療系大学〈国公立 中日本〉
172 看護・医療系大学〈国公立 西日本〉
173 海上保安大学校／気象大学校
174 航空保安大学校
175 国立看護大学校
176 防衛大学校 総推
177 防衛医科大学校（医学科） 医
178 防衛医科大学校（看護学科）

※No.169～172の収載大学は赤本ウェブサイト（http://akahon.net/）でご確認ください。

私立大学①

北海道の大学（50音順）

201 札幌大学
202 札幌学院大学
203 北星学園大学・短期大学部
204 北海学園大学
205 北海道医療大学
206 北海道科学大学
207 北海道武蔵女子短期大学
208 酪農学園大学（獣医学群〈獣医学類〉）

東北の大学（50音順）

209 岩手医科大学（医・歯・薬学部） 医
210 仙台大学 総推
211 東北医科薬科大学（医・薬学部） 医
212 東北学院大学
213 東北工業大学
214 東北福祉大学
215 宮城学院女子大学 総推

関東の大学（50音順）

あ行（関東の大学）

216 青山学院大学（法・国際政治経済学部－個別学部日程）
217 青山学院大学（経済学部－個別学部日程）
218 青山学院大学（経営学部－個別学部日程）
219 青山学院大学（文・教育人間科学部－個別学部日程）
220 青山学院大学（総合文化政策・社会情報・地球社会共生・コミュニティ人間科学部－個別学部日程）
221 青山学院大学（理工学部－個別学部日程）
222 青山学院大学（全学部日程）
223 麻布大学（獣医、生命・環境科学部）
224 亜細亜大学
225 跡見学園女子大学
226 桜美林大学
227 大妻女子大学・短期大学部

か行（関東の大学）

228 学習院大学（法学部－コア試験）
229 学習院大学（経済学部－コア試験）
230 学習院大学（文学部－コア試験）
231 学習院大学（国際社会科学部－コア試験）
232 学習院大学（理学部－コア試験）
233 学習院女子大学
234 神奈川大学（給費生試験）
235 神奈川大学（一般入試）
236 神奈川工科大学
237 鎌倉女子大学・短期大学部
238 川村学園女子大学
239 神田外語大学
240 関東学院大学
241 北里大学（理学部）
242 北里大学（医学部） 医
243 北里大学（薬学部）
244 北里大学（看護・医療衛生学部）
245 北里大学（未来工・獣医・海洋生命科学部）
246 共立女子大学・短期大学
247 杏林大学（医学部） 医
248 杏林大学（保健学部）
249 群馬医療福祉大学・短期大学部 新
250 群馬パース大学 総推
251 慶應義塾大学（法学部）
252 慶應義塾大学（経済学部）
253 慶應義塾大学（商学部）
254 慶應義塾大学（文学部） 総推
255 慶應義塾大学（総合政策学部）
256 慶應義塾大学（環境情報学部）
257 慶應義塾大学（理工学部）
258 慶應義塾大学（医学部） 医
259 慶應義塾大学（薬学部）
260 慶應義塾大学（看護医療学部）
261 工学院大学
262 國學院大學
263 国際医療福祉大学 医
264 国際基督教大学
265 国士舘大学
266 駒澤大学（一般選抜T方式・S方式）
267 駒澤大学（全学部統一日程選抜）

さ行（関東の大学）

268 埼玉医科大学（医学部） 医
269 相模女子大学・短期大学部
270 産業能率大学
271 自治医科大学（医学部） 医
272 自治医科大学（看護学部）／東京慈恵会医科大学（医学部〈看護学科〉）
273 実践女子大学 総推
274 芝浦工業大学（前期日程〈英語資格・検定試験利用方式を含む〉）
275 芝浦工業大学（全学統一日程〈英語資格・検定試験利用方式を含む〉・後期日程）
276 十文字学園女子大学
277 淑徳大学
278 順天堂大学（医学部） 医
279 順天堂大学（スポーツ健康科・医療看護・保健看護・国際教養・保健医療・医療科・健康データサイエンス学部） 総推
280 城西国際大学 新
281 上智大学（神・文・総合人間科学部）
282 上智大学（法・経済学部）
283 上智大学（外国語・総合グローバル学部）
284 上智大学（理工学部）
285 上智大学（TEAPスコア利用方式）
286 湘南工科大学
287 昭和大学（医学部） 医
288 昭和大学（歯・薬・保健医療学部）
289 昭和女子大学
290 昭和薬科大学
291 女子栄養大学・短期大学部
292 白百合女子大学
293 成蹊大学（法学部－A方式）
294 成蹊大学（経済・経営学部－A方式）
295 成蹊大学（文学部－A方式）
296 成蹊大学（理工学部－A方式）
297 成蹊大学（E方式・G方式・P方式）
298 成城大学（経済・社会イノベーション学部－A方式）
299 成城大学（文芸・法学部－A方式）
300 成城大学（S方式〈全学部統一選抜〉）
301 聖心女子大学
302 清泉女子大学
303 聖徳大学・短期大学部
304 聖マリアンナ医科大学 医
305 聖路加国際大学（看護学部）
306 専修大学（スカラシップ・全国入試）
307 専修大学（学部個別入試）
308 専修大学（全学部統一入試）

た行（関東の大学）

309 大正大学
310 大東文化大学
311 高崎健康福祉大学 総推
312 拓殖大学
313 玉川大学
314 多摩美術大学
315 千葉工業大学
316 千葉商科大学
317 中央大学（法学部－学部別選抜）
318 中央大学（経済学部－学部別選抜）
319 中央大学（商学部－学部別選抜）
320 中央大学（文学部－学部別選抜）
321 中央大学（総合政策学部－学部別選抜）
322 中央大学（国際経営・国際情報学部－学部別選抜）
323 中央大学（理工学部－学部別選抜）
324 中央大学（6学部共通選抜）
325 中央学院大学
326 津田塾大学
327 帝京大学（薬・経済・法・文・外国語・教育・理工・医療技術・福岡医療技術学部）
328 帝京大学（医学部） 医
329 帝京科学大学 総推
330 帝京平成大学 総推
331 東海大学（医〈医〉学部を除く－一般選抜）
332 東海大学（文系・理系学部統一選抜）
333 東海大学（医学部〈医学科〉） 医
334 東京医科大学（医学部〈医学科〉） 医
335 東京家政大学・短期大学部 総推
336 東京経済大学
337 東京工科大学
338 東京工芸大学
339 東京国際大学
340 東京歯科大学
341 東京慈恵会医科大学（医学部〈医学科〉） 医
342 東京情報大学
343 東京女子大学
344 東京女子医科大学（医学部） 医
345 東京電機大学
346 東京都市大学
347 東京農業大学
348 東京薬科大学（薬学部） 総推
349 東京薬科大学（生命科学部） 総推
350 東京理科大学（理学部〈第一部〉－B方式）
351 東京理科大学（創域理工学部－B方式・S方式）
352 東京理科大学（工学部－B方式）
353 東京理科大学（先進工学部－B方式）
354 東京理科大学（薬学部－B方式）
355 東京理科大学（経営学部－B方式）
356 東京理科大学（C方式、グローバル方式、理学部〈第二部〉－B方式）

2024年版　大学入試シリーズ（赤本）

私立大学②

357 東邦大学（医学部） 医
358 東邦大学（薬学部）
359 東邦大学（理・看護・健康科学部）
360 東洋大学（文・経済・経営・法・社会・国際・国際観光学部）
361 東洋大学（情報連携・福祉社会デザイン・健康スポーツ科・理工・総合情報・生命科・食環境科学部）
362 東洋大学（英語〈3日程×3カ年〉） 新
363 東洋大学（国語〈3日程×3カ年〉） 新
364 東洋大学（日本史・世界史〈2日程×3カ年〉） 新
365 東洋英和女学院大学
366 常磐大学・短期大学 総推
367 獨協大学
368 獨協医科大学（医学部） 医

な行（関東の大学）

369 二松学舎大学
370 日本大学（法学部）
371 日本大学（経済学部）
372 日本大学（商学部）
373 日本大学（文理学部〈文系〉）
374 日本大学（文理学部〈理系〉）
375 日本大学（芸術学部）
376 日本大学（国際関係学部）
377 日本大学（危機管理・スポーツ科学部）
378 日本大学（理工学部）
379 日本大学（生産工・工学部）
380 日本大学（生物資源科学部）
381 日本大学（医学部） 医
382 日本大学（歯・松戸歯学部）
383 日本大学（薬学部）
384 日本大学（医学部を除く−N全学統一方式）
385 日本医科大学 医
386 日本工業大学
387 日本歯科大学
388 日本社会事業大学 新 総推
389 日本獣医生命科学大学
390 日本女子大学
391 日本体育大学

は行（関東の大学）

392 白鷗大学（学業特待選抜・一般選抜）
393 フェリス女学院大学
394 文教大学
395 法政大学（法〈法律・政治〉・国際文化・キャリアデザイン学部−A方式）
396 法政大学（法〈国際政治〉・文・経営・人間環境・グローバル教養学部−A方式）
397 法政大学（経済・社会・現代福祉・スポーツ健康学部−A方式）
398 法政大学（情報科・デザイン工・理工・生命科学部−A方式）
399 法政大学（T日程〈統一日程〉・英語外部試験利用入試）
400 星薬科大学 総推

ま行（関東の大学）

401 武蔵大学
402 武蔵野大学
403 武蔵野美術大学
404 明海大学
405 明治大学（法学部−学部別入試）
406 明治大学（政治経済学部−学部別入試）
407 明治大学（商学部−学部別入試）
408 明治大学（経営学部−学部別入試）
409 明治大学（文学部−学部別入試）
410 明治大学（国際日本学部−学部別入試）
411 明治大学（情報コミュニケーション学部−学部別入試）
412 明治大学（理工学部−学部別入試）
413 明治大学（総合数理学部−学部別入試）
414 明治大学（農学部−学部別入試）
415 明治大学（全学部統一入試）
416 明治学院大学（A日程）
417 明治学院大学（全学部日程）
418 明治薬科大学 総推
419 明星大学
420 目白大学・短期大学部

ら・わ行（関東の大学）

421 立教大学（文系学部−一般入試〈大学独自の英語を課さない日程〉）
422 立教大学（国語〈3日程×3カ年〉）
423 立教大学（日本史・世界史〈2日程×3カ年〉）
424 立教大学（文学部−一般入試〈大学独自の英語を課す日程〉）
425 立教大学（理学部−一般入試）
426 立正大学
427 早稲田大学（法学部）
428 早稲田大学（政治経済学部）
429 早稲田大学（商学部）
430 早稲田大学（社会科学部）
431 早稲田大学（文学部）
432 早稲田大学（文化構想学部）
433 早稲田大学（教育学部〈文科系〉）
434 早稲田大学（教育学部〈理科系〉）
435 早稲田大学（人間科・スポーツ科学部）
436 早稲田大学（国際教養学部）
437 早稲田大学（基幹理工・創造理工・先進理工学部）
438 和洋女子大学 総推

中部の大学（50音順）

439 愛知大学
440 愛知医科大学（医学部） 医
441 愛知学院大学・短期大学部
442 愛知工業大学 総推
443 愛知淑徳大学
444 朝日大学 総推
445 金沢医科大学（医学部） 医
446 金沢工業大学
447 岐阜聖徳学園大学・短期大学部 総推
448 金城学院大学
449 至学館大学 総推
450 静岡理工科大学
451 椙山女学園大学
452 大同大学
453 中京大学
454 中部大学
455 名古屋外国語大学 総推
456 名古屋学院大学 総推
457 名古屋学芸大学 総推
458 名古屋女子大学・短期大学部 総推
459 南山大学（外国語〈英米〉・法・総合政策・国際教養学部）
460 南山大学（人文・外国語〈英米を除く〉・経済・経営・理工学部）
461 新潟国際情報大学
462 日本福祉大学
463 福井工業大学
464 藤田医科大学（医学部） 医
465 藤田医科大学（医療科・保健衛生学部）
466 名城大学（法・経営・経済・外国語・人間・都市情報学部）
467 名城大学（情報工・理工・農・薬学部）
468 山梨学院大学

近畿の大学（50音順）

469 追手門学院大学 総推
470 大阪医科薬科大学（医学部） 医
471 大阪医科薬科大学（薬学部） 総推
472 大阪学院大学 総推
473 大阪経済大学 総推
474 大阪経済法科大学 総推
475 大阪工業大学 総推
476 大阪国際大学・短期大学部 総推
477 大阪産業大学 総推
478 大阪歯科大学（歯学部）
479 大阪商業大学 総推
481 大阪成蹊大学・短期大学 総推
482 大谷大学 総推
483 大手前大学・短期大学 総推
484 関西大学（文系）
485 関西大学（理系）
486 関西大学（英語〈3日程×3カ年〉）
487 関西大学（国語〈3日程×3カ年〉）
488 関西大学（文系選択科目〈2日程×3カ年〉）
489 関西医科大学（医学部） 医
490 関西医療大学 総推
491 関西外国語大学・短期大学部 総推
492 関西学院大学（文・社会・法学部−学部個別日程）
493 関西学院大学（経済・人間福祉・国際学部−学部個別日程）
494 関西学院大学（神・商・教育・総合政策学部−学部個別日程）
495 関西学院大学（全学部日程〈文系型〉）
496 関西学院大学（全学部日程〈理系型〉）
497 関西学院大学（共通テスト併用日程・英数日程）
498 畿央大学 総推
499 京都外国語大学・短期大学 総推
500 京都光華女子大学・短期大学部 総推
501 京都産業大学（公募推薦入試） 総推
502 京都産業大学（一般選抜入試〈前期日程〉）
503 京都女子大学 総推
504 京都先端科学大学 総推
505 京都橘大学 総推
506 京都ノートルダム女子大学 総推
507 京都薬科大学 総推
508 近畿大学・短期大学部（医学部を除く−推薦入試） 総推
509 近畿大学・短期大学部（医学部を除く−一般入試前期）
510 近畿大学（英語〈医学部を除く3日程×3カ年〉） 新
511 近畿大学（理系数学〈医学部を除く3日程×3カ年〉） 新
512 近畿大学（国語〈医学部を除く3日程×3カ年〉） 新
513 近畿大学（医学部−推薦入試・一般入試前期） 医 総推
514 近畿大学・短期大学部（一般入試後期） 医
515 皇學館大学 総推
516 甲南大学 総推
517 神戸学院大学 総推
518 神戸国際大学 総推
519 神戸女学院大学 総推
520 神戸女子大学・短期大学 総推
521 神戸薬科大学 総推
522 四天王寺大学・短期大学部 総推
523 摂南大学（公募制推薦入試） 総推
524 摂南大学（一般選抜前期日程）
525 帝塚山学院大学 新 総推
526 同志社大学（法、グローバル・コミュニケーション学部−学部個別日程）
527 同志社大学（文・経済学部−学部個別日程）
528 同志社大学（神・商・心理・グローバル地域文化学部−学部個別日程）
529 同志社大学（社会学部−学部個別日程）